Moi, Marthe,
juive et résistante
derrière les lignes ennemies

Marthe Cohn
avec
Wendy Holden

Moi, Marthe, juive et résistante derrière les lignes ennemies

ÉDITIONS FRANCE LOISIRS

Titre original : *Behind Enemy Lines*
publié par Harmony New York.

Traduit de l'anglais par Hélène Prouteau

Édition du Club France Loisirs,
avec l'autorisation des Éditions Plon.

Éditions France Loisirs,
123, boulevard de Grenelle, Paris.
www.franceloisirs.com

ISBN : 2-7441-7260-X

A ma famille, les vivants et les morts,
mais surtout à mon grand-père, ma mère
et mon frère Fred qui en étaient les piliers

Remerciements

Marthe Hoffnung Cohn : notre famille a récemment été très éprouvée par la perte, en l'espace de trois semaines, de mon frère Fred et de son fils aîné Maurice. Aussi loin que remontent mes souvenirs, Fred, l'aîné de huit enfants, a été un modèle et un héros pour ses frères et sœurs. Au cours de la guerre, alors qu'il venait de se marier, Fred assura la survie de la famille tout en s'engageant activement dans la Résistance, dans le Cantal. Alors qu'il n'était qu'un bébé de dix-huit mois, son fils, Maurice, né en février 1942, se plaignait amèrement, « les Allemands sont méchants, ils ne me laissent pas dormir » quand on venait le réveiller dans son petit lit pour le soustraire aux rafles des nazis. Le 28 juin 2001, ce professeur qui menait une brillante carrière à l'Institut Pasteur de Paris est mort prématurément, laissant derrière lui une femme aimante et trois beaux enfants.

En 1942, l'arrestation et la déportation de ma sœur Stéphanie plongea ma famille dans le désespoir. En prison et au camp d'internement de Poitiers, c'est autour d'elle que se regroupèrent ses camarades d'infortune. Dans une lettre qu'elle écrivit le jour où elle fut déportée de Pithiviers à Auschwitz, son principal souci était sa mère. Jusqu'à la fin de ses jours, Fred garda cette lettre sur son cœur, dans une poche intérieure de sa veste.

Je voudrais brièvement saluer le courage de tous les membres de ma famille au cours de ces cinq années de terreur. Tout d'abord mes parents, qui, malgré leur chagrin et l'inquiétude qui les rongea pendant toute la guerre, n'ont jamais tenté de nous décourager de participer à des actes de résistance. Ma sœur Cécile, qui n'était pas enregistrée comme juive à Paris, continua de vivre et travailler dans la capitale afin d'aider Fred à nourrir notre grande famille. Comme Fred, mon frère Arnold s'engagea dans la Résistance dans le Cantal et participa aux fuites éperdues dans les montagnes pour échapper aux fréquentes rafles de juifs. Les deux frères portaient alternativement leur grand-mère, le petit Jacquie, et Maurice bébé sur leur dos. Ma sœur Hélène utilisait sa chambre d'étudiante à Clermont-Ferrand pour y héberger ses camarades résistants et imprimer de la propagande anti-allemande. Elle transportait aussi des armes et des munitions. Rosy, notre petite dernière, effectuait des missions de reconnaissance pour la Résistance du Cantal et on lui assigna le maniement d'une mitrailleuse sur une route de montagne. Enfin, ma belle-sœur, Rosette, sauva le village de Narnhac qui faillit être incendié par les Allemands après l'arrestation d'un membre blessé de la Résistance, ce qui entraîna l'exécution du maire et de plusieurs otages.

A Poitiers, je ne compte plus les personnes qui ont aidé ma famille à survivre pendant l'occupation allemande. Je suis particulièrement reconnaissante aux enseignants et à mes camarades de l'Ecole d'infirmières de la Croix-Rouge dont ma très chère Odile de Morin ; à M. Charpentier, aux voisins dont j'ai oublié le nom et aux commerçants : ils ont tous, au péril de leur vie, procuré un abri, fabriqué des faux papiers, gardé nos affaires ou vendu de la nourriture aux « indésirables » que nous étions devenus. Sans oublier mon fiancé, Jacques Delaunay, pour ses constants encouragements alors que je faisais mes études d'infirmière, et son appui indéfectible pour organiser la fuite de ma famille. Je pense aussi, avec amour et chagrin, aux parents de Jacques, Georges et Amélie Delaunay dont les deux fils — leurs seuls enfants — ont été exécutés par les Allemands en 1943. Je me souviens avec gratitude de Mme Keller à Marseille, qui refusa d'obéir aux lois de Vichy et ordonna à l'Ecole d'infirmières de la Croix-Rouge de m'intégrer, ce qui me permit de terminer ma formation. La plupart des juifs ayant survécu à la guerre en France ont été aidés par des non-juifs qui risquaient leur vie pour sauver leurs semblables. Toute ma gratitude à ces héros anonymes.

Aux lieutenants Latour et Vérin, merci de m'avoir si bien accueillie et entraînée après mon transfert à votre « antenne ». Je me rappellerai toujours la gentillesse du lieutenant Tallichet et le grand plaisir sur j'ai eu à travailler avec lui à Lindau, en Bavière. Merci au capitaine Jean Millot, le chef d'antenne qui remplaça Zimmerman ; Jean, c'était formidable d'appartenir à votre équipe. Nous avons travaillé dur, mais vous et votre charmante femme aviez miraculeusement réussi, cet hiver-là, à organiser une vie sociale agréable dans l'ancienne villa de Martin Bormann, au Club des officiers où nous passions tant de soirées, et dans les stations de ski autrichiennes.

Mes remerciements au colonel Bouvet et à ses hommes qui m'ont traitée comme un membre à part entière des Commandos et qui ont cru en moi. C'est parce qu'il était inconcevable de les décevoir que j'ai trouvé le courage de pénétrer en Allemagne. Je tiens aussi à remercier le capitaine

Mollat, qui avait douté de mes capacités, ce qui m'a beaucoup stimulée. Toute ma gratitude au commandant Petit, qui accorda sa confiance à une jeune femme en civil et transmit immédiatement à ses supérieurs les informations que je lui apportais. Je remercie également les commandants Ryussen et Rigaud, les capitaines Ligouzat, Metivier et Ducournau, le lieutenant Neu ainsi que le colonel Bouvet et le commandant Petit — pour nos longues années d'amitié et de loyauté.

De mon séjour en Indochine, j'ai gardé un excellent souvenir de mes amis de la Légion Etrangère, qui ont fourni l'équipement dont nous avions besoin, servi de baby-sitter à Serge et, à chaque fois que nos emplois du temps chargés nous le permettaient, nous envoyaient des petits convois de chars d'assaut pour nous emmener dîner dans leurs postes dans la jungle. Ces invitations adoucissaient notre isolement et nos difficultés quotidiennes dans un pays très éloigné de notre patrie. Je voudrais aussi remercier le capitaine Suzanne Tillier, un ancien officier des Commandos qui commandait toutes les femmes servant en Indochine. Elle m'a accordé une hospitalité chaleureuse quand je me rendais à Saïgon.

Cela faisait plus de vingt-cinq ans que mon frère Fred m'encourageait à écrire ce livre, mais j'ai attendu d'être à la retraite pour y songer sérieusement. A l'été 2000, Suzanne Singer, mon premier co-auteur, et moi-même avons commencé à rédiger le premier chapitre. Ce fut une collaboration intense et le début d'une longue amitié. Le 14 juillet, jour de la prise de la Bastille, le consul de France à Los Angeles me remit la médaille militaire et Suzanne lança une « campagne publicitaire ». Grâce à elle, j'ai également rencontré Robert A. Mirisch, un homme généreux et intègre à qui je suis redevable de conseils juridiques avisés.

Une pensée particulière pour Ted Demers, qui a jugé mon histoire digne d'être publiée. Sans le soutien financier, technique et moral de Ted Demers, *Moi, Marthe, juive et résistante derrière les lignes ennemies* n'aurait jamais vu le jour. Pendant la préparation du contrat, Robert Mirisch fut très impressionné par la compétence et la haute éthique de Ted Demers. La mort prématurée de ce vrai mécène m'a beaucoup attristée. Je n'oublie pas les efforts qu'Alan Nevins, d'Artists Management Group, a déployés pour moi. Je remercie tout particulièrement l'auteur anglais Wendy Holden, qui s'est attelée à la tâche avec moi quand Suzanne est partie suivre les cours d'une école rabbinique. En huit mois tout rond, notre collaboration à partir de ce premier chapitre a donné un livre abouti. Merci, Wendy, pour votre écoute, votre patience et votre perspicacité. A l'heure actuelle, vous en savez probablement plus sur ma vie que mes amis les plus intimes.

Quant aux éditeurs de *Harmony Books*, je les remercie pour leurs encouragements à tous les stades de ce travail.

Pour finir, toute ma reconnaissance à mon mari, Major Lloyd Cohn, pour son soutien indéfectible et son infinie patience quand on pense aux heures que j'ai passées devant mon ordinateur, occupée à répondre aux innombrables questions de Wendy ou à rédiger les premières ébauches du manuscrit. Et grâce soit rendue à Stephan et Rémi qui au cours de l'année 2000, quand les détails de ma vie pendant la guerre leur ont été brusquement révélés, ont déclaré aux médias : « Vous savez, pour nous, elle était juste notre maman. » Merci à la femme de Stephan, Barbara, qui a été la fille que nous n'avions jamais eue. Et je salue ici ma petite-fille, Anna Regina, huit ans, pour son amour inconditionnel. En mai dernier, elle a choisi le récit de mon histoire pour un devoir de cours élémentaire.

Wendy Holden : merci à Val Hudson et à Alan Nevins qui m'a confié ce projet, ainsi qu'à Joel Gotler et au regretté Ted Demers qui m'ont accordé toutes les facilités pour le réaliser. Mark Lucas et tous les membres de Lucas Alexander Whitley à Londres, Karima Ridgley et les membres d'Artists Management Group à Los Angeles, méritent également un coup de chapeau. Sans oublier Shaye Areheart à *Harmony* pour son enthousiasme et son professionnalisme, et mon mari, Chris Taylor, qui m'a apporté, comme toujours, son soutien sans failles et ses critiques magnifiquement constructives.

Chacune de nos actions, aussi négligeable
soit-elle, le battement d'ailes d'un
papillon, peut avoir des conséquences
insoupçonnées.

Rabbin Abraham J. Twerski

L'odeur du danger

Ce n'était pas le moment d'avoir peur. Ma mission était claire. Peu de temps avant minuit, par cette nuit glaciale de février 1945, je quittai la petite ville française de Thann avec quatre officiers et vingt soldats des Commandos marocains. Les hommes étaient armés jusqu'aux dents de mitraillettes, de fusils et de grenades, et bien protégés contre les intempéries. En tant que Martha Ulrich, jeune infirmière fuyant les Alliés, je ne portais pas d'arme et j'étais volontairement mal habillée : une jupe en laine, une veste, un chapeau et des gants. J'allais jambes nues mais heureusement, j'avais des chaussettes dans mes bottes de ski.

Il faisait sombre et très froid. Les sapins et les pins ne laissaient filtrer qu'une faible lumière et, dans l'obscurité, je ne distinguais que la neige. Nous avancions l'un derrière l'autre Les quatorze soldats qui me précédaient et les dix qui me suivaient s'enfonçaient jusqu'aux genoux dans des congères... et moi jusqu'aux cuisses. Comme je m'aidais à chaque pas ou presque de mes mains pour arracher mes jambes à la neige, j'avais fini par me réchauffer. Les hommes me surveillaient du coin de l'œil, prêts à me venir en aide, mais je mettais un point d'honneur à avancer sans faiblir.

Pendant cinq heures nous avons progressé en silence, conscients que nous étions cernés par les Allemands. Dans cet environnement pétrifié par l'hiver, le moindre bruit acquérait une résonance étrange. Nous avions quitté Thann, ses rues et ses bâtiments tortueux, pour une excursion de sept kilomètres avant de redescendre sur Amselkopf. Au-dessus de nous se dressaient les sommets enneigés des Vosges.

Aux confins d'une petite vallée, mon escorte militaire s'arrêta et me fixa en clignant des yeux dans l'obscurité. Sa mission était terminée et les soldats allaient prendre le chemin du retour. Nous nous étions profondément enfoncés dans une épaisse forêt de pins et nous avions toutes les peines du monde à nous voir. On n'échangea pas un seul mot, juste des signes. Le guide éclaira sa carte d'une lampe à faisceau directionnel pour me rappeler quelle piste je devais prendre sur le flanc sud de la montagne. Il y en avait plusieurs, toutes parallèles. Avant l'aurore, je devais rejoindre la deuxième piste, progresser pendant une heure à flanc de montagne avant d'atteindre le poste ennemi défendu à l'arme lourde au bout du défilé.

Le veille, le guide m'avait prévenue :

— Les Allemands tirent sur tout ce qui bouge. Ne vous cachez pas, avancez en restant bien en vue. Une fois morte, vous ne nous serez plus d'aucune utilité.

Les hommes me saluèrent de la main en silence et s'évanouirent dans la forêt. Le lieutenant Neu, qui était devenu un ami, me pressa le bras.

Je repartis, trébuchant dans la nuit, traversai la vallée et trouvai la deuxième piste, étroite et verglacée, qui conduisait vers l'est. Puis, suivant les instructions, je m'accroupis au pied d'un arbre et attendis qu'apparaissent les premières lueurs de l'aube avant de poursuivre mon chemin. J'étais tellement tendue que je ne sentais plus la fatigue, la faim ou le froid.

Quelques minutes plus tard, alors que j'avançais à flanc de montagne, j'aperçus deux soldats allemands étendus en contrebas dans la vallée, camouflés sous des branchages. Je les vis relever la tête sans rien faire pour m'arrêter. Je redressai le menton et poursuivis mon chemin. Sans doute s'agissait-il d'éclaireurs, aussi désireux que moi de ne pas se faire remarquer. Tout en marchant, je m'efforçais de ne pas penser à leurs doigts appuyés sur les gachettes.

J'étais très près du but. J'essayais du moins de m'en persuader. Dans ma tête, je me récitais des litanies pour m'encourager à avancer.

Encore quelques mètres, Marthe, reste calme. Le moment venu tu vas pleurer, sourire, raconter ta petite histoire et accomplir ton devoir. Songe au colonel, à l'importance de ta mission pour lui et ses hommes.

La veille au soir, il m'avait embrassée sur les deux joues et puis les larmes lui étaient montées aux yeux et il s'était détourné en espérant que je ne n'avais rien vu.

Soudain, un peu en contrebas, un soldat surgit de derrière un arbre, son fusil pointé sur moi. La baïonnette brillait. Je m'attendais bien à un accueil de ce genre mais je faillis laisser échapper un cri. Puis je pris une profonde inspiration et avalai ma salive. Trois autres soldats apparurent à leur tour, armés de mitraillettes, des branchages accrochés au casque.

Pour la première fois, je regardai avec attention autour de moi. Dans la clarté de l'aube, j'aperçus plusieurs soldats qui gisaient dans la neige rougie de sang.

Les mains en l'air, je criai :

— Ne tirez pas !

La croix de Lorraine

Je suis née à Metz, en Lorraine, à une cinquantaine de kilomètres de la frontière avec l'Allemagne. Cela fait mille ans que cette province est régulièrement envahie. En 1870, les Allemands l'ont annexée pendant cinquante ans.

A ma naissance, le 13 avril 1920, moins de deux ans après la fin de la Première Guerre mondiale, l'Alsace-Lorraine était redevenue française. Elevés en patriotes dans une région très symbolique au plan national, on ressentit une grande fierté quand le général de Gaulle choisit la croix de Lorraine à double travée pour représenter la France libre.

Metz, aux frontons et aux façades de facture classique, était une ville cosmopolite, animée, la capitale d'une région industrielle — sidérurgie et mines de charbon —, employant des ouvriers polonais, tchèques et italiens. Ville de garnison située sur la rive est de la Moselle, au carrefour des routes commerciales reliant Paris à Strasbourg, des soldats en uniforme arpentaient ses rues. République indépendante au XIIe siècle, elle possédait un charme particulier. La cathédrale Saint-Etienne, de style gothique, se dressait au beau milieu du quartier français médiéval. Il y avait aussi l'élégante « ville allemande », construite sous l'occupation prussienne, avec ses immeubles aux appartements bourgeois. Avec ses places du XVIIe siècle, ses rues rappelant l'Italie et ses imposants édifices allemands, elle ne ressemblait en rien à la ville austère qu'on aurait pu imaginer vu sa situation géographique et ses horizons industriels.

Mes parents avaient reçu une éducation allemande et passé la plus grande partie de leur vie en territoire occupé. L'allemand était obligatoire en toute circonstance. Un seul mot de français pouvait vous coûter la prison. Quand je suis née, on parlait indifféremment l'allemand et le français. Pendant sept ans au lycée, on m'enseigna le haut allemand en seconde langue. Je parlais l'allemand avec mes parents et les personnes de leur génération, le français avec mes frères et sœurs, mes camarades d'école et certains de nos voisins. Si nous ne voulions pas que nos parents nous comprennent, on utilisait le français.

Notre nom de famille, Hoffnung Gutglück, qui signifie « espoir et bonne chance », a été raccourci en Hoffnung pour des raisons pratiques. Mon prénom est Marthe. Moishé Bleitrach, mon grand-père du côté de ma mère, était un homme merveilleux, un rabbin orthodoxe très connu, fin lettré en hébreu. A ma naissance, il allait sur ses soixante ans et portait une longue barbe. Petite, je lui tirais la barbe et il éclatait d'un grand rire sonore : ce sont mes premiers souvenirs d'enfant.

A deux ans, j'étais terriblement attachée à ma mère, Régine, une petite blonde ravissante. Je l'adorais. Cette femme chaleureuse qui aimait s'amuser ressemblait plus à une grande sœur qu'à une mère. Dès qu'elle disparaissait de mon champ de vision, je hurlais et devenais toute bleue. Mes frères aînés, Fred et Arnold, ou ma sœur Cécile, me soulevaient de terre et me tapaient dans le dos avec entrain pour que je reprenne ma respiration. A quatre ans, je compris que mes frères et sœurs commençaient à en avoir assez que j'accapare l'attention de tout le monde et surtout de ma mère, qui travaillait dur. Et en pacifiste précoce, je décidai d'arrêter mes simagrées.

J'avais seize mois quand naquit ma sœur Stéphanie. C'était un bébé magnifique, potelé, avec des cheveux bruns et bouclés, tout le contraire de moi qui tenais de ma mère par ma petite taille, ma minceur et mes cheveux blonds. J'étais malade de jalousie.

— Elle est peut-être jolie, disais-je avec le plus grand sérieux aux admirateurs de Stéphanie, mais moi je suis très intelligente.

Ma jalousie eut tôt fait de fondre devant le charme de Stéphanie qui devint pour moi une poupée grandeur nature. Jolie comme un cœur et toujours de bonne humeur, elle était la plus facile à vivre de nous tous avec Cécile, et je m'y attachai passionnément. Stéphanie était ma confidente, mon amie et ma compagne de jeux.

En 1924 arriva Hélène, un vrai lutin, suivie de Rosy, notre benjamine. Peu de temps après, avec Stéphanie, je fis mes débuts à l'école où les institutrices refusèrent de croire que j'avais six ans à cause de ma petite taille. Elles nous envoyèrent toutes les deux en classe maternelle.

Malgré mes protestations, elles nous installèrent côte à côte au jardin d'enfants pour apprendre l'alphabet. Or je lisais déjà des livres de la première à la dernière page. Furieuse, je boudai jusqu'à ce que l'institutrice demande si quelqu'un connaissait une chanson. A ma grande honte, Steph leva la main. Elle avait une voix épouvantable (comme nous tous à la maison à l'exception de ma mère et de Cécile), et je la saisis par le poignet pour la forcer à baisser la main.

— Idiote, tu sais pas chanter.

Mais l'institutrice l'avait déjà repérée et elle lui demanda de la rejoindre sur l'estrade. Devant toute la classe, elle entonna bravement « Je cherche après Titine », une chanson populaire de l'époque. Mortifiée, je me cachai le visage dans les mains. A l'heure du déjeuner, je me sauvai de l'école pour aller tout raconter à ma mère :

— Je ne peux pas rester là-bas, ils me prennent pour un bébé et en plus, Steph a chanté !

Dissimulant un sourire, ma mère me ramena à l'école où elle montra le livret de famille aux enseignants, ce qui me valut d'intégrer le cours élémentaire première année. A partir de ce jour, Stéphanie chanta seule.

Je détestais l'école et me languissais de me retrouver à la maison pour me plonger dans mes livres. A chaque fois que l'institutrice nous en proposait un nouveau, je l'avais déjà lu des mois auparavant. Je m'ennuyais.

Un jour, alors que je demandais un certain nombre d'ouvrages à la bibliothèque de la ville, la bibliothécaire m'opposa un refus catégorique.

— Tu es bien trop petite pour lire ça, me dit-elle en détaillant la liste que je lui tendais.

Puis elle me jeta un regard sévère par-dessus ses lunettes rondes à monture métallique.

Aussitôt, je me plaignis à mon frère aîné, Fred, qui m'accompagna au pas de charge jusqu'à la bibliothèque.

— Ma sœur peut emprunter tous les livres qui lui plaisent, dit-il à la dame d'un ton poli mais ferme. C'est à sa famille de décider si les ouvrages qu'elle a choisis lui conviennent.

Son intervention le rendit encore plus cher à mon cœur.

Enfant, j'étais très proche de Fred qui jouait auprès de moi le rôle d'un père. Chaque soir, après le dîner, il nous lisait à haute voix des passages du journal, un moment que j'attendais avec impatience. Assise aux pieds de ma mère, je l'écoutais avec crainte et fascination nous parler des derniers événements politiques ou de certains épisodes historiques.

Je me souviens d'une histoire, à un âge encore très tendre, qui me pétrifia d'horreur. Il s'agissait de l'affaire Samuel Schwartzbard, un horloger juif immigrant, également poète, qui avait fui la Bessarabie (maintenant la Moldavie), une province de l'Ukraine, pour se réfugier à Paris après les pogromes de 1919-1920. Une fois dans la capitale, Schwartzbard se mit en quête de Simon Petlioura, l'ancien général et commandant en chef de l'armée ukrainienne, devenu entretemps le leader socialiste du mouvement pour l'indépendance de l'Ukraine. Son armée avait commis d'abominables exactions envers les juifs. Le matin du 25 mai 1926, Schwartzbard s'approcha de Petlioura qui sortait de chez lui, et l'exécuta d'une balle dans la tête. Le procès de Schwartzbard à Paris fit les titres de la presse internationale. Son avocat, Henri Torres, en fit le procès de Petlioura qui avait provoqué la mort de soixante mille juifs. Les témoins défilèrent à la barre, donnant des descriptions déchirantes de ce qui s'était passé sous Petlioura appuyé par les Cosaques. Ils avaient brûlé des villages, torturé, violé, mutilé, tué, et les enfants n'avaient pas échappé à leur sauvagerie. En écoutant les descriptions abominables de Fred, j'étais abasourdie d'apprendre comment des hommes pouvaient traiter d'autres êtres humains, et surtout les juifs. Quand Fred nous apprit que le jury avait acquitté l'horloger, je pleurai des larmes de joie. A partir de cet instant, je me découvris une vocation d'avocate car je voulais venir en aide aux offensés.

Fred était gentil et attentionné mais il pouvait aussi se montrer très taquin. Avec Arnold, ils se cachaient et nous sautaient dessus dans le couloir de notre appartement en criant :

— Défendez-vous, il n'y a que les mauviettes qui pleurent.

Je comprends aujourd'hui que Fred essayait de nous apprendre des rudiments d'autodéfense.

Chaque jeudi, Fred me poursuivait dans la maison avec une énorme carpe vivante achetée par ma mère pour le shabbat, qui me glaçait d'effroi avec sa gueule ouverte et ses yeux globuleux. J'étais véritablement épouvantée. Un jour, il me coinça dans la cuisine entre la cuisinière et le mur et je reçus un tel choc que j'arrêtai de respirer. Ma mère, qui n'interférait que rarement dans nos jeux, attrapa Fred et l'éloigna de moi.

— Ça suffit, lança-t-elle d'une voix ferme. Je t'interdis de recommencer à embêter Marthe avec ce poisson.

Il se le tint pour dit.

Mon père, Fischel, était un homme sombre au caractère difficile et marqué par une enfance malheureuse. Sa mère mourut en couches quand il avait trois ans. Son père et sa belle-mère l'envoyèrent avec son petit frère Benoît, le plus jeune de cinq enfants, dans un orphelinat. Il n'était pas très instruit et entretenait de mauvaises relations avec son père, un homme violent. Sa belle-mère avait eu deux garçons qui étaient restés au sein de la famille avec les trois aînés du premier mariage, alors qu'on s'était débarrassé de lui et de Benoît. Il en conçut une amertume qui ne le quitta jamais.

Mes parents se rencontrèrent quand l'un des sept frères de ma mère épousa l'une des deux sœurs de mon père. Il tomba aussitôt amoureux de cette jolie blonde qui n'avait jamais fréquenté aucun garçon. De son côté, elle s'éprit de ce jeune homme séduisant et timide. Elle était la seule fille de sa famille et ses frères lui vouaient une adoration sans limites.

Son père, que nous appelions « Grospapa », désapprouvait totalement ce mariage. Il estimait que mon père n'avait pas reçu une éducation convenable.

— Donner ma fille unique à un homme sans instruction, c'est comme accorder sa main à une bête sauvage, déclara-t-il.

Mon père l'entendit et le détesta pour le restant de ses jours.

Grospapa avait raison. Ils étaient mal assortis. Après la naissance de Fred, ma mère donna naissance à un deuxième fils, Eugène, puis ils eurent leur première fille, Cécile. A l'âge de deux ans, Eugène mourut de la scarlatine et la douleur faillit briser le couple. Maman quitta papa, elle retourna chez ses parents avec ses deux enfants et lui annonça qu'elle voulait divorcer. Papa la supplia de revenir, promettant de s'amender.

— Tu n'as pas le droit de m'enlever mes enfants, lui dit-il, et elle ne put s'empêcher de lui donner raison.

Elle retourna donc auprès de lui et lui donna encore cinq enfants.

Mon père pouvait aussi se montrer très amusant. Il adorait inventer des histoires. Il jouait avec nous et nous emmenait nager dans la Moselle ou faire de longues promenades autour de Metz. Mais malgré son amour pour nous, il était profondément jaloux des relations tendres et confiantes que nous entretenions avec notre mère. Lui ne savait pas comment s'y prendre. Cependant, quand on m'emmena sur un chariot dans la salle d'opération à la suite d'une crise d'appendicite, il s'effondra en larmes. Je fus tellement touchée que j'en oubliai d'avoir peur. Mais en dehors d'événements exceptionnels qui nous permettaient d'entrevoir sa sensibilité, il était la plupart du temps renfrogné et de mauvaise humeur. Il criait sans raison et dictait ses ordres comme un général prussien.

Quand il était absent, l'atmosphère changeait radicalement. Avec nous, ma mère se montrait patiente et détendue. Tous les sept, on riait beaucoup, on parlait et on se bagarrait « comme des tziganes » selon l'expression de ma mère qui nous imposait rarement le silence.

Cependant, au dîner, en présence de mon père, on devait se tenir correctement et on ne s'exprimait librement que s'il était de bonne humeur. Une fois qu'il avait commencé à crier, rien ne pouvait l'arrêter, et comme il n'avait pas beaucoup de vocabulaire, il employait un langage de plus en plus grossier. Nous devions rester assis jusqu'à ce qu'il ait terminé sa diatribe. Quand il s'emportait pour de bon, il quittait la pièce et nous disait d'un ton sec :

— Si je vous frappais, je ne vaudrais pas mieux que mon père mais c'est pas l'envie qui m'en manque.

Petite, je comprenais mal ses changements d'humeur, et je lui en voulais de perturber l'harmonie familiale. Je m'en plaignais à ma mère qui disait en soupirant :

— Cela pourrait être pire. Il ne joue pas aux cartes, il ne boit pas et il ne court pas les femmes.

— Quel dommage, lui dis-je un jour.

Elle me regarda d'un air horrifié.

— Bien oui, au moins il partirait avec une autre et on aurait enfin la paix.

Mais bien qu'il éveillât ma colère, il me faisait pitié. Papa semblait incapable d'agir autrement, c'était compulsif. A de rares occasions, il nous prouva que derrière ses airs rébarbatifs se cachait un être humain chaleureux et sentimental. Il semblait tellement seul alors que nous, les enfants, faisions bloc autour de maman qu'on adorait.

Professionnellement, il s'en sortait plutôt bien. Il dirigeait une petite affaire d'encadrements et agrandissements photographiques, qui nous permettait de vivre dans un appartement confortable de sept pièces au deuxième étage d'un immeuble rue du Maréchal-Pétain, loin de l'ancien ghetto juif. Quand mes plus jeunes sœurs furent en âge d'aller à l'école, ma mère lui servit d'assistante. En réalité, elle l'aida à aller jusqu'au bout de chaque jour de son existence. Dotée d'une patience infinie, elle s'employait coûte que coûte à remplir la maison de rires et de lumière.

Nous avions une bonne, Sophie, qui vivait avec nous. Nous la considérions comme une sœur aînée et quand elle nous quitta pour se marier, après dix ans de bons et loyaux services, j'en fus tellement bouleversée que je tombai malade. Une fois par semaine, Sophie cirait les parquets et tout l'appartement sentait la cire. Aujourd'hui encore, cette odeur me ramène à mon enfance.

Nous étions une famille très pratiquante, nous observions les coutumes et les rites religieux mais même s'il ne le manifestait pas, mon père me semblait moins croyant que ma mère. Le vendredi soir, elle allumait les bougies. Mon père et mes frères — la kipa sur la tête — menaient les prières. Nous mangions casher, utilisions deux services de vaisselle, et ne mangions jamais de la viande et des produits laitiers au même repas. Ma mère, excellente cuisinière, alternait les spécialités juives avec les plats français et allemands. Nous mangions de la carpe ou du foie haché, de la soupe, du poulet, du veau ou du rôti de bœuf, des légumes frais, de la salade et des fruits. Le vendredi, quand maman cuisait les gâteaux, les tartes aux fruits et le pain brioché (la *Hallah*) pour le shabbat ou les jours de fête, la maison embaumait. Avant le repas, on disait les bénédictions en hébreu sur le pain et le vin et après le repas, les actions de grâces. On priait aussi au réveil et avant de se coucher. Ma mère et Cécile, qui avaient de belles voix, chantaient de vieilles chansons yiddish après le dîner, les plus jeunes les accompagnaient sans rien comprendre aux paroles et faisaient la grimace quand mon père se joignait au chœur : il chantait encore plus faux que nous.

Mes parents tenaient à ce que nous recevions une excellente instruction. On fréquentait l'école publique où nous nous mêlions aux enfants catholiques et protestants. Cécile, Stéphanie, Hélène, Rosy et moi allions au lycée de jeunes filles. Nous apprenions à lire l'hébreu avec un professeur à la maison. Plus tard, on alla au « heder » (qui n'avait rien d'un « heder » au sens strict du terme, réservé aux garçons, mais fonctionnait un peu comme un patronage). Au lycée, nous suivions des cours d'instruction religieuse avec le grand rabbin Nathan Netter. En 1918, les Lorrains et les Alsaciens, très croyants, avaient été exemptés de la loi de séparation de l'Eglise et de l'Etat. Et donc, dans chaque école, des prêtres enseignaient la religion aux élèves des différentes confessions.

Notre synagogue était située dans un des quartiers les plus pauvres de Metz, et nous nous y rendions chaque samedi, vêtus de nos plus beaux habits. Un matin, je devais avoir cinq ans, une bande d'enfants débraillés nous attendait à la sortie de la synagogue.

— Sales juifs ! cria l'un d'eux en crachant à nos pieds.

D'autres nous lancèrent des pierres. L'une m'atteignit au mollet. Les garçons, voyant l'expression outragée de mon père, s'éparpillèrent en nous abreuvant d'insultes et en nous narguant de loin.

Profondément troublée, je levai les yeux sur mon père et nos regards se croisèrent. Pourquoi étions-nous traités ainsi pour la simple raison que nous étions juifs ? Qu'est-ce que ça pouvait faire, la foi que nous pratiquions ? Mon attitude exigeait une réponse à cette injustice. Sans me quitter des yeux, papa ôta la ceinture en cuir de son pantalon. Puis il se tourna vers les garçons avec un regard meurtrier et se précipita sur eux en brandissant sa ceinture.

— Lequel d'entre vous nous a traités de sales juifs ? hurla-t-il en entrant en action.

Bouche bée, je le vis disparaître dans une rue adjacente à la poursuite des gamins tandis que Fred et Arnold me tiraient par la main en direction de la maison. Jamais je n'avais ressenti autant d'amour pour mon père.

Cette première expérience de ma judaïté au cours des années d'avant-guerre fut suivie de bien d'autres. Quelques années plus tard, ma mère m'envoya acheter une douzaine d'œufs à l'épicerie du coin. Je rentrais chez moi quand une petite fille du voisinage, que je connaissais de vue, me barra le passage.

— Sale juive, me lança-t-elle, les mains sur les hanches.

— Je ne suis pas sale, répliquai-je avec indignation.

— Si !

Et elle commença à scander :

— Sale juive, sale juive, sale juive !

Sans réfléchir, je soulevai mon filet qui contenait les œufs et le lui assénai sur la tête. Les jaunes et les blancs visqueux dégoulinèrent sur ses vêtements et ses cheveux. Je rentrai en courant à la maison où je trouvai ma mère les mains dans la farine. Certaine que j'avais bien agi, je lui racontai ma mésaventure.

Ma mère me prit dans ses bras et me serra contre elle. Puis, écartant une mèche de mes cheveux qui me tombait sur les yeux, elle sourit.

— Tu as très bien réagi, Marthe. Il ne faut jamais laisser les gens t'insulter.

Je dois cependant reconnaître qu'au cours de mon enfance, les expériences négatives ont été rares. Malgré les problèmes qu'il m'arrivait de rencontrer hors de chez nous, et l'atmosphère pesante dont mon père était parfois responsable à la maison, j'étais entourée par des frères et sœurs aimants et une mère infatigable. Elle nous a appris l'amour du savoir, l'ambition, et le goût de l'action.

— Tu peux changer le monde, nous disait-elle. Affronte-le en restant toi-même.

Mes héros de l'époque étaient Maurice Bellonte et Dieudonné Costes, les aviateurs qui traversèrent l'Atlantique en partant de Paris pour rallier New York, en 1930. La lecture de leurs exploits me donna une furieuse envie de les imiter, une ambition qui me taraudait depuis que j'avais vu un avion pour la première fois dans le ciel de Metz. Pour ma plus grande joie, les deux héros nationaux vinrent dans notre ville lors d'une tournée qu'ils effectuaient dans toute la France. Et ô merveille, ils devaient passer juste devant chez nous. A l'idée de regarder ces légendes vivantes depuis notre balcon, je ne tenais plus en place. Dans les rues, les gens agitaient de petits drapeaux français. Moi, Stéphanie, Cécile, Arnold, Rosy, Hélène et ma mère, serrées sur le balcon, poussions des cris de joie. C'était la première fois que j'étais autorisée à me livrer à de tels excès en public.

Ce soir-là, j'avais une extinction de voix.

— Un jour, dis-je à ma mère dans un chuchotement rauque quand elle vint me border dans mon lit, j'apprendrai à piloter un avion.

— Oui, Marthe, je ne serais pas étonnée que tu y arrives.

Elle m'embrassa sur le front et me sourit.

A cette époque, tout le voisinage était en effervescence car on se préparait à consacrer une nouvelle chapelle catholique, Sainte-Thérèse, édifiée pratiquement en face de chez nous. Quand le jour arriva, une de mes camarades de classe m'invita à assister à la cérémonie. Mes parents n'y voyant aucune objection, je m'y rendis mais restai au fond de la chapelle. Je ne pouvais décemment pas m'installer avec mon amie et sa famille sur un des bancs. Je demeurai spectatrice. Je n'en appréciai pas moins la pompe, l'encens, la musique, les chœurs de garçons et les magnifiques habits sacerdotaux de l'évêque et des prêtres. L'ordonnance de la grand-messe, cette chorégraphie bien réglée, me fascinait. Par la suite, j'assistai plusieurs fois à la messe dans la chapelle, pour la communion d'amis et la consécration de la cloche, une autre cérémonie d'importance. Les religions m'ont toujours fascinée. Sophie, notre domestique, était protestante et nous l'accompagnions parfois au temple. Nos parents n'imaginaient pas que notre attachement au judaïsme puisse en souffrir. Je prenais un grand plaisir à ces grand-messes à Sainte-Thérèse qui n'affectaient en rien ma foi.

J'avais beaucoup d'amis, rencontrés essentiellement au lycée, mais ma famille était au centre de ma vie et j'y passais le plus clair de mon temps. Avec Stéphanie et Cécile, nous étions inséparables, dormions dans la même pièce et allions ensemble à l'école. Pendant les week-ends et les vacances, nous n'étions pas autorisées à quitter seules la maison, et si nous allions au cinéma ou au théâtre, c'était toujours accompagnées et pendant la journée. Auparavant, nous étions tenues d'accomplir une tâche ménagère, comme ranger nos affaires ou aider maman. Parfois, les tâches assignées étaient tellement nombreuses que le temps de les finir, il était déjà trop tard, ce que mon père ne savait que trop bien. Je commençais à lui en vouloir terriblement de ses façons autoritaires et on se disputait souvent.

— Je vais t'envoyer dans une école de dressage pour chiens ! hurlait-il, exaspéré.

Cécile, elle, protestait rarement et parvenait souvent à ses fins. Quant à Stéphanie, d'un naturel paisible, elle s'entendait avec tout le monde et acceptait son sort. Les plus petits l'imitaient, à l'exception de Rosy, d'un naturel insolent et rebelle.

Ma mère se plaignait que je ne savais pas m'y prendre avec papa et elle ne cessait de me prodiguer des conseils.

— Vous êtes toujours en train de vous chamailler, c'est fatigant, me disait-elle. Prends exemple sur Cécile !

Mais cela ne servait à rien. En grandissant, je supportais de plus en plus mal les contraintes que papa exerçait sur nous tous. Ramener des amis chez moi était très risqué parce qu'on ne savait jamais sur quel pied danser. Maman accueillait chaleureusement tout le monde mais il arrivait que papa effraye mes camarades par ses manières brusques, et ils refusaient de remettre les pieds à la maison.

A part mes sœurs, mon amie la plus chère, la fille d'une excellente amie de ma mère, s'appelait Sophie Weyne. Nous nous voyions régulièrement même si malheureusement nous n'habitions pas le même quartier et ne fréquentions pas la même école. Sophie était très jolie et très amusante. Si je ne pouvais pas sortir, Sophie venait nous rendre visite. Elle ne prêtait aucune attention aux sautes d'humeur de mon père. Assises autour de la table de la salle à manger avec Cécile, Stéphanie et la sœur aînée de Sophie, Régine, nous bavardions pendant des heures, les sujets abordés allant du cinéma à la littérature en passant éventuellement par les garçons.

A l'adolescence, je n'en ai jamais intéressé qu'un seul et il devint rapidement assez pénible. Grandidier, un gamin apparemment livré à lui-même, était grand et maigre. J'ignore ce qu'il me trouvait mais il était fou de moi et pendant deux ans il m'a littéralement empoisonné la vie. Il restait dans la rue pendant des heures, le nez levé vers les fenêtres de l'appartement, attendant que j'apparaisse. Que j'aille à l'école, faire des courses ou même à la synagogue, il m'emboîtait le pas. Stéphanie et moi passions notre temps à essayer de le semer. Un jour que je me promenais avec Cécile, il nous suivit jusqu'à une fête foraine, prit place avec nous dans une voiture du manège, offrit de payer les billets et tenta de me persuader de lui prêter plus d'attention.

— Ecoute, me dit-il sur un ton pressant, pourquoi tu veux pas sortir avec moi ? Ça fait plus d'un an que j'attends.

Sa véhémence et l'intensité de ses sentiments m'effrayaient et je le lui expliquai. J'allai même jusqu'à le traiter de voyou.

Nullement découragé, il m'envoya une carte postale, le premier courrier personnel qui m'ait jamais été adressé. J'étais horrifiée. Mon père, qui allait chercher le courrier tous les matins dans la boîte aux lettres, me convoqua dans son bureau où il m'accusa d'avoir un petit ami.

— Tu es bien trop jeune, me dit-il d'un ton sévère en me tendant l'objet du délit où Grandidier me faisait part de son attachement indéfectible. Tu ne dois plus jamais revoir ce jeune homme.

— Mais papa, je lui ai à peine adressé la parole, me lamentai-je, et je ne lui ai jamais accordé un seul rendez-vous.

Par bonheur, il me crut. Mais le jeune Grandidier ne s'avouait toujours pas vaincu et il continua de me poursuivre de ses assiduités pendant encore quelque temps.

Pour l'heure, j'étais toujours plus intéressée par les livres que par les garçons. Dans la maisonnée bruyante et agitée qui était la mienne, je m'étais réfugiée dans les livres depuis le plus jeune âge. Mon grand-père m'avait transmis son amour de la lecture, ma mère, très cultivée, partageait mes goûts et dans ce domaine, je suivais aussi les traces de Fred. Il n'y avait pas pour moi de plus grand bonheur que d'aller m'allonger à plat ventre derrière les épais rideaux de la grande baie vitrée du salon avec mes livres. Là, plus rien ne pouvait m'atteindre, je faisais la sourde oreille aux appels pour aider aux tâches quotidiennes, perdue dans *Ivanhoé*, *Robinson Crusoé*, ou *La famille suisse Robinson* du pasteur Johann David Wyss. J'adorais les romans de Walter Scott, les pièces de Molière, Racine, Corneille, les poèmes de Musset, Vigny et Baudelaire.

Ma passion nuisait à mon travail scolaire, ce qui me valait des remontrances de la part de mes professeurs :

— Tes sœurs sont des élèves modèles, Marthe, surtout Stéphanie. Suis leur exemple !

Mon grand-père exerça une influence primordiale sur mon éducation. Quand j'avais une quinzaine d'années, Cécile et moi allions régulièrement dormir chez mes grands-parents, à cinq minutes de chez nous, pour leur tenir compagnie. On se mettait en route après le dîner. Nous étions surtout attachées à mon grand-père.

Ma grand-mère était une femme difficile mais pleine d'esprit, avec une langue bien pendue et des yeux bleus pétillants. Elle avait eu sept fils qu'elle avait toujours préférés à ma mère, sa fille unique. Plus tard, elle reporta cette affection sur les enfants de mes oncles. Par exemple, elle offrait des cadeaux à mes cousins et jamais à nous. Elle avait traité ma mère comme une domestique et son mari était la cible de ses remarques ironiques. Il la gâtait, et nous aussi, mais quand elle le tourmentait trop, il lui arrivait de s'exclamer :

— Voilà ce qui arrive quand on épouse une jolie femme.

La première fois que j'entendis cette remarque, je restai saisie. La pensée que mon pieux grand-père fût sensible à la beauté d'une femme m'ouvrit des horizons insoupçonnés. Ainsi les jeunes n'étaient pas les seuls à être en proie à des émotions difficilement maîtrisables...

Mon grand-père se levait tous les jours à quatre heures du matin pour prier et étudier ses manuscrits en hébreu, qui composaient une bibliothèque d'une grande valeur. Il correspondait avec des érudits du monde entier, passait beaucoup de temps à interpréter des textes, écrire des lettres et de la poésie. Metz avait une importante communauté juive. Grospapa fonda la synagogue orthodoxe ainsi que toutes ses institutions traditionnelles comme la *mikvah* — le bain rituel — et le *heder*, l'école hébraïque. Il aida à réorganiser le cimetière de Metz, et à donner des sépultures juives à des personnes enterrées dans le cimetière catholique d'une petite ville de Lorraine, non loin de là.

Chaque matin, vers sept heures, il rangeait ses livres, émergeait de sa bibliothèque et prenait livraison des petits pains qu'on leur apportait tous les matins à domicile. Puis il nous préparait le petit déjeuner à Cécile et à moi, ce qui lui permettait de passer insensiblement du rôle d'érudit à celui de grand-père gâteau. Une fois que tout était prêt, ma sœur et moi prenions joyeusement place à la table de la cuisine dressée avec des tasses en porcelaine posées sur une nappe en lin, et nous le bombardions de questions sur des sujets politiques ou l'histoire gréco-romaine, un sujet qui lui tenait particulièrement à cœur.

L'exemple que me donnaient mon grand-père, ma mère et Fred m'amena à m'intéresser de près aux questions d'actualité et, dès l'âge de six ans, je dévorais le journal. A force de les entendre me raconter les merveilleuses histoires de la civilisation gréco-latine, qui se mêlait à celle de nos ancêtres israélites, je devins une élève attentive. Je lus des livres où les rois, les empereurs, les princes et les belles reines nouaient des relations tumultueuses avec les dieux et les demi-dieux qui se comportaient tout aussi mal que les humains, ce qui me changeait du Dieu que nous adorions. Au lycée, je lus et relus Homère et l'histoire romaine, traduits en français. Aux faits historiques se mêlaient des personnages extravagants et des événements inventés. Captivée par l'imagination débridée des auteurs, je vivais par procuration les aventures fascinantes des héros de l'Antiquité et leurs relations tumultueuses avec l'Empyrée et les Champs Elysées.

Grospapa nous initia également à des sujets chers à son cœur, comme la *tzedakah* (la charité) et la tolérance.

— Les gens sont intolérants parce qu'ils ont peur de ce qu'ils ne comprennent pas ou de ce qui est différent, me disait-il. Tu ne dois jamais juger quelqu'un d'après sa religion, la couleur de sa peau ou ses croyances. Si quelqu'un a besoin d'aide, porte-lui secours sans t'inquiéter de sa race ou de ses croyances, et surtout ne te vante pas de tes bontés, cela humilierait la personne que tu as secourue.

Puis il me citait, pour illustrer son propos, des histoires tirées de la Bible ou de la littérature. Je baignais dans son influence spirituelle rayonnante. Dans la vie, c'est lui et Fred que j'avais choisis comme modèles.

Autour de nous, les injustices se multipliaient. Nous n'avions pas besoin d'aller chercher très loin pour le constater. Un jour, mon père se rendit dans un petit village en dehors de Metz pour y livrer des photos encadrées. Alors qu'il se préparait à entrer dans la maison du client, il rencontra deux gendarmes qui lui demandèrent ses papiers.

— Oui monsieur, répondit respectueusement mon père à l'officier supérieur. Juste le temps de poser ces photos.

Alors qu'il essayait de faire tenir les encadrements contre le mur, les gendarmes décidèrent brusquement de l'arrêter. Ils affirmèrent plus tard que mon père s'était montré insolent en tardant à sortir ses papiers. Il disparut pendant vingt-quatre heures. Nous n'avions aucunes nouvelles. Ma mère se rendit même au commissariat local pour remplir une fiche afin de signaler sa disparition.

Quand papa rentra à la maison couvert de bleus, c'était un homme brisé. Il tomba gravement malade. Lui qui avait toujours eu le plus grand respect pour la police et les autorités militaires, d'avoir été maltraité sans raison le plongea dans le désespoir. En découvrant la face cachée du pouvoir toute sa conception du monde était remise en question. Et cela raviva des souvenirs remontant à l'époque où il était pensionnaire dans un orphelinat. Papa fit une hépatite sévère et il devint tout jaune. Le diagnostic du médecin était réservé et ma mère folle de chagrin. Il s'écoula des semaines avant que le médecin ne le déclare hors de danger. Mais le rétablissement de papa était si lent que son procès fut plusieurs fois reporté. Et puis son histoire fit les gros titres des journaux, on rapporta qu'un père de sept enfants avait été injustement battu et le juge l'acquitta.

A l'adolescence, je commençai à m'interroger sur un certain nombre de sujets qui jusqu'alors me paraissaient aller de soi. Je décidai par conviction de devenir végétarienne. Ma mère pensait que ça me passerait mais elle n'en préparait pas moins des plats spéciaux à mon intention et ne fit rien pour me faire changer d'avis.

En revanche, quand je demandai à apprendre l'hébreu (que selon la tradition j'avais appris à lire sans le comprendre), elle fut très bouleversée.

— Seuls les garçons sont initiés au sens des textes sacrés, me dit-elle en secouant la tête d'un air désapprobateur. Les filles n'y sont pas autorisées.

— Je suis fatiguée de répéter des mots comme un perroquet, en ignorant ce qu'ils signifient. Comment veux-tu que je pense à Dieu quand je dis mes prières ? J'ai l'esprit qui vagabonde, c'est de la pure hypocrisie.

Une telle rébellion contre nos pratiques religieuses scandalisait ma mère. Rien, pas même la mort de son petit garçon, n'avait jamais ébranlé la foi de maman. La mienne vacillait et cela lui causa un grand chagrin. Mais après cette explication, elle ne me demanda plus jamais de prier.

Grospapa choisit lui aussi d'ignorer le problème. Quand il comprit que Cécile et moi ne disions plus nos prières avant et après les repas, il quitta la pièce pour prier seul afin de ne pas nous contraindre à un rituel que nous ne respections plus.

Autour de nous, le monde changeait à une vitesse folle. Mussolini et les fascistes prirent le pouvoir en Italie. L'Allemagne réoccupa la Sarre. Le roi George V mourut en Angleterre. Les fascistes et les républicains s'affrontaient en Espagne. Et l'athlète américain Jesse Owens remportait une médaille d'or aux Jeux olympiques de Berlin et recevait un affront public de la part d'Adolf Hitler. En France, le colonel fasciste François de La Rocque, le chef des Croix-de-Feu, un mouvement d'extrême droite, diffusait une propagande fasciste. Les Croix-de-Feu provoquèrent des affrontements dans la rue, entraînant la chute du gouvernement. Plus les bellicistes et les politiciens dévoyés s'exprimaient sur la question juive, plus les masses s'imprégnaient de leurs conceptions imbéciles. Les fanatiques ordinaires avaient trouvé un exutoire à leurs ressentiments. Enfin, Léon Blum arriva au pouvoir en 1936. En France, c'était le premier juif, socialiste de surcroît, à exercer le pouvoir au poste de Premier ministre, ce qui provoqua de nouvelles émeutes. L'antisémitisme s'exprimait maintenant sans retenue. Certains exigeaient que l'on interdise les postes publics aux juifs, comme c'était déjà le cas en Allemagne. Cette nouvelle me fit froid dans le dos, tout comme la menace que représentait Hitler et son parti nazi, mais contrairement à mes frères, je n'en croyais pas moins à la paix.

— Il faut trouver un moyen de contourner la guerre, déclarais-je avec hauteur. Les politiciens doivent se rencontrer et se parler. Les luttes armées tuent et mutilent. Il y a sûrement moyen de s'en sortir autrement.

Fred et Arnold n'étaient pas d'accord.

— Il faut arrêter Hitler le plus tôt possible. Tu ne comprends rien, Marthe, tu n'as pas connu la dernière guerre.

Fred, pourtant excellent élève, avait quitté l'école à dix-sept ans pour aller étudier le commerce du diamant à Anvers. Puis il déménagea à Nancy pour reprendre la boutique de tailleur de mon oncle Henri après que la dépression eut causé l'effondrement de l'industrie du diamant. Arnold emménagea avec lui pour travailler comme coupeur. Tous les dimanches matin, Fred prenait le train pour Metz dans le seul but de servir de chaperon à ses sœurs, sinon mon père ne nous aurait jamais permis de sortir le soir. Toutes mes copines, dont Sophie, étaient folles de jalousie. Fred ôtait son chapeau pour nous saluer et il nous escortait en ville en nous traitant comme des dames. Je l'adorais et j'étais affreusement triste quand il repartait à Nancy.

Au lycée, je m'ennuyais. Influencée par les livres de Zola, Balzac, Dumas, Tolstoï, Jules Verne et Jack London, je ne rêvais que d'une chose : aller courir le monde avant qu'il ne soit trop tard. Mes ambitions étaient très vagues, j'hésitais entre la carrière d'avocate et le métier de pilote, qui tenait du fantasme car à dix-sept ans, je mesurais un mètre cinquante et j'étais encore plus petite que ma mère.

— J'ai décidé d'épouser un homme de grande taille, lui annonçai-je un jour. Je refuse de donner le jour à des nains.

Maman secoua la tête en souriant.

— Je me demande où tu vas chercher des idées pareilles, Marthe.

En 1937, je quittai sans regret mes professeurs et allai travailler à Cécile Modes, la boutique de chapeaux de ma sœur, au second étage d'un immeuble situé au coin de la place de la République et de la rue Serpenoise, au centre de Metz. Je n'avais jamais envisagé une carrière de modiste mais j'étais ravie d'avoir quitté le carcan de l'éducation nationale. Tout le monde admirait les merveilleuses créations de Cécile, qui plaisaient surtout aux jeunes et à celles qui aimaient la fantaisie. J'ai une photo de moi avec Sophie, sa sœur Régine et Cécile coiffées de ravissants chapeaux. Rétrospectivement, j'apprécie à sa juste valeur la bonté de ma sœur car j'ai massacré plus de chapeaux que je n'en ai fabriqué. Un soir, j'ai même oublié d'éteindre le fer électrique qui creusa un gros trou au beau milieu de notre table de travail. Encore heureux que je n'aie pas mis le feu à la maison. Avec moi, Cécile s'est toujours montrée d'une patience d'ange. Peut-être savait-elle déjà qu'il y a dans le monde des sujets de contrariété plus importants, et qu'il ne sert à rien de s'énerver pour des vétilles.

A dix-huit ans, je partis avec Stéphanie, Rosy, Hélène, Sophie et toute une bande d'amies dans la vallée de Chevreuse, pour un camp d'été près de Paris. Nous y étions déjà allées avec nos parents mais c'était la première fois qu'on nous jugeait assez grandes pour nous y rendre seules. Nous avons passé quelques semaines idylliques à nager, faire du vélo et s'amuser comme des folles. J'ai des dizaines de photos en noir et blanc de ces vacances. On rayonnait de bonheur et on était loin de se douter qu'elles signaient la fin de notre enfance.

En octobre de cette année-là, les troupes allemandes pénétraient en Tchécoslovaquie. Un mois plus tard, en Allemagne, l'ensemble de la population juive — déjà assujettie à une incroyable quantité de règlements dont la ségrégation physique et le couvre-feu — fut soumise à un régime de terreur sans précédent. La « nuit de cristal », orchestrée par le gouvernement, marqua un point de non-retour dans la politique allemande. Des centaines de synagogues furent brûlées et des milliers de commerces juifs détruits. Des bandes de nazis écumant les rues brisaient systématiquement les vitrines des boutiques appartenant à des juifs. Les juifs furent arrêtés, battus, et quatre-vingt-dix furent tués.

Nous étions horrifiés. Nous avions des parents à Düsseldorf, la famille Farber. Une nièce de mon père, Cécile, était enceinte de son troisième enfant quand la Gestapo vint chez elle cette nuit-là pour arrêter son mari. Ils cassèrent tout dans la maison, proférant des menaces. J'ignore comment Cécile les persuada de ne pas arrêter son mari. Cette même nuit, ils s'enfuirent. Lui partit pour les Pays-Bas et elle se cacha dans la maison de sa bonne jusqu'à la naissance du bébé, une petite fille du nom de Mindele. Puis elle rejoignit son mari. Plus tard, ils s'embarquèrent pour la Palestine en laissant le bébé à des parents, en Hollande. Quant à leurs fils, Josie, deux ans, et Jacquie, trois ans, Fred et Cécile prirent le train jusqu'à la frontière pour aller les récupérer. Leur courageuse domestique les avait accompagnés. Tous risquaient d'être arrêtés par la police allemande au poste frontière. Quelques jours plus tard, on envoya Josie chez tante Hélène, une sœur de mon père qui vivait à Nancy. Jacquie resta avec nous. En Allemagne, le reste de la famille de mon père, dont sa sœur Feigel, son mari et leur plus jeune fille, Berthe, furent arrêtés et déportés en Pologne. On ne les revit jamais.

Quand il arriva sur le seuil de notre porte, Jacquie avait trois ans. Il ne parlait que l'allemand et se tenait là, l'air ahuri, jusqu'à ce que son regard tombe sur Hélène, alors âgée de quatorze ans. Il lui sourit, totalement séduit. Elle était son soleil. Il la suivait comme un petit chien et lui manifestait un total dévouement. Ce nouveau petit frère enchanta Hélène qui jouait avec lui et appréciait pleinement les attentions dont elle était l'objet. Et comme elle était aussi taquine que Fred, elle abusait de son pouvoir sur ce pauvre Jacquie. Elle se plaignait que ses mains étaient froides et lui demandait de venir les réchauffer, ou bien elle s'en servait de coursier et l'envoyait chercher un pull ou une écharpe dans ses affaires. Ces jeux dissimulaient une infinie patience que j'admirais en secret. Nous avions conscience que Jacquie ne reverrait pas sa famille avant longtemps et la gentillesse d'Hélène atténuait la douleur de cette cruelle séparation.

Après les événements de la « nuit de cristal », nous décidâmes de faire tout notre possible pour aider les juifs. Ce fut une décision prise en commun, inspirée par notre jeune rabbin, Elie Bloch. Chaque famille juive de ma connaissance agissait de même. Ma mère comptait parmi les personnes les plus actives. Désespérés par l'inertie du gouvernement français, nous discutions sans fin des mesures à prendre contre le gouvernement allemand.

— Les Français et les Anglais sont des lâches, disait maman. Ils ont laissé Hitler se saisir de tout ce qu'il voulait et personne n'a eu le courage de l'affronter.

Une dizaine de familles allemandes se succédèrent à la maison. Le récit de ce qu'elles avaient vécu sous les nazis était terrifiant. Bien pire que tout ce que l'on avait pu lire dans les journaux. On leur avait refusé les droits les plus fondamentaux ; le versement de leurs retraites avait été arbitrairement suspendu, leurs bijoux, leurs stocks et leurs œuvres d'art confisqués, on leur interdisait de conduire, d'écouter la radio ou de sortir après le coucher du soleil. La plupart des boutiques et des entreprises portaient des écriteaux qui disaient « Interdit aux juifs ». Partout où ils allaient, ils étaient insultés, agressés et persécutés.

Ma mère les nourrissait et les logeait pendant quelques jours, jusqu'à ce qu'ils soient prêts à poursuivre leur voyage. Stéphanie, Cécile et moi essayions de leur remonter le moral, et mon père les aidait financièrement. La plupart n'avaient pas le sou car ils n'étaient pas autorisés à retirer de l'argent de leurs comptes en banque. Ils étaient partis avec leurs valises. Ils allaient retrouver des parents en France, aux Pays-Bas, en Scandinavie, en Amérique ou en Palestine.

J'avais beau être bouleversée par leurs récits, je dois avouer que je n'ai pas pensé un seul instant que nous pourrions connaître un destin semblable. Pas en France.

— Les Français ne permettraient jamais des choses pareilles, disais-je à ma mère qui commençait à sérieusement s'inquiéter.

J'étais convaincue qu'une politique habile viendrait à bout de Hitler. Je fus ravie d'apprendre que le Premier ministre anglais, Neville Chamberlain, était parti lui rendre visite. Je croyais naïvement que des gens avisés sauraient le raisonner.

J'étais jeune, idéaliste, confiante dans la nature humaine et intimement persuadée que le bien finirait par l'emporter.

En 1939, pour moi le monde s'effondra. Mon grand-père adoré, incapable d'affronter cette folie meurtrière, mourut d'une crise cardiaque à la veille de la Pâque juive. Il avait soixante-seize ans. Ravagés par le chagrin, on l'enterra par une belle journée de printemps dans le cimetière juif qu'il avait contribué à édifier, après une marche de cinq kilomètres dans Metz. Des centaines de personnes nous rejoignirent. Des enfants nous arrêtaient pour nous dire qu'à chaque fois qu'ils rencontraient Grospapa, il leur donnait des bonbons. Des pauvres gens nous racontaient qu'il leur apportait régulièrement du charbon et de la nourriture pour le shabbat, et traînait des sacs pesants jusqu'au troisième ou quatrième étage des immeubles où ils habitaient. Tant de gens l'avaient aimé dont nous ignorions l'existence. Pour nous, le monde perdit brusquement de son éclat. Dans les années qui suivirent, nous fûmes cependant infiniment soulagés qu'il n'ait pas connu la déchéance de la France. En homme sage, il avait choisi la dignité dans la mort plutôt que l'indignité des cruelles humiliations qui nous attendaient.

Le 1er septembre de cette année-là, quand l'Allemagne et la Russie envahirent la Pologne, la France et la Grande-Bretagne entrèrent en guerre et je compris à quel point mes espoirs de paix avaient été puérils. Mes parents n'avaient jamais partagé notre optimisme, ils avaient connu la Grande Guerre et bien que mon père, en raison du nombre de ses enfants, ait échappé à la mobilisation, tous deux savaient à quoi ressemblait un conflit généralisé. A cette époque, quand Cécile et Fred étaient réveillés par les bombardements alliés, maman se précipitait à leur chevet et récitait le *shemah* avec eux. « Ecoute, Israël ! le Seigneur notre Dieu est l'Unique », priait-elle en pleurant. Tranquillisés, les petits se rendormaient malgré le vacarme.

Maintenant, les Français se mobilisaient. Fred fut envoyé sur la ligne Maginot, un rempart de fortifications à la frontière franco-allemande. Arnold faisait son service militaire en Tunisie, où il était basé avec son régiment. Nous étions tous très inquiets. Et puis l'administration locale publia un appel demandant à toutes les familles françaises qui en avaient les moyens de quitter la région.

— Partir ? s'écria mon père avec indignation. Et pour aller où ? Tout ce que nous possédons se trouve ici. Et on n'a jamais connu d'autre ville que Metz.

Lui et Cécile y avaient leurs boutiques, les plus jeunes enfants allaient encore à l'école, il fallait s'occuper de ma grand-mère, et que faire de la bibliothèque inestimable de mon grand-père ?

— Vous serez dirigés sur Poitiers, nous annonça un fonctionnaire harassé. Ce n'est que temporaire. Juste le temps que les choses se calment. A titre de précaution. Ne prenez que ce dont vous avez besoin et surtout, ne perdez pas de temps.

Le petit frère de mon père, Benoît, vivait à Poitiers, située à 700 kilomètres de la frontière allemande, et tout le monde était intimement persuadé que cette ville ne serait jamais affectée par la guerre. Après une brève discussion avec des parents et amis, convaincus par les arguments des autorités, on décida de partir dès le lendemain.

Le lendemain matin, ma mère nous dit d'un ton enjoué :

— Rappelez-vous que ce ne sont que des vacances de fin d'été, on sera de retour avant le mauvais temps.

J'avais dix-neuf ans et tout en déposant dans une petite valise les quelques affaires auxquelles je tenais, j'étais en proie à des sentiments contradictoires. Ici j'avais mes amis et mon travail, mais cette nouvelle vie qui nous attendait dans une ville inconnue ressemblait à l'aventure. Sauf que j'avais de la peine pour Cécile dont le salon de modes connaissait un grand succès. Et Stéphanie qui voulait absolument faire ses études de médecine, comment s'en sortirait-elle ? Et Hélène et Rosy ?

Je relevai la tête et vis Jacquie, les yeux agrandis par la peur, qui se tenait sur le seuil de la chambre que je partageais avec Stéphanie et Cécile. Il retira son pouce de sa bouche.

— Les Allemands vont arriver, Marthe ? me demanda-t-il, avant de réenfourner son pouce pour se rassurer.

Cet enfant innocent qui avait déjà connu la nuit de cristal, le saccage de sa maison, l'arrachement des bras de sa mère en pleurs et de son univers familier, était visiblement terrifié.

Honteuse de mon égoïsme, je me précipitai vers lui et le pris dans mes bras.

— Non, Jacquie, lui dis-je en caressant ses doux cheveux bruns. Les Allemands n'envahiront jamais la France. Je te le promets.

Une ville étrangère

Pour nous, Poitiers était une ville étrangère. Située en hauteur, dominant deux rivières et entourée de petits villages éparpillés dans les vallées, elle nous semblait désuète et provinciale comparée à Metz, industrielle et cosmopolite. Avant l'arrivée de tous ces juifs de l'Est, elle ne comptait que trois ou quatre familles juives qui se fondaient dans une communauté essentiellement catholique. Les gens ne savaient même pas à quoi ressemblait un juif. Je ne sais pas à quoi ils s'attendaient mais je crois qu'ils furent surpris de découvrir que nous étions des gens très ordinaires. Ils nous reçurent chaleureusement et nous considéraient comme des compatriotes effrayés par l'ennemi commun.

Nous étions arrivés avec pour tous bagages ceux que nous pouvions porter, et on s'installa chez oncle Benoît et sa femme enceinte, Fannie, dans un petit appartement place de la Liberté. Benoît faisait du commerce sur les marchés et il était une des rares personnes avec qui mon père s'entendait bien. Sa vie avait été marquée par les tragédies. Il avait perdu sa première femme dans un accident de voiture, puis un enfant en bas âge. Son deuxième fils, atteint d'autisme, refusait de parler. Malgré tous ces malheurs, Benoît était aussi tranquille et facile à vivre que papa était susceptible et coléreux. Papa l'avait protégé à l'époque où on les avait placés en orphelinat et les deux frères étaient restés très proches. La compagnie de Benoît apaisait mon père. En sa présence, il se montrait tout de suite plus calme et détendu.

Cela n'a pas dû être facile pour Benoît et Fannie d'être envahis par une famille de neuf personnes dont ma grand-mère. On ne resta chez eux que quelques jours, avant de déménager temporairement dans l'appartement du dessous qui était vide. Plus tard, l'oncle survivant de Jacquie, Oskar Kluger, nous rejoignit ainsi que d'autres parents de Metz dont mon cher oncle Léon, un des plus jeunes frères de ma mère, ma tante Claire et leur fille Myriam.

Léon était un homme d'affaires propriétaire d'une boutique à Metz. Lui aussi était parti en abandonnant tout derrière lui. C'était un très bel homme qui adorait ma mère et respectait mon père. Intelligent, chaleureux, il avait grandi dans une famille de huit enfants et se montrait très affectueux avec nous. Comme tous les frères de ma mère, il m'aimait beaucoup parce que je ressemblais à maman quand elle était jeune. Dans cette ville étrange, plutôt exotique à nos yeux, sa présence nous rassurait.

Pendant quelques jours, on dormit par terre ou sur des sofas, jusqu'à ce que la municipalité nous répartisse chez l'habitant par groupes de deux ou trois. Cécile et moi étions hébergés par une vieille famille bourgeoise, les Laffon, des gens charmants. Mme Laffon avait perdu son fils pendant la « Grande Guerre », et le plus grand service que nous pouvions lui rendre était de l'écouter lire les vieilles lettres au papier usé, à l'encre pâlie, que son fils, autrefois, lui envoyait du front. Chaque jour elle les lisait à haute voix et elle pleurait, inconsolable, portant sa croix.

Pendant la journée, on se réunissait dans l'appartement de Benoît ou on se promenait dans Poitiers, puis on rejoignait nos appartements respectifs pour la nuit. Nous n'avions pas de boutique à faire tourner, pas de salaire à gagner, et pas de toit au-dessus de nos têtes. Mon père parlait un mauvais français et très peu de gens à Poitiers parlaient l'allemand. Cécile, Stéphanie et moi-même passions beaucoup de temps à explorer les rues étroites et tortueuses de la ville, avec sa cathédrale, ses magnifiques églises romanes, l'université et les vestiges gallo-romains. Nous admirions les maisons du XVe siècle et la salle des pas perdus dans l'ancien palais des comtes de Poitou et ducs d'Aquitaine où était logé le palais de justice. Mais on en eut vite assez.

Un mois s'écoula. Dans toute l'Europe, la situation, loin de se stabiliser, allait en empirant, et on comprit que les « vacances » allaient se prolonger longtemps. Cécile découvrit une maison meublée avec un grand jardin clos du côté de La Chauvinerie, au sommet d'une colline escarpée au nord de la gare, et on se retrouva à nouveau réunis.

— Et si on ouvrait un magasin ? suggéra maman peu de temps après notre emménagement. Cela nous rapportera de l'argent et puis ça nous occupera.

Avec l'aide d'oncle Léon et les fonds que Fred nous apporta lors d'une permission, nous louâmes une boutique rue de la Regratterie pour monter une affaire de vêtements en gros. On la baptisa « Etablissements Elby », d'après les initiales de mon oncle, L.B. Au volant de sa voiture, oncle Léon faisait le tour des villages et des petites villes de la région où il se présentait avec nos échantillons dans de petits magasins de campagne qui vendaient un peu de tout. Les affaires marchaient bien. Avec Cécile et Léon, on travaillait d'arrache-pied six jours par semaine pour satisfaire nos clients.

Pendant ce temps-là, maman restait à la maison et s'occupait du ménage; papa faisait le tour des salles des ventes et achetait des lampes et des horloges anciennes pour les restaurer et les revendre; et Hélène, Rosy et Jacquie allaient à l'école dans les établissements scolaires du voisinage. Stéphanie, modeste et tranquille selon son habitude, s'inscrivit en faculté de médecine. Chaque soir, elle rentrait à la maison le visage rayonnant, enchantée de ce qu'elle avait appris pendant la journée.

— Tout ce que je veux, c'est aider les gens, disait cette jeune fille intellectuellement brillante et d'un naturel aimant.

A son contact, j'avais honte de mon égoïsme.

Le peu de temps libre qui nous restait, nous le passions à travailler comme bénévoles au centre de crise pour les réfugiés français qui affluaient de l'Est. La menace de l'agression allemande avait incité des centaines de milliers de gens à quitter leur foyer. Stéphanie et moi fûmes les premières, dès notre arrivée à Poitiers, à rejoindre le centre de crise ouvert à la gare. Des centaines de réfugiés arrivaient chaque jour. Poitiers, une des principales gares sur la ligne de chemin de fer Paris-Bordeaux, servait non seulement de point de ralliement pour les réfugiés de Metz, mais aussi de gare de transit — essentiellement pour les vieillards, les femmes et les enfants. Ils s'arrêtaient là un jour ou deux avant de repartir pour des villes situées plus au sud ou à l'ouest. En tant que réfugiés, nous éprouvions pour eux une grande pitié, nous servions d'interprètes aux Alsaciens et aux Lorrains qui parlaient mal le français et les aidions du mieux que nous pouvions.

Les jeunes gens de l'auberge de jeunesse locale qui travaillaient au centre comme volontaires nous accueillirent à bras ouverts. C'est là que j'ai connu Nonain, un nain communiste pestant à longueur de journée contre Hitler et ses armées.

— Ce salaud-là est un mégalomane, fulminait-il, il n'a pas d'autre but dans la vie que de réduire toute l'Europe en cendres.

Fervent partisan des campagnes communistes contre les fascistes en Italie, en Espagne et en Allemagne, il était terriblement inquiet des conséquences du pacte germano-soviétique.

Nonain nous présenta Heinrich, un grand blond allemand que ses convictions communistes avaient forcé à quitter sa patrie, sa famille et son emploi. Il s'était même battu contre Franco aux côtés des républicains espagnols. Depuis 1936, avec mes frères et sœurs, j'appuyais financièrement l'armée républicaine. On aimait bien Heinrich. En tant qu'exilé, il méritait toute notre sympathie. Ce beau garçon aux yeux très bleus était tombé amoureux de Cécile qui ne lui accordait pas la moindre attention. Mes parents le trouvaient sympathique et l'invitaient souvent à venir dîner à la maison où nous avions des discussions politiques animées. Ses convictions, dont il parlait avec beaucoup de chaleur, me touchaient et je regrettais que tous les Allemands ne soient pas comme lui.

— Pourquoi es-tu si désagréable avec Heinrich ? demandai-je à Cécile, un soir que nous nous trouvions dans la cuisine après avoir dîné avec le bel Allemand tout en écoutant les nouvelles à la radio.

— Il ne m'inspire aucune confiance, répondit-elle d'un ton sec.

— Mais enfin Cécile, tu ne vas pas te méfier de tous les Allemands ! Heinrich déteste Hitler tout autant que nous !

— Je m'en fiche.

Elle lui manifesta toujours une certaine froideur.

Pendant presque une année, il ne se passa pas grand-chose.

Nous menions une vie tranquille en France profonde. La boutique nous permettait de survivre, les réfugiés allaient et venaient, et nous nous étions fait plein d'amis, par exemple à l'auberge de jeunesse. On faisait des excursions dans la campagne, on allait se baigner dans le Clain, et on en oubliait presque la précarité de notre situation. Nous pique-niquions dans les parcs, partions camper avec les jeunes gens de notre âge et revenions à la maison, enchantées de notre excursion, rêvant que cela dure toujours.

Pendant ce temps-là, la « drôle de guerre » avait commencé. L'armée française, et Fred avec elle, gardaient la ligne Maginot, l'armée allemande la ligne Siegfried et ils se regardaient en chiens de faïence. La Grande-Bretagne avait envoyé des milliers de soldats pour renforcer nos défenses tandis qu'en Scandinavie, les braves Finlandais faisaient de leur mieux pour tenter de repousser les Russes en maraude. Pour la première fois depuis la Première Guerre mondiale, la nourriture fut rationnée et on nous initia au couvre-feu et aux exercices d'alerte aux gaz.

Au printemps 1940, quand Hitler envahit le Danemark et la Norvège, la guerre prit une tout autre tournure. La « blitzkrieg », la guerre éclair allemande, eut bientôt raison de la Belgique et la Hollande. Nous pensions à la petite sœur de Jacquie, Mindele, perdue quelque part en Hollande.

Heureusement, Jacquie était trop petit pour comprendre les implications de l'accélération de l'Histoire et à chaque fois qu'il s'inquiétait de sa famille, nous le calmions par de fausses informations. Mais même à un âge aussi tendre, il ressentait une grande amertume. Je le revois tendant sa petite main vers maman.

— Mais toi, tata, tu n'aurais jamais abandonné tes enfants, hein ? disait-il en parlant de sa mère.

Maman essayait bien de lui expliquer la situation inextricable que Cécile avait dû affronter, mais il ne parvenait pas à comprendre, ça le dépassait.

Chaque soir, on se rassemblait avec anxiété autour de la radio pour écouter les nouvelles du Poste Parisien. On suivit la démission de Chamberlain à Londres, l'arrivée au pouvoir de Winston Churchill, l'avancée des troupes allemandes depuis la Belgique jusqu'au nord de la France, et l'évacuation des forces françaises et britanniques de Dunkerque. Calais et Boulogne tombèrent à leur tour. Tout le Nord-Est fut envahi, Metz y compris. On pensait souvent à notre appartement de la rue du Maréchal-Pétain, aux amis qu'on avait abandonnés derrière nous, et à la bibliothèque inestimable de Grospapa. Paul Raynaud, notre président du Conseil, démissionna et Pétain, le héros de la Grande Guerre, le remplaça.

— Nous vivons des événements historiques, dis-je à ma mère d'une voix vibrante alors que nous venions d'éteindre la radio et étions tombés dans un profond silence.

— Je m'en passerais volontiers, moi, des événements historiques, répliqua-t-elle d'un ton sec avant de retourner repriser des chaussettes.

Mon père se renversa dans son fauteuil et ferma les yeux.

Saisie par un sentiment d'excitation mêlé d'une vive inquiétude, j'étais convaincue que si la nation tenait contre l'envahisseur, notre famille bénéficierait d'une situation privilégiée. Bien à l'abri loin des frontières, nous menions une vie aventureuse que nous n'aurions jamais imaginée un an auparavant. Mes conceptions pacifistes n'avaient pas été ébranlées. En mai 1940, tout bascula.

Chaque matin, Cécile et moi descendions la colline, passions devant la gare et remontions une rue escarpée pour rejoindre les « Etablissements Elby ». Là, on procédait à l'ouverture et on commençait à servir les clients. Puis nous retournions à la maison pour déjeuner avant de reprendre le travail. Les journées étaient longues, on travaillait dur mais on gagnait suffisamment d'argent pour vivre. Bizarrement, je n'ai jamais pensé un seul instant que cette situation risquait de se prolonger. Bientôt, on rentrerait à la maison et on reprendrait nos vies là où nous les avions laissées.

Un après-midi comme les autres, Cécile et moi venions de quitter la maison et descendions la colline quand Cécile fouilla dans sa poche pour y chercher les clés de la boutique qu'elle me tendit.

— Marthe, tu vas devant, je te rejoins. Je vais d'abord passer voir la vieille Mme Guillaume pour lui payer le loyer.

Je pris les clés, agitai la main en signe d'adieu et me mis en route. Le soleil brillait, la journée était superbe. Je levai les yeux et vis quelques nuages naviguant dans un ciel d'un bleu intense. Les oiseaux chantaient leurs sérénades de printemps. Je grimpai les marches qui menaient à une passerelle enjambant la voie ferrée et jetai un coup d'œil en contrebas sur la gare bourrée de monde. Un train de ravitaillement venait d'arriver et des soldats s'activaient dans tous les coins. Des milliers de réfugiés se tenaient sur les quais, attendant des trains qui les emmèneraient vers le sud. Avec les Hollandais et les Belges qui fuyaient l'invasion allemande, leur nombre ne cessait d'augmenter.

Je regardai ma montre et vis qu'il était treize heures quarante-cinq. Craignant d'être en retard, je pressai le pas et commençai à descendre les marches de l'autre côté. J'étais à quelques centaines de mètres de la voie ferrée, rue Boncennes, une rue résidentielle proche de notre boutique, quand j'entendis des avions qui approchaient. Il n'y avait rien d'inhabituel à cela. Mais quelque chose me poussa à m'arrêter et à lever la tête. Clignant des yeux à cause de la lumière aveuglante, je vis deux avions qui perdaient de l'altitude à toute allure. Puis ils furent si bas que je pus distinguer les pilotes à l'intérieur... et le drapeau italien peint sous chaque cockpit.

Je reçus un coup à l'estomac, puis je me réprimandai pour ma sottise. Ils faisaient route pour un objectif que j'ignorais, pas de quoi s'affoler, nous étions à Poitiers, une ville où l'armée était quasiment inexistante et qui ne présentait aucune cible intéressante. Je n'eus même pas l'idée d'aller m'abriter. Mais quand je vis tomber la première bombe et que je ressentis le souffle de l'explosion, quand la fumée s'éleva de l'une des maisons situées le long de la voie ferrée, mon sang ne fit qu'un tour. Le train. Le train de ravitaillement. La gare. Les réfugiés. Oh mon Dieu, Cécile ! La maison de Mme Guillaume était en bordure de la voie !

Puis ce fut le vacarme, l'agitation et la fumée, des bombes tombaient du ciel, la gare disparut dans un nuage âcre. Sous la passerelle, le train de ravitaillement explosa en une boule de feu. Les gens couraient, criaient et je me précipitai dans une maison voisine dont l'entrée était ouverte. Nous étions douze accroupis dans le hall étroit, les yeux fermés, les mains sur les oreilles et la tête sur les genoux. Je me fis aussi petite que possible. Chaque nouvelle explosion ébranlait le sol autour de nous.

— Ils en veulent à la voie ferrée ! s'écria un jeune homme qui se tenait près de la porte d'entrée tandis que nous attendions en silence.

Après ce qui nous sembla une éternité mais ne dura probablement que quelques minutes, les explosions s'espacèrent et le bourdonnement des avions s'éloigna. Après une ultime déflagration signant la destruction de la dernière locomotive diesel sur la voie, les pilotes italiens disparurent en direction de l'est, mission accomplie.

Titubants et hébétés, on se retrouva dans la rue, essayant d'évaluer les dégâts à travers un rideau de fumée et de poussière. On n'en croyait pas nos yeux. Quant à moi, insensible au sort des réfugiés, des soldats et même de Cécile, j'étais obsédée par une seule pensée : rentrer à la maison pour rassurer maman. D'un pas pressé, je m'éloignai du petit groupe, puis je me mis à courir et m'engageai sur la passerelle en toussant. Le train juste en dessous était la proie des flammes. Je distinguais à peine l'autre côté de la passerelle. Il me semblait intact. Un cheminot agita frénétiquement les bras.

— Arrêtez ! Arrêtez ! hurla-t-il. Restez où vous êtes !

En proie à une idée fixe et toussant de plus belle, je me précipitai dans les flammes et l'épaisse fumée noire. Quand le train juste en dessous de moi éclata en une nouvelle déflagration, je me redressai, repris ma course et tombai dans les bras du cheminot qui me souleva de terre et alla me mettre à l'abri un peu plus loin.

— Vous êtes folle ? hurla-t-il, hors de lui. C'est un train de munitions ! S'il avait explosé en une fois il faisait sauter la passerelle !

Je me dégageai en balbutiant :

— Il faut que je rentre à la maison.

Avant qu'il ait eu le temps de me retenir, je me précipitai sur la route et regrimpai la colline en me frayant péniblement un chemin dans la foule : les gens descendaient à la gare pour constater les dégâts et proposer leur aide. Quand j'arrivai à la maison, je trouvai maman en pleurs. Elle avait tellement vécu de bombardements que tous ses mauvais souvenirs lui étaient brusquement remontés à la mémoire.

— Marthe ! Marthe ! gémit-elle en courant vers moi dans le petit jardin devant la maison.

Le visage noirci de fumée, échevelée, je lui tombai dans les bras.

— Tout va bien, maman, tout va bien, lui dis-je en lui tapotant le dos pour la rassurer.

Par-dessus son épaule, je vis papa et Jacquie. Un vif soulagement se lisait sur leurs visages.

— Tata, tata, s'écria Jacquie, je te l'avais bien dit qu'elles avaient rien.

Ma mère me repoussa et me fixa d'un air égaré.

— Où est Cécile ?

Je pâlis. Je n'avais pas accordé une seule pensée à ma sœur. Devant l'expression du visage de ma mère, je déclarai d'un ton assuré :

— Elle va bien. Elle a insisté pour aller à la boutique voir si l'immeuble n'avait pas été touché.

Ma mère faillit s'évanouir de soulagement.

— Dieu soit loué ! s'écria-t-elle et triturant le tissu de son tablier plein de farine car elle venait de cuire du pain et des gâteaux.

Quant à Hélène et Rosy, maman ne s'inquiétait pas pour elles car leur école se trouvait de l'autre côté de la ville. Elle courut alors vers mon père et s'écria :

— Fischel, les enfants sont sains et saufs. Les enfants n'ont rien.

J'attendis quelques instants pour ne pas réveiller les soupçons et redescendis la colline, la gorge nouée et le souffle court. Des secouristes s'affairaient dans tous les sens, parcourant les voies pour porter secours aux soldats et aux réfugiés. C'était une vraie scène de carnage, on comptait les morts par centaines. Le train était détruit mais les incendies étaient pratiquement maîtrisés. Partout je cherchai Cécile, mais en vain. Je trouvai la petite maison de Mme Guillaume vide mais intacte. Ses voisins n'avaient pas eu cette chance.

Je décidai alors de me rendre à la boutique. Elle s'était peut-être rendue là-bas, espérant me trouver derrière le comptoir. A bout de nerfs, j'entrais et je sortais du magasin, espérant un miracle. La seule pensée que je devrais annoncer à ma mère que Cécile avait disparu me donnait des sueurs froides.

Je l'entendis avant de la voir — un petit halètement à quelques pas derrière moi. Je me retournai et me retrouvai face à face avec une Cécile blafarde dont le visage poussiéreux portait des traces de larmes.

— Marthe ! gémit-elle d'une voix à peine audible.

On s'étreignit. Elle n'avait pas une égratignure et, pendant le bombardement, s'était réfugiée sous des arbres dans le fond du jardin de Mme Guillaume. Puis, craignant le pire pour moi, elle avait traversé les voies et m'avait cherchée partout : parmi les blessés, à la boutique, dans les hôpitaux et les cliniques. En désespoir de cause, elle était repassée une dernière fois par les « Etablissements Elby » avant de se décider à aller annoncer la nouvelle de ma disparition.

On rentra à la maison bras dessus bras dessous, pleurant de soulagement. Même si nos vies avaient été bouleversées par les conséquences de la guerre, nous n'avions jamais eu l'expérience directe des combats, ni été les témoins de ses effets arbitraires et dévastateurs. A partir de ce jour, quand la radio annonçait des bombardements, je revoyais les scènes dont j'avais été le témoin à Poitiers. Je venais d'avoir vingt ans et malgré mon naturel optimiste, je compris que nos vies ne seraient plus jamais les mêmes. Mes certitudes s'étaient effondrées.

Nous reçûmes un nouveau choc quand oncle Léon annonça qu'il quittait Poitiers pour Toulouse avec sa femme et sa fille. Grand-mère décida de se joindre à eux.

— Ça devient dangereux, dit Léon à ma mère. Partez avant qu'il ne soit trop tard.

Maman secoua la tête.

— Nous sommes trop nombreux. On l'a déjà fait une fois et je n'ai pas l'intention d'infliger cette nouvelle épreuve aux enfants. On se débrouillera.

On pleura, on s'embrassa et on leur souhaita bonne chance à tous. La séparation d'avec ma grand-mère fut douloureuse.

— A bientôt, dit oncle Léon avec une gaieté forcée en embrassant ma mère.

— Peut-être, répondit-elle d'une petite voix, les yeux rougis par les larmes.

Ils partirent le soir même dans la voiture d'oncle Léon, rejoignant les milliers de réfugiés qui se dirigeaient vers le sud devant l'avancée de l'armée allemande. Mais ma grand-mère et sa belle-fille ne s'entendaient pas et deux semaines plus tard, Cécile fut sommée de venir la chercher pour la ramener à la maison. Cécile passa une semaine à Toulouse avec oncle Léon, se fit de nouveaux amis et apprécia le changement d'air. Quand elle revint avec grand-mère, elle semblait revigorée.

Un mois plus tard, en juin 1940, et malgré toutes mes promesses à Jacquie, la ligne Maginot tombait et Fred était fait prisonnier. On avait peu de nouvelles d'Arnold et on se demandait s'il était toujours en Tunisie. Le 14 juin, on apprit que les nazis défilaient sur les Champs-Elysées. La France était en état de choc. Quant à moi, la rage et l'indignation m'étouffaient. La seule pensée des croix gammées flottant sur la tour Eiffel me rendait malade. Mes frères avaient raison, discuter avec Hitler était une perte de temps. Et maintenant le maréchal Pétain se préparait à signer un armistice avec lui. Je me sentais trahie.

— Je ne sais pas où va le monde, se plaignit tristement ma mère en secouant la tête.

Pour la première fois de ma vie, je me dis qu'elle paraissait ses quarante-huit ans.

Depuis notre arrivée à Poitiers, le caractère de mon père ne s'était guère amélioré. Nos disputes n'avaient pas cessé. Incapable de partager ses soucis sur l'avenir de notre famille, son humeur s'assombrissait de jour en jour.

Ma mère me grondait.

— Arrête d'agiter le drapeau rouge de la révolution sous le nez de ton père. Franchement, Marthe, vos controverses empoisonnent l'atmosphère.

Cécile, Stéphanie, Rosy et Hélène s'accommodaient très bien de ses sautes d'humeur. Pas moi. Chez lui, tout m'agaçait, de sa façon de parler à ma mère à sa brusquerie avec Jacquie. L'éducation de Jacquie était un point de discorde récurrent. Je ne supportais pas la façon dont il sermonnait ce petit garçon désespérément triste.

— Fiche la paix à Jacquie ! m'écriais-je régulièrement. Tu ne crois pas qu'il en a assez vu ?

— Je lui parlerai sur le ton qui me plaît, c'est valable pour tout le monde dans cette maison, répondait papa avec un regard noir. Tu serais bien aimable de garder tes conseils pour toi. Monte dans ta chambre.

Il arrivait que nous passions des semaines, ou même des mois sans nous parler ou presque. Je restais murée dans mon silence et quant à lui, il ne m'adressait plus la parole que par l'intermédiaire de maman, genre :

— Pourrais-tu demander à Marthe de me passer les pommes de terre ?

Nous étions aussi têtus l'un que l'autre.

Sans compter que la maison se remplissait peu à peu des pendules et des lampes qu'il achetait à bas prix dans les salles des ventes pour les réparer et les restaurer mais qu'il parvenait rarement à vendre. Le tic-tac des pendules m'irritait. Le concert de sonneries qui se déclenchait toutes les heures me réveillait la nuit. Son mauvais français me faisait honte, sa mauvaise humeur me perturbait, son manque d'instruction et son langage grossier me dérangeaient. Bien des années plus tard, je compris combien il avait souffert dans cette ville étrangère, mortellement inquiet pour notre avenir et dépouillé de tout. Alors que le reste de la famille faisait front devant l'adversité et que nous nous étions rapprochés, il demeurait un marginal.

Quand les Allemands arrivèrent à Poitiers en juillet 1940, nous étions un peuple vaincu. Notre pays avait été divisé en une zone occupée et une zone libre, des accords signés par un Pétain obséquieux qui avait formé un gouvernement à Vichy. Poitiers se trouvait malheureusement dans la zone occupée. La frontière en zigzag entre la liberté et l'occupation était située à moins de quarante kilomètres au sud de la ville et pourtant, à l'époque, personne ne songea à la franchir. Pour faire quoi ? Pour aller où ? Nous avions déjà connu un bouleversement total. Dans l'année suivant notre déménagement nous avions monté une affaire, trouvé un logement et nous nous étions fait de nouveaux amis. Qui pouvait nous garantir que la ligne de démarcation n'allait pas se déplacer, réduisant ainsi nos efforts à néant ? Pétain avait promis que sous l'occupation la vie continuerait sans grands changements. La plupart des gens le croyaient.

C'est à cette époque que notre ami Heinrich disparut de la circulation. Nonain nous expliqua qu'il avait fait ses bagages et s'était enfui à la minute où il avait appris que les Allemands s'approchaient de Poitiers.

— Il m'a dit que si les nazis l'attrapaient, ils le fusilleraient. Pauvre garçon, j'espère qu'il va s'en sortir.

Je regrettai de ne pas avoir dit au revoir au bel Allemand qui avait si souvent dîné à la maison et était brusquement sorti de notre vie, pour toujours sans doute.

Cette semaine-là, je vis mon premier nazi, grimpé sur une moto. Cécile et moi fermions la boutique avant d'aller déjeuner quand une BMW kaki sortit à toute allure du virage dans un bruit de tonnerre.

On s'immobilisa et j'attrapai le bras de Cécile en murmurant :

— Si seulement il pouvait se casser le cou.

Je n'avais pas plus tôt exprimé mon souhait que les pneus glissaient sur le goudron surchauffé et le type tomba de son engin avec un bruit sourd. Manque de chance, il se releva sans une égratignure.

Au début, il ne se passa pas grand-chose si ce n'est qu'il y avait des soldats allemands partout, nous devions faire très attention à ce que nous disions. Ils faisaient des efforts pour se montrer courtois et polis, comme s'ils avaient reçu des instructions dans ce sens. Ils voulaient que les Français les apprécient et c'est en France qu'ils se conduisirent le mieux. On ne croyait pas un seul instant à leur comédie et on attendait la suite. Effectivement, l'atmosphère n'allait pas tarder à changer. Quand ils commencèrent à bombarder Londres et à envahir les îles Anglo-Normandes, Pétain se rallia de plus en plus ouvertement aux Allemands. Il réunit tous ses anciens adversaires politiques, dont l'ancien Premier ministre Léon Blum, et les accusa d'avoir « provoqué la défaite de la France ». Une Cour suprême de justice, installée à Riom le

8 août 1940, a instruit le procès des prétendus responsables de la défaite; le 19 février 1942 comparaissent Léon Blum, Edouard Daladier, le général Maurice Gamelin ainsi que Guy la Chambre et Pierre Jacomet; Pétain avait déjà condamné motu proprio, le 15 octobre, les trois premiers inculpés à la détention dans le fort du Pourtalet. Le général de Gaulle, qui depuis Londres s'était rallié les « Français libres » du monde entier et était devenu un symbole de la liberté, sera condamné à mort par contumace le 2 août 1940.

Dans la vie quotidienne, les changements se mirent en place presque imperceptiblement. Le 27 septembre 1940 parut la première ordonnance allemande prescrivant le recensement des juifs en zone occupée. Les chefs de famille juifs devaient se faire connaître au commissariat central et donner le nom et la date de naissance de tous les membres de leur famille. Si on omettait de se présenter, on était passible de prison ou d'internement. Mon père, respectueux de la loi dans l'âme, se rendit à la mairie, à la date indiquée pour les H, le 3 octobre 1940, et sans hésitation déclina l'identité de tous les membres de la famille, comme la plupart des pères juifs en France, inconscient de l'utilisation qui serait faite ultérieurement des listes ainsi constituées. Nos nouveaux papiers d'identité étaient tamponnés avec le mot JUIF en grosses lettres rouges. On distribua des bons d'alimentation à tous les Français sous la forme d'une carte de rationnement.

La tension entre les Allemands et les juifs français ne tarda pas à se faire sentir. Ma mère tomba dans une tristesse dont rien ne pouvait la tirer. Son pessimisme n'était que trop justifié. Le 18 octobre 1940, une seconde ordonnance allemande imposa le recensement de toutes les entreprises juives. Le 19 octobre, le préfet de police prescrivit aux entreprises commerciales d'afficher à l'intérieur de leurs vitrines des pancartes jaunes avec l'inscription en caractères noirs « Entreprise juive ». Et donc un beau matin, on arriva aux « Etablissements Elby » pour trouver la porte de la boutique couverte de sigles et d'avertissements prévenant nos clients que nous étions juifs. Les clients s'en fichaient éperdument.

Quelques jours plus tard, mon frère Arnold réapparut brusquement. Tous les soldats juifs avaient été renvoyés de l'armée française et il avait été rapatrié par bateau. Aux Etablissements Elby, il reprit bientôt le rôle d'oncle Léon. Sa présence exerçait sur nous une influence apaisante, et nous en avions bien besoin car la situation devenait de plus en plus angoissante.

Avant longtemps, la plupart des professions, dont l'enseignement et les postes de la fonction publique, furent interdites aux juifs. On commença à confisquer leurs biens, et les juifs étrangers furent arrêtés et internés. Le piège se refermait avec douceur car les Allemands craignaient que nous ne prenions la fuite. Chaque jour de nouveaux décrets étaient publiés. Avec l'application des lois « d'aryanisation », les entreprises juives fermaient les unes après les autres. Tout était devenu *Verboten* et passible de la peine de mort. Les Français subirent eux aussi des restrictions, mais ce n'était pas comparable.

Un jour, deux soldats allemands pénétrèrent dans la boutique. Cécile et moi servions un client. Les hommes déambulaient, tripotant la marchandise et évaluant mentalement sa valeur. Ignorant que nous parlions l'allemand, l'un d'eux se tourna vers son acolyte et dit :

— On va leur piquer tout ça, à ces sales juifs. On peut en tirer pas mal de fric.

Furieuse, je plantai là le client, sortis dehors et trouvai ce que je cherchais : un officier de la Wehrmacht.

— Monsieur l'officier, deux de vos hommes sont entrés dans notre boutique et d'après les lois de Vichy, ils n'ont rien à y faire. Cela pourrait nous causer des ennuis. Soyez assez aimable pour les faire sortir.

Devant Cécile et moi, l'officier réprimanda vertement ces deux salopards.

Peu de temps après, nous recevions la visite d'un Français qui nous informa qu'il avait été désigné comme « gérant commissaire » par les Allemands pour reprendre notre affaire. Cécile, Arnold, Hélène, Rosy, Stéphanie et moi vidâmes toute la boutique, entassant les marchandises les plus précieuses dans des valises pour les transporter à l'étage supérieur, dans l'appartement de Mme Le Touchais qui était notre amie. Quelques jours plus tard, nous les transférions chez Mme Blondet, une ancienne femme de ménage de mes cousins, en qui nous avions toute confiance.

— On leur laissera rien, me dit Cécile, les dents serrées. Faut pas qu'ils comptent là-dessus.

Je lui tapotai l'épaule avec un sourire.

Au cours du transfert, je traînais une des valises les plus lourdes et en passant devant l'imposante église Notre-Dame, sur le chemin de chez Mme Blondet, je vis deux soldats allemands s'approcher de moi. Je baissai les yeux sur leurs bottes bien cirées et souris bêtement. Avant que j'aie pu prononcer un mot, le plus costaud des deux se saisissait de ma valise.

— Je vous en prie, Fräulein, laissez-moi vous aider. C'est une charge bien trop lourde pour une jolie fille comme vous.

Je le regardai parcourir avec aisance la distance qui nous séparait de chez Mme Blondet et l'arrêtai un peu avant d'arriver devant chez elle.

— Merci, dis-je au soldat avec mon plus beau sourire. Je suis arrivée.

Quelques jours plus tard, quand le « gérant commissaire » arriva pour reprendre les Etablissements Elby, il ne restait sur les étagères que des articles sans valeur. J'aurais bien aimé voir sa tête quand il fit l'inventaire.

Cécile et moi étions maintenant sans travail, avec une famille nombreuse à nourrir. On quitta La Chauvinerie pour emménager dans une maison de la rue de la Pierre-Plastique. Cécile décida alors d'emmener quelques articles à Paris pour monter un commerce similaire à celui que nous tenions ici. Paris semblait très loin de Poitiers la somnolente et son expédition nous semblait très dangereuse. Mais nous avions des parents dans la capitale, dont l'oncle Max, le plus jeune frère de ma mère, qui y travaillait comme médecin. Cécile tenait absolument à s'y rendre afin de pouvoir nous envoyer de l'argent.

— Tout ira bien, me dit-elle en me prenant dans ses bras. Prends bien soin de tout le monde. Maintenant, c'est toi le chef de famille.

Malgré nos objections, elle remplit sa valise de tous les objets qu'elle pouvait contenir et elle s'en alla. Elle allait me manquer terriblement.

Mais à peine la porte s'était-elle refermée sur elle qu'en décembre 1940, Fred réapparut. Nous étions fous de joie mais il avait tellement mauvaise mine qu'il faisait peur à voir. Il s'assit, on lui donna à manger et bouche bée, on l'écouta nous raconter son histoire. Quand la ligne Maginot avait cédé, il avait été fait prisonnier et transféré dans un camp à Strasbourg. C'est là que nous avions perdu sa trace. En entendant les gardiens allemands dire que dès le lendemain les prisonniers seraient transférés en Allemagne, il mit son plan d'évasion à exécution. Il enfila les vêtements civils qu'il avait cachés, s'échappa et traversa les Vosges en plein hiver, à pied, et en ne marchant que la nuit. A Nancy il avait repris contact avec ses anciens clients et organisé la vente de tout ce que contenait sa boutique de tailleur. Puis il avait cousu l'argent dans ses vêtements et en route pour Poitiers. L'argent de Fred, blême et amaigri après cette épreuve, nous permit de survivre.

Au cours du dîner célébrant le retour de Fred, nous avions une invitée, Rosette Korn, une belle jeune fille qui s'était liée d'amitié avec nous. Je l'avais un peu connue à Metz. Quand on avait demandé aux familles de quitter la ville pour se rendre à Poitiers, elle était restée avec son père, Kalman, qui exerçait le métier de coiffeur, tandis que sa mère souffrante était évacuée avec d'autres patients de l'hospice juif.

« S'il te plaît Marthe, pourrais-tu rendre visite à ma mère ? » m'avait demandé Rosette dans la première des nombreuses lettres qu'elle m'avait écrites. « Elle est malade et loin de chez elle. Elle serait tellement contente de te voir. »

Le temps que Rosette et son père soient forcés de quitter Metz pour nous rejoindre en juin 1940 suivis de près par 60 000 Lorrains réputés francophiles qui seront expulsés en zone Sud par les Allemands entre le 11 et le 21 novembre, nous étions devenues des correspondantes assidues et d'excellentes amies. Elle trouva très vite un travail à la mairie comme interprète.

Ce soir-là, à peine Rosette et Fred s'étaient-ils rencontrés que nous savions déjà qu'ils étaient faits l'un pour l'autre. Ils se plurent au premier regard. Mais Fred ne pouvait pas rester en zone occupée. En tant que juif et prisonnier de guerre évadé, il était doublement exposé. Fermement décidé à rejoindre les Français libres, lui et son cousin Oskar Kluger nous quittèrent pour tenter de passer en zone libre.

Au cours des dernières semaines, les contrôles sur la ligne de démarcation s'étaient intensifiés, et les patrouilles allemandes se méfiaient tout particulièrement des hommes jeunes, soupçonnés d'appartenir à la Résistance. Les femmes circulaient plus facilement. Ce jour-là, trois heures après le départ de Fred et Oskar, on frappa à la porte. Mon père alla ouvrir et se retrouva face à un étranger.

— Je suis Noël Degout, fermier à Dienné, et je suis venu vous dire que votre fils Fred a été arrêté dans l'après-midi alors qu'il essayait de passer de l'autre côté.

Ma mère porta la main à sa bouche, puis elle lui demanda ce qui s'était passé.

— Lui et son cousin traversaient mes terres quand les Allemands sont arrivés et les ont attrapés. On les a amenés dans ma grange pour les interroger. Je vois très régulièrement les soldats allemands, ils me connaissent et j'ai demandé à leur parler. Ils m'ont donné leur nom et leur adresse pour que je puisse vous prévenir. On les a emmenés à la prison de la Pierre Levée, à Poitiers. J'en sais pas plus.

Ma mère était folle d'inquiétude, persuadée que Fred serait renvoyé dans un camp de prisonnier, ou pire encore si on découvrait qu'il était juif. On alla lui rendre visite dès que possible et on fut soulagés de les trouver tous les deux en bonne santé et avec un bon moral.

— Tout va bien se passer maman, arrête de pleurer, dit Fred. Un peu de patience, ça va s'arranger.

Heureusement, la proverbiale efficacité des Allemands n'avait pas encore atteint Poitiers l'indolente. Ceux qui avaient capturé Fred n'ont jamais découvert son passé de prisonnier de guerre. Et ils ne se rendirent pas davantage compte qu'Oskar était juif allemand. Pour leur tentative de passage en zone libre, ils furent condamnés à un mois d'incarcération. La prison étant sous contrôle français, on était autorisés à leur rendre des visites quotidiennes.

Pendant l'incarcération de Fred, Hélène tomba gravement malade. Elle était tombée et s'était gravement blessée à un genou qui avait doublé de volume. On l'opéra, le genou s'infecta, puis elle fit une péritonite à cause d'une appendicite qui n'avait pas été diagnostiquée à temps. Les médecins nous dirent qu'il ne restait plus qu'à prier. Le jour où Fred fut libéré, il se rendit directement à l'hôpital et il resta auprès d'elle pendant vingt-quatre heures, lui tenant la main et l'encourageant à vivre.

— Je veux mourir, lui dit-elle d'une voix faible. Je souffre trop.

— C'est hors de question. Tu n'as que dix-sept ans et toute la vie devant toi.

Elle survécut grâce à Fred, qui l'obligea à se battre.

Dès qu'elle fut hors de danger, Fred tenta à nouveau de regagner la zone libre avec Oskar, en passant par la ferme de M. Degout qui était d'accord pour les aider. Grâce au ciel, ils réussirent leur coup et se rendirent à Saint-Etienne, près de Lyon, où Rosette, qui languissait d'amour, ne tarda pas à les rejoindre. Là, elle épousa Fred.

Rosette étant partie, une place d'interprète se libéra à la mairie et ma candidature fut acceptée. J'eus de la chance. J'avais un nom allemand, je venais de Metz, et puis j'étais une blonde aux yeux bleus et à la peau très claire. La plupart des Allemands me prenaient pour une des leurs. Mon patron français savait que j'étais juive mais il s'en fichait éperdument. Je travaillais pour un nouveau département créé sur ordre des Allemands. Il s'agissait du bureau des réquisitions, destiné à faciliter le vol systématique par l'occupant des richesses du pays. Mon travail était déplaisant, mais il me permettait de rapporter un salaire à la maison.

A chaque fois qu'un Allemand décidait qu'il voulait s'approprier une voiture, une maison ou du mobilier, il m'appartenait de traduire sa « requête » en français pour l'employé qui rédigeait un bon de réquisition au nom du Troisième Reich. Négocier chaque jour avec l'ennemi était un défi qui me passionnait bien davantage que d'aller au lycée ou de travailler à l'atelier de chapeaux de Cécile.

Mon patron, M. Grelet, un brave homme qui m'aimait beaucoup, avait trois interprètes, tous juifs de Metz, vu que nous étions les seuls à Poitiers à parler l'allemand. (M. Grelet, confronté à l'antisémitisme des Allemands, avait souvent recours à mes services, à cause de mon type physique.) Le chef de la Kommandantur, le capitaine Allemann, un pasteur protestant dans la vie civile, m'avait surnommée « mon sourire » à cause de mes fossettes. Allemann pouvait se montrer très dur mais il m'appréciait.

— Pourquoi ne venez-vous pas à Berlin, Marthe ? me dit-il un jour. Vous pourriez faire une magnifique carrière dans l'un de nos ministères. On a besoin de personnes comme vous.

Je secouai la tête.

— C'est impossible.

— Pourquoi donc ? répliqua-t-il, stupéfait que je refuse une telle opportunité de promotion dans le Reich.

— Parce que je suis française.

Il rit, les mains posées sur le ventre.

— Ne soyez pas ridicule. Vous êtes une authentique aryenne.

Je souris de toutes mes fossettes.

— Non, capitaine, je suis une patriote française et je refuse de déserter.

Un jour, il nous ordonna, à M. Grelet et à moi, de l'accompagner à l'hôtel de ville où était logé le musée de Poitiers, qui occupait certaines salles ainsi que l'entresol, car il voulait y choisir des œuvres d'art pour décorer son bureau. Il demanda au conservateur de lui faire visiter les lieux, choisit plusieurs peintures qui lui plaisaient et me demanda de traduire ses ordres.

Je lui jetai un regard en biais.

— Vous n'avez pas honte ? lui demandai-je.

M. Grelet, qui sans parler l'allemand avait tout de même quelques notions de cette langue, manqua s'étouffer.

— Vous venez dans un musée, un sanctuaire de l'art et de l'histoire, et vous y prenez tout ce dont vous avez envie. De quel droit volez-vous ce qui appartient à la France ?

Pendant un instant, je crus qu'Allemann allait me faire fusiller, puis son visage s'éclaira et il hocha lentement la tête.

— Je vous aime bien, mon sourire. Vous parlez sans détour et on ne peut pas en dire autant de la plupart de vos compatriotes. Si tous les Français étaient aussi directs que vous, je me sentirais plus à l'aise.

— *Dankeschön*, répliquai-je en claquant les talons d'un air moqueur.

Il se détourna et ajouta d'un ton glacial par-dessus son épaule :

— Quoi qu'il en soit, ces peintures ont changé de propriétaire. Dites à M. Grelet qu'il me les fasse porter immédiatement dans mon bureau.

L'étau se resserre

Le 13 avril 1941, je célébrai mon vingt et unième anniversaire. Malgré les circonstances, nos parents s'efforçaient pour nous de vivre le plus normalement possible. Ils me donnèrent donc leur accord pour que j'invite une vingtaine d'amis dans l'appartement où nous venions d'emménager, rue Riffault. Nous avions loué le rez-de-chaussée et le premier étage d'une élégante maison de deux étages, une vieille propriété avec un grand jardin et une entrée lambrissée où l'on aurait facilement pu faire tenir un cheval et sa carriole. Ma fête anniversaire fut très simple avec des gâteaux, de la limonade et de la musique. Stéphanie avait invité des camarades étudiants en médecine. A cette époque, elle était tombée follement amoureuse d'un jeune homme du nom d'André Dufour, Dédé pour les intimes.

Ils s'étaient rencontrés en faculté et Dédé, catholique d'une famille pratiquante, avait eu le coup de foudre pour la ravissante jeune femme que Stéphanie était devenue. Petite et bien faite avec une superbe masse de cheveux bruns et des yeux de velours, elle avait beaucoup d'allure et faisait plus que son âge. Calme et forte, elle se démontait rarement, se comportait avec assurance tout en accordant à l'autre une grande attention, des qualités qui renfermaient la promesse d'un merveilleux médecin. La famille de Dédé désapprouvait sa fréquentation d'une juive et s'efforça par tous les moyens de le décourager. Ils renoncèrent donc aux fiançailles mais en ce qui concernait Steph, Dédé était l'homme de sa vie et personne ne lui résistait.

— Tant que tu ne lui demandes pas de chanter ! dis-je ce jour-là en riant à Dédé alors qu'un invité s'asseyait au piano et commençait à jouer.

Un des plus proches amis de Stéphanie, étudiant en médecine comme elle et fils d'un haut fonctionnaire des douanes en poste à Saïgon, s'appelait Jacques Delaunay. Lui et son jeune frère Marc, étudiant en droit, avaient été élevés en Extrême-Orient, où leur mère dirigeait un orphelinat. Les deux frères regagnèrent Poitiers en 1939, quand les Japonais commencèrent à se montrer menaçants. Ils étaient athées.

Allez savoir pourquoi mais ce jour-là, Jacques n'eut pas plus tôt posé les yeux sur moi qu'il avait déjà décidé que nous étions faits l'un pour l'autre. Cela ne supportait aucune discussion, le problème était réglé d'avance. Il dansa avec moi tout l'après-midi, veillant avec diligence à repousser les intrus. Il était grand, beau, avec de magnifiques yeux bruns. Même en talons hauts je lui arrivais à peine à l'épaule.

J'étais très flattée de l'attention qu'il me portait mais prétendais l'indifférence et continuais de regarder autour de moi, de rire et de discuter avec les autres. Jacques me suivait comme mon ombre, un petit sourire aux lèvres. La timidité n'était pas son fort et rien n'aurait pu le décourager. Il me fit danser le tango, le fox-trot et le paso-doble, bref, il m'accapara toute la soirée. Dès nos premiers rendez-vous, si nous rencontrions des connaissances, il me présentait comme si notre relation était établie de longue date. Au début, je regimbai, manifestai quelques réticences, et puis force me fut d'admettre que plus je le voyais, plus il me plaisait.

Pendant l'été, mes sœurs et moi bénéficiions d'une invitation permanente pour aller nager dans le Clain chez les frères Giraud, dont le jardin donnait sur la rivière. Ils appartenaient au groupe qui fréquentait l'auberge de jeunesse. Par un bel après-midi d'été, alors que la guerre et tout ce qui s'y rattachait semblait s'être évanoui dans la chaleur, je me baignais dans la rivière quand des garçons de notre groupe me rejoignirent et me mirent la tête sous l'eau. Comme j'étais une bonne nageuse et que j'appréciais la plaisanterie, j'émergeai, toussant et riant, quand Jacques plongea pour venir à ma rescousse. Il repoussa les garçons en s'exclamant d'un air fâché :

— Vous allez fiche la paix à Marthe ? Vous voyez pas qu'elle en a assez ?

Rejetant mes cheveux en arrière, je le fixai d'un air à la fois ravi et choqué. Personne ne m'avait jamais défendue avec autant de flamme, pas même Fred. Ce jour-là, allez savoir pourquoi, son accès de galanterie me procura un bonheur indicible.

Après cela, nous commençâmes à nous voir tous les jours. On allait se promener, on faisait du vélo dans la campagne autour de Poitiers, ou on allait nager avec nos amis. Et très peu de temps après la séance de la baignade, alors que nous pique-niquions seuls dans une forêt, Jacques me demanda de l'épouser.

— Ne sois pas ridicule, dis-je en m'écartant de lui. On se connaît à peine, pourquoi précipiter les choses ? Et puis nous avons un sérieux problème. Tu n'es pas juif et ma mère ne me laissera jamais t'épouser.

— Oh ! s'il n'y a que ça, je me convertirai, me dit-il avec une lueur amusée dans le regard. Je n'appartiens à aucune religion, je ne suis même pas baptisé et mes parents non plus. Mon grand-père a été excommunié et le curé a demandé à ses ouailles de ne plus le faire travailler. Cette excommunication l'a ruiné. Depuis cette époque, ma famille ne reconnaît aucun droit à l'Eglise catholique d'exercer une quelconque influence sur nos existences. Personnellement, je n'ai jamais pu prendre les prêtres au sérieux, avec leurs grands pieds qui sortent de dessous leur soutane. Attends un peu, je saurai bien te persuader que je suis le mari idéal.

Je n'avais pas dit oui mais à partir de ce jour, quand il faisait des plans d'avenir pour nous deux, je protestais de plus en plus faiblement.

Malheureusement, la guerre était toujours là, et j'avais beau essayer de ne pas y penser pour préserver mon bonheur, l'occupation allemande se faisait de plus en plus pesante. En juin 1941, quand les Allemands rompirent le pacte germano-soviétique pour envahir la Russie, l'atmosphère s'alourdit considérablement.

— Ils sont en train de perdre la guerre avec l'Union Soviétique, disais-je à ma mère pour la rassurer. Tout sera bientôt terminé.

Mais rien ne pouvait la tranquilliser.

Le 2 juin 1941 parut le deuxième « Statut des juifs », modifiant celui du 3 octobre 1940 ; il précisait la définition du juif et multipliait le nombre des professions interdites aux juifs français. L'étau se resserrait. Les Allemands publièrent une nouvelle série d'ordonnances. De nouveaux règlements tombaient quasi quotidiennement et ils devaient être strictement respectés. Après avoir collé des affiches insultantes sur les murs, les arbres et nos maisons, il nous était maintenant interdit d'utiliser la radio, une machine à écrire ou un téléphone, alors que nous possédions ces trois objets cachés dans la chambre de mon père. Nous ne pouvions pas nous rendre dans les boutiques avant seize heures trente et quand nous arrivions, tout avait été vendu. Malgré les risques que cela comportait, les commerçants, qui étaient très secourables, nous mettaient des articles de côté. Les lieux publics comme les places, les restaurants, les jardins, les cafés, les bibliothèques et les terrains de sport nous étaient interdits. On ne pouvait pas prendre un tram, entrer dans un cinéma ou même rester assis dans un jardin privé. Toutes ces restrictions me rendaient folle de rage.

Un jour, alors que le capitaine Allemann continuait de me rebattre les oreilles avec ses histoires de merveilleux postes à pourvoir à Berlin, je finis par craquer.

— Capitaine Allemann, je suis juive, lui déclarai-je avec mon plus beau sourire.

— Mais c'est impossible ! protesta-t-il avant d'ouvrir et refermer la bouche tel une carpe hors de l'eau. Je renifle un juif à cent mètres, ajouta-t-il avec beaucoup de finesse.

— Alors reniflez bien, lui dis-je d'une voix très calme tandis que le dégoût se peignait sur son visage. Comprenez-vous, maintenant, pourquoi je ne peux pas aller à Berlin ?

Le capitaine avait une fille de mon âge et il s'était toujours montré assez paternel avec moi.

— Dans votre passé, peut-être avez-vous eu un aïeul qui ne l'était pas ? raisonna-t-il à voix haute, espérant que je tomberais d'accord avec lui.

— Absolument pas. Je suis juive ainsi que mes deux parents, je viens d'une longue lignée de juifs. Mon grand-père était rabbin et je suis fière de mes origines.

Le capitaine s'empourpra.

— Je ne peux pas le croire ! Je refuse d'entendre ça. Vous m'avez beaucoup déçu.

Il sortit de son bureau à grands pas et claqua la porte derrière lui. Je quittai la pièce à mon tour, la tête haute mais intérieurement bouleversée.

Quelques jours plus tard, les Feldgendarmes (les soldats de la Wehrmacht chargés de la police, arborant sur la poitrine une plaque en fer suspendue à une chaîne, ce qui leur valait le surnom de « Kettenhunden », les chiens en laisse) firent irruption armés de fusils à baïonnette dans le bureau que nous partagions en hurlant :

— Tous les juifs dehors ! Vous avez une heure !

M. Grelet sauta sur ses pieds.

— Mais je ne pourrai jamais m'en sortir sans eux, dit-il à l'officier responsable.

Il me jeta un regard désespéré.

— Laissez-moi au moins Mlle Hoffnung.

L'officier secoua la tête.

— J'ai reçu des ordres.

Le temps que M. Grelet et les personnes qui s'étaient jointes à lui aient fini de protester, il ne me restait plus qu'une demi-heure pour rassembler mes affaires.

Perdre ainsi mon travail me causa un choc. J'avais toujours pensé que c'était un emploi sûr car dans tout Poitiers, seuls les juifs parlaient l'allemand.

J'attrapai mon sac, mon chapeau et mon manteau, et décidai d'aller prendre congé du capitaine Allemann. Je me rendis à la Kommandantur et demandai à le voir. A ma grande surprise, il me reçut immédiatement. Il était tourné vers la fenêtre et je voyais jouer les muscles de sa mâchoire. Apparemment, il attendait que je le supplie d'intervenir pour que je puisse garder mon travail. Mais je n'étais pas venue pour ça.

— Je suppose que vous êtes content de vous ? lui dis-je, raide comme un piquet.

Il cligna des yeux et se tourna vers moi.

— Pardon ?

— En tant qu'officier de l'armée allemande, je suppose que vous êtes tout à fait satisfait que vos ordres aient coûté leur travail à trois personnes.

— Je ne vois pas ce dont vous voulez parler, bégaya-t-il.

— Oh ! que si. Vous qui avez exercé le ministère de pasteur, que ressentez-vous quand votre haut commandement instaure un ordre qui refuse aux gens le droit de travailler, de gagner de l'argent, d'avoir de quoi manger et un toit au-dessus de leur tête ? Comment pouvez-vous accepter que l'on traite ainsi des êtres humains ? Il y a quelques jours, vous me teniez en haute estime. Comment pouvez-vous changer d'opinion du jour au lendemain ? Vous tolérez que l'on fasse de moi une paria à cause du hasard de ma naissance !

J'avais entendu dire par un de ses assistants qu'il avait été changé d'affectation et se préparait à partir pour le front de l'Est.

— Capitaine Allemann, j'espère que vous souffrirez des plus terribles privations en Russie. Quand vous y connaîtrez la faim et le froid, souvenez-vous de ce que vous avez fait subir aux juifs.

J'étais près de la porte quand il me rattrapa par le bras.

— Fräulein, me dit-il avec un regard triste, en tant qu'être humain je suis franchement désolé mais en tant qu'officier allemand, je dois soutenir mon gouvernement.

Il me tendit maladroitement la main.

— Au revoir, me dit-il d'une voix douce.

Je me rappelai le mépris dans son regard quand je lui avais révélé que j'étais juive. Encore sous le choc d'avoir dû quitter mon bureau sous la menace des armes, j'ignorai sa main, tournai les talons, sortis de son bureau et claquai la porte derrière moi. Nous étions en août 1941.

Je crois que Jacques était secrètement satisfait que j'aie perdu mon travail. Il n'appréciait pas beaucoup que je sois en contact direct avec l'ennemi et il me l'avait dit à plusieurs reprises.

— Mais je n'ai plus rien à faire, soupirai-je, fatiguée d'être renfermée toute la journée à la maison avec mes parents. Pas de travail, pas d'argent, aucun moyen d'aider ma famille. Je pourrais aussi bien entreprendre des études.

— Excellente idée ! s'écria-t-il. Qu'est-ce qui te tenterait ?

— Oh, je sais pas. Infirmière, peut-être ?

Le visage de Jacques s'éclaira.

— Mais bien sûr ! Comme ça, quand je serai médecin, on pourra travailler ensemble. Marthe, c'est une idée brillante !

Et il se pencha pour m'embrasser affectueusement sur le nez.

A partir de ce jour, Jacques s'employa à me convaincre d'entrer à l'école d'infirmières. Aussi obstiné que pour nos fiançailles, il n'y avait pas moyen de lui faire changer d'idée. Mais je me demandais comment je pourrais payer mes études alors que je ne gagnais pas un sou. J'écrivis à Fred qui me répondit : « Ne t'inquiète pas, je m'occupe des problèmes financiers. »

Ma mère n'en croyait pas ses oreilles. J'avais toujours refusé d'affronter la maladie et la mort. Quand j'avais trois ans, le plus jeune frère de maman, Jacques, était mort des complications d'une opération de l'appendicite. Je me souviens encore très clairement de ce jeune homme qui me faisait sauter sur ses genoux. A son enterrement, je jetai un coup d'œil à la grande boîte enveloppée d'un tissu noir où l'on déposait les cartes de visite et je me mis à hurler, persuadée que son corps était contenu dans la boîte. Depuis lors, j'avais toujours manifesté une sainte horreur de la mort. Alors qu'Hélène venait de subir deux opérations du genou, je me sauvais de la chambre à chaque fois qu'une religieuse venait changer son pansement.

Malgré les appréhensions de ma mère, le 6 octobre 1941, je m'inscrivis à l'école d'infirmières de la Croix-Rouge attachée à l'hôpital universitaire dirigé par les Sœurs de la Sagesse. La directrice s'appelait Mlle Margnat. Le premier jour, les élèves votèrent pour choisir un nom à notre promotion... et le maréchal Pétain sortit vainqueur. Avec une de mes camarades, Jeanine Rieckert, je protestai vivement. Nos « collègues » furent choquées.

— Mais Pétain est le sauveur de la France ! s'écria l'une d'elles.

— Oh non, notre sauveur s'appelle le général de Gaulle, répliquai-je, vous verrez ce que je vous dis.

Un jour, Mlle Margnat me fit appeler dans son bureau. C'était une femme de cœur qui savait que j'étais juive.

— Surtout ne vous faites aucun souci, Mlle Hoffnung. Ici, nous ignorons les préjugés. Nous soignons nos patients sans jamais nous préoccuper de leur nationalité ou de leur confession religieuse. Cela vaut également pour le personnel.

Je lui fus reconnaissante de sa bonté qu'elle me donna plus d'une fois l'occasion d'apprécier à sa juste valeur. Vers la fin 1941, l'atmosphère s'alourdit. La Gestapo faisait des descentes surprises à l'hôpital, en quête de ce qu'ils appelaient « les indésirables ». L'officier supérieur arrivait à l'hôpital en brandissant une liste, et exigeait d'une religieuse qu'elle lui livre des juifs et des communistes.

— Je ne connais pas ces noms, répliquait la religieuse d'un ton sec. Ici, nous n'avons que des patients.

Ils la bousculaient, pénétraient de force dans les salles et les appartements privés, vérifiaient les noms sur les tableaux accrochés aux lits des malades et arrachaient à son lit toute personne répertoriée sur la liste, sans même lui laisser le temps de s'habiller. Ils l'emmenaient en pyjama ou en chemise de nuit. A chaque visite des Allemands, les religieuses me cachaient dans un petit bureau près de la chapelle. Elles auraient pu être fusillées pour moins que ça.

Un jour, Mlle Margnat me fit venir dans son bureau. Je crus que les nazis étaient de retour mais elle voulait m'entretenir d'un autre sujet.

— Nous avons un nouveau patient, Marthe. Il faut que vous vous en occupiez, vous êtes la seule à pouvoir le faire.

— Certainement, madame, de quoi souffre-t-il ?

Elle soupira et étudia mon visage un instant avant de répondre.

— C'est un soldat allemand.

— Ah bon ? Et de quoi souffre-t-il ?

Mon nouveau malade, Günther, un grand gaillard de la Wehrmacht d'un mètre quatre-vingt-dix, avait malencontreusement sorti la tête de son char juste quand le train qui le transportait passait sous un pont. Il souffrait de diverses blessures à la tête et arriva à moitié inconscient. Vu que j'étais la seule à parler l'allemand, j'étais chargée de m'occuper de lui en attendant qu'il soit transporté dans un hôpital allemand spécialisé dans ce type de traumatisme.

Günther était dans un triste état et son esprit battait la campagne. Il s'endormait profondément puis il se réveillait brusquement et partait n'importe où, vêtu de sa seule chemise de nuit ouverte dans le dos qui ne laissait rien ignorer de son anatomie. On le retrouvait souvent dans la rue. Je partais à sa recherche et le ramenais à l'hôpital en le tenant par la main. Les gens riaient en nous voyant, moi et mon mètre cinquante, en uniforme blanc, ramenant dans sa chambre ce grand gaillard à moitié nu avec un bandeau sur la tête.

— Venez, Günther, lui disais-je gentiment, vous ne pouvez pas continuer à vous promener tout nu dans la rue.

Peu à peu, il me fit confiance. Il me regardait avec des yeux de simple d'esprit et m'abandonnait sa main. J'essayais de ne pas penser aux agissements auxquels il avait pu se livrer. Mon travail consistait à m'occuper de lui sans tenir compte de son identité et de ses antécédents. J'accomplis consciencieusement ma tâche jusqu'à ce qu'il soit transféré dans un hôpital allemand et je n'entendis plus jamais parler de lui.

Cette année-là, les juifs étrangers qui étaient encore domiciliés à Poitiers furent rassemblés par les Allemands dans un camp non loin de là, grâce aux listes que nous leur avions si obligeamment fournies. Notre merveilleux rabbin, Elie Bloch, qui se trouvait à Poitiers avec sa femme Georgette et sa jeune fille Myriam, n'économisa pas ses efforts pour aider ceux qui avaient été internés de force. Il harcela les autorités allemandes pour qu'elles autorisent les enfants des détenus à rester avec des juifs de la communauté, et à continuer d'aller à l'école plutôt que de vivre derrière des barbelés.

Rue Riffault, nous avions une chambre libre et on nous envoya un petit Polonais de quatorze ans du nom de Maurice Patawer — que l'on appelait Pavel. Tout d'abord, et c'est bien compréhensible, il se méfia de nous mais on eut tôt fait de le mettre à l'aise. Lui et Jacquie devinrent très proches. La présence triste et silencieuse de Pavel nous rappelait constamment les atrocités commises par les Allemands.

Tout autour de nous, des gens du pays s'employaient à leur rendre la vie difficile. Poitiers est une ville universitaire et les étudiants étaient de plus en plus turbulents. Dans le cinéma local, le Castille, ils manifestaient leur hostilité à l'occupant en tapant des pieds, en sifflant et en interrompant la diffusion de la propagande allemande. Ils ouvraient leur journal et lisaient la page des sports plutôt que de regarder les actualités, jusqu'à ce que ces chahuts entraînent l'arrestation d'un étudiant. Les affiches allemandes furent arrachées et le V de la victoire inscrit à la craie ou au charbon sur les murs, les portes et les trottoirs.

A la maison, on avait mis au point nos propres méthodes de résistance. Tout comme à Metz, nous aidions les familles juives à fuir la France occupée. Des inconnus sonnaient à la porte pour nous demander notre aide.

— Qui vous a donné notre nom ? demandions-nous et ils donnaient des réponses vagues.

Nous ne pouvions plus les nourrir ou les héberger car nous étions très surveillés par les Allemands. Mais une fois que nous nous étions assurés qu'ils n'étaient pas des espions ou des agents nazis, on leur donnait l'adresse d'une des fermes proches de la ligne de démarcation, comme celle que Fred et Oskar avaient utilisée avec succès.

On ne savait rien de ces étrangers de passage, on ignorait comment ils étaient arrivés jusqu'ici mais la tension et les épreuves se lisaient sur leurs visages. Certains avaient visiblement beaucoup voyagé. Mais comme toujours en temps de guerre et dans de pareilles circonstances, on ne posait jamais de question — c'était plus sûr. Un grand nombre de nos visiteurs venaient de l'Est. Ils se méfiaient de tout et de tout le monde. La seule chose qui les intéressait c'était une adresse, traverser la ligne de démarcation et fuir le plus loin possible.

Les fermiers étaient formidables. Ils avaient fait savoir par M. Degout que malgré les risques encourus, ils étaient prêts à laisser les gens traverser leurs terres. Ils ne demandaient jamais d'argent. On devint très amis avec certains d'entre eux mais le plus extraordinaire c'est qu'à l'époque nous-mêmes ne songions pas à prendre la fuite. Grâce à un permis que je leur avais obtenu à la Kommandantur, mes parents s'étaient même rendus au mariage de Fred et Rosette. Et comme de bons citoyens français, ils rentrèrent sagement à la maison.

Aucun d'entre nous n'avait imaginé les horreurs qui allaient suivre. On avait beau écouter la radio chaque soir, on ne savait rien. On avait entendu des rumeurs de camps de travail et de villages entiers où les gens avaient été massacrés en Pologne et en Tchécoslovaquie mais on le prenait pour de la propagande car pour nous il était inconcevable que les Allemands se livrent à de telles atrocités. Avec beaucoup d'habileté, ils avaient créé une atmosphère détendue en France. Ils avaient même réussi à nous persuader que leurs décrets de plus en plus agressifs répondaient aux exigences d'une minorité d'entre eux. Ils s'efforçaient de nous faire croire que nous étions tous du même côté. Pendant un temps, cela marcha.

En décembre 1941, l'attaque de Pearl Harbor par les Japonais nous remonta le moral. Malgré la mort tragique de trois mille personnes, cela signifiait la fin de l'isolationnisme des Etats-Unis. Les Américains entrèrent dans la guerre mais pour Jacques, Pearl Harbor avait une tout autre signification. Tandis que les Japonais envahissaient l'Asie du Sud-Est, revendiquaient Hong-Kong, menaçaient Singapour et la Malaisie, Jacques était très inquiet pour ses parents qui vivaient à Saïgon. Au cours des mois qui suivirent, rien ne semblait pouvoir arrêter les Japonais. La Malaisie, Singapour et Saïgon tombèrent. Jacques n'avait aucun moyen de contacter ses parents. Il était accablé.

Ma joie devant l'attaque de Pearl Harbor fut tempérée par mes craintes pour sa famille, et aussi pour la mienne, car avec les changements politiques, une nouvelle atmosphère, pessimiste et menaçante, se répandit dans le pays. Ma mère était la seule à pressentir ce qui allait se passer, et encore, elle ne réalisait pas toute l'étendue de l'horreur à venir. Elle avait déjà vécu une guerre qui lui avait laissé de très mauvais souvenirs et elle croyait aux rumeurs qui nous parvenaient. C'est elle qui poussa Fred à partir. Elle ne cessait de s'agiter et de se tourmenter pour nous tous tandis que je tentais vainement de la calmer :

— Tout va bien, maman, ici nous sommes en sécurité, arrête de t'inquiéter.

Mais les événements l'obsédaient. Et puis son plus jeune frère, Max, fut arrêté à Paris.

Max, un médecin marié à une Suissesse, Fannie, et père d'une petite fille, Ruth, était beaucoup plus jeune que ma mère. Stéphanie et moi, qui avions passé des vacances d'été avec lui à Lyon quand nous étions enfants, le considérions davantage comme un frère aîné que comme un oncle. A cause du peu d'années qui nous séparaient de lui, nous étions très proches. Max faisait aussi de la recherche. D'un naturel pacifiste, il s'exprimait avec douceur. Quant à Fannie, une cousine de mon père, c'était une autre paire de manches. Ils s'étaient rencontrés par des amis communs et mariés peu après. Ombrageuse, émotionnellement fragile, d'un contact difficile, Fannie s'était réfugiée à Toulouse auprès d'oncle

Léon, emmenant Ruth avec elle. Max continua de travailler quelques mois dans son cabinet intégré à son appartement parisien de la rue Vavin, près des jardins du Luxembourg. Fannie et la concierge ne s'étaient jamais bien entendues et cette femme se vengea en dénonçant Max dont elle prétendit qu'il était communiste et tenait des réunions secrètes dans son appartement.

Max avait été interné à Drancy où il tomba gravement malade. Bien qu'il n'ait pas encore quarante ans, il était atteint d'une tumeur à la glande pituitaire, qui se manifestait par un glaucome aigu et une acromégalie. Cette maladie, due à une sécrétion excessive de l'hormone de croissance, provoque de violents maux de tête. A moitié aveugle, à peine capable de se tenir debout, brûlant de fièvre, il avait été transféré de Drancy à l'Hôtel-Dieu, le plus vieil hôpital de Paris situé à côté de Notre-Dame.

Je ne me souviens pas comment maman apprit l'incarcération de Max et son hospitalisation, ni qu'on ait discuté des dispositions à prendre. Tout ce que je sais, c'est que fin janvier 1942, maman décida brusquement de se rendre à Paris. J'étais morte d'inquiétude. Elle parlait à peine le français et partait seule à Paris rendre visite à mon oncle dont les fréquentations étaient surveillées par la Gestapo.

On resta plusieurs jours sans nouvelles. Jacques, craignant mes réactions impulsives, m'interdit de partir à sa recherche.

— Si tu es arrêtée, ça t'avancera à quoi, hein ? Un peu de patience, Marthe.

Notre attente prit fin un soir, alors que nous nous apprêtions à dîner, juste avant l'heure du nouveau couvre-feu. Notre petite maman fit son entrée, Max à son bras. On se précipita, on les assaillit de questions.

— Nous sommes terriblement fatigués, dit-elle. Le voyage était interminable. Mangeons, ensuite je vous raconterai tout.

A table, maman nous fit le récit de son expédition.

— Je me suis rendue tout droit à l'hôpital, Cécile m'a accompagnée jusqu'à l'entrée. Elle vous embrasse tous tendrement. Quand je suis arrivée dans la chambre de Max, il était couché et visiblement très malade. Il m'a dit qu'il voulait aller aux toilettes. Je l'ai donc aidé à enfiler sa robe de chambre et je l'ai accompagné. Pendant que je l'attendais, j'ai remarqué qu'il n'y avait aucun soldat en faction. Max était un prisonnier politique mais ils avaient visiblement décidé que dans son état, il ne pouvait pas s'évader. Quand il est sorti des toilettes, je lui ai dit :

— Suis-moi, Max, on s'en va. Je l'ai pris par la main, on a parcouru un long couloir, descendu un escalier, et on s'est retrouvés dehors. Il n'arrêtait pas de répéter qu'il était en pyjama mais je lui ai dit de ne pas s'inquiéter.

Voyant qu'on était sur le point de l'interrompre, elle agita la main pour nous faire taire.

— Une fois dans la rue, j'ai arrêté deux de ces nouveaux vélos-taxis avec un side-car. On en a pris chacun un. Pauvre Max, il faisait un froid de canard. On est montés dans son appartement, il s'est changé, j'ai préparé une valise et dès que ça a été possible, après un passage chez Cécile, on a pris un train pour le sud.

Son récit nous laissa sans voix. Son sang-froid, sa témérité et la rapidité d'exécution de l'évasion de Max étaient littéralement stupéfiants. Je compris alors que maman avait une main de fer dans un gant de velours. Mes yeux se remplirent de larmes de fierté.

— Mais maman, comment as-tu fait pour te faire comprendre à Paris ? Tu ne parlais quand même pas allemand ?

— Mais enfin, Marthe, ça fait longtemps que je parle le français, me répondit-elle avec une lueur amusée dans le regard. Je vous l'ai caché parce que ça m'amusait tellement de vous entendre raconter tous vos petits secrets devant moi.

On en resta saisis.

Quelques jours plus tard, Cécile vida l'appartement de Max à Paris. Elle avait pris un risque déraisonnable que la valeur des possessions de Max ne justifiait nullement mais elle avait décidé de ne rien laisser aux Allemands.

Après quelques jours de repos, Arnold emmena Max et ma mère jusqu'à la ligne de démarcation. Une fois de plus, ils passèrent par la ferme des Degout qui avait servi à Fred, Oskar et Rosette. Tout se passa bien. Oncle Léon se chargea de Max, et ma mère et Arnold se rendirent à Arles où Fred et Rosette s'étaient installés. Maurice-Jacques, le premier petit-fils de ma mère, né le 3 février 1942, les attendait. Une fois son devoir accompli, notre courageuse petite mère nous revint saine et sauve. Elle reparla rarement de cet épisode et ce fut son premier et son dernier exploit de ce genre. Son premier petit-fils lui semblait un sujet de conversation bien plus intéressant.

La vie reprit son cours avec des nouvelles bien déprimantes. Les armés de Hitler étaient aux portes de Moscou, l'Afrikakorps de Rommel remportait des succès fulgurants en Afrique du Nord et Malte était soumise à un bombardement intensif. Malgré l'alliance anglo-américaine et quelques victoires remportées contre la flotte italienne, rien ne semblait pouvoir arrêter l'avancée du nazisme. Ma mère, qui écoutait tous les soirs la radio avec nous, était de plus en plus agitée.

— Que nous restera-t-il quand Hitler aura terminé sa besogne ? se plaignait-elle. Quand verrons-nous la fin de tout ça ?

Sous la pression des Allemands, Pierre Laval, député sous Pétain, devint Premier ministre et engagea totalement Vichy dans la collaboration. Il parla à la radio le 22 juin 1942 pour déclarer : « Je souhaite la victoire de l'Allemagne parce que, sans elle, le bolchevisme demain s'installerait partout. »

Tandis que Jacques se faisait un sang d'encre pour ses parents, là-bas en Orient, à Poitiers les choses changeaient rapidement pour le pire.

L'insigne de fierté

Chaque nuit, entre six heures trente et sept heures trente, les SS passaient chez nous pour voir si nous respections le couvre-feu ainsi que les innombrables règlements qui préparaient le terrain pour les camps encerclés de barbelés qu'ils nous avaient depuis longtemps réservés. Les règlements changeaient quasi quotidiennement et il fallait les respecter à la lettre. Le moindre manquement entraînait l'arrestation. On avait déjà entendu parler de juifs étrangers raflés en pleine nuit. Le rabbin Bloch nous annonça qu'il en avait repéré quelques-uns internés dans un camp pour juifs étrangers à l'extérieur de la ville. Le plus grand nombre avaient disparu.

Les mêmes officiers SS venaient chez nous sept soirs par semaine pour vérifier que nous étions tous là — il s'agissait de l'adjudant Wilhelm Hipp, en charge des affaires juives, et de trois ou quatre de ses acolytes qui se chargeaient d'un certain nombre de foyers. Hipp, un petit homme très laid qui ressemblait à un troll, s'était lui-même baptisé « le roi des juifs » et était à l'image des pires voyous qui avaient rejoint les rangs de Hitler dans les années trente. Il avait l'air tellement crétin que j'étais toujours étonnée qu'il parvienne à produire un langage articulé et même quelques mots de français. Cet être abject et les deux S argentés sur le col de sa tunique m'inspiraient un profond dégoût.

Des membres de la famille manquaient à l'appel : Cécile, Fred et Arnold avaient disparu. Hipp soupçonnait depuis longtemps les fermiers d'aider les gens à s'enfuir mais il n'avait aucune preuve et cherchait désespérément des indices. Quand Arnold disparut en juin 1942 sur l'injonction de ma mère, Hipp, fou de rage, se mit à fouiller la maison de fond en comble et il confisqua notre courrier pour voir s'il y trouvait quelque indication sur l'endroit où Arnold se trouvait.

Je déclarai à Hipp qu'il avait simplement disparu du jour au lendemain.

— Nous sommes très inquiets, ajoutai-je. Si jamais vous apprenez quelque chose, nous vous serions reconnaissants de nous prévenir.

Hipp n'était pas dupe.

Le 17 juin 1942, par un bel après-midi d'été, Yves Degout, le fils de Noël, un gamin d'une quinzaine d'années, arriva à la maison. Il était venu à bicyclette et il transpirait à grosses gouttes.

— La Gestapo est à la maison, lança-t-il, hors d'haleine. Ils interrogent tout le monde.

Aussi incroyable que cela puisse paraître, aucun de nous ne pensa à se protéger. A l'époque, nous ne comprenions pas ce dont les nazis étaient capables. Ni nous ni personne. On écoutait la BBC tous les soirs mais on recevait fort peu d'informations sur la façon dont on traitait les juifs ailleurs en Europe. Pas le moindre indice sur ce qui allait arriver. On donna donc un sandwich et un verre de lait à Yves, on le remercia de son avertissement et il repartit.

Ce soir-là, les hirondelles tournoyaient devant la fenêtre, on avait juste fini de dîner. Assis autour de la grande table en bois massif, nous mangions des cerises contenues dans un grand saladier, un cadeau d'un des épiciers de la ville qui nous avait donné des fruits à ses risques et périls. On entendait le bruissement et le tic-tac des pendules de papa qui s'apprêtaient à sonner huit heures.

Quelques minutes plus tard, Hipp et ses hommes sonnèrent et frappèrent violemment à la porte, et firent irruption dans la maison. Cela faisait maintenant quatre ans que Jacquie vivait avec nous et il était habitué à ces visites nocturnes qui lui rappelaient tant d'horribles souvenirs. Notre principal problème, c'était qu'il se taise. J'étais chargée de m'assurer qu'il ne parlerait pas allemand devant les SS, trahissant ainsi que nous comprenions parfaitement ce qu'ils se racontaient entre eux.

Je vins derrière lui, le serrai contre moi et lui murmurai de se tenir tranquille tandis que les soldats bottés envahissaient notre salle à manger. Jacquie m'obéit sans problèmes car il avait la bouche pleine de cerises. Avant que j'aie pu l'arrêter, il cracha une volée de noyaux en direction des Allemands avec une précision surprenante. En voyant l'expression du visage de Hipp quand un noyau manqua de peu sa tunique immaculée, j'attrapai la main de Jacquie et la frappai très fort.

— Non, Jacquie, lui dis-je avec colère, n'osant penser à la réaction de Hipp si le noyau avait atteint son but, laissant une petite marque violette sur la tunique. Tu es mal élevé. La guerre ne change rien aux règles de la politesse.

Mes parents, Stéphanie, Jacquie, ma grand-mère, Hélène, Rosy et moi attendions en silence que Hipp fasse l'appel. Pavel, qui se méfiait à juste titre des Allemands, était à moitié caché derrière une horloge de parquet, sa position habituelle quand les SS arrivaient. Les yeux de Hipp tombèrent sur lui et il se tassa sur lui-même.

Hipp paradait nerveusement sur le tapis de la salle à manger, plongeant alternativement son regard dans les yeux de chacun d'entre nous. Ses bottes noires de cavalier brillaient au point que j'y distinguais mon reflet. Sa grimace arrogante m'inquiétait au plus haut point.

— Laquelle d'entre vous est Stéphanie ? aboya-t-il brusquement.

Avant qu'aucun d'entre nous ait pu réagir, Stéphanie, qui relevait d'une infection rénale et était encore très faible, se leva lentement et fit un pas en avant.

— C'est moi, dit-elle d'une voix douce.

— Vous êtes en état d'arrestation, dit Hipp en l'attrapant par le bras et en la tirant vers la porte.

Quand il la relâcha, la marque de ses doigts boudinés était imprimée sur sa chair nue. Deux soldats le relayèrent. L'acier de leurs fusils faisait froid dans le dos. On se jeta des coups d'œil en biais mais aucun d'entre nous n'osa intervenir. Stéphanie hocha la tête et nous adressa à tous un regard qui se voulait rassurant. Elle s'attarda un peu plus longtemps sur notre petite maman qui se tenait raide comme un piquet dans un coin de la pièce en se tordant les mains.

Après le départ de Stéphanie et des SS, il s'installa un profond silence que personne n'osait rompre. Nous étions pétrifiés. Puis ma mère alla s'effondrer sur une chaise.

— Elle ne reviendra pas, dit-elle d'une voix haletante en se frappant la poitrine. Quand on les emmène comme ça, on ne les revoit jamais.

On est restés là, perdus dans nos souvenirs. Moi, je revoyais Stéphanie qui riait, la tête rejetée en arrière, ses longs cheveux ruisselant dans son dos tandis qu'elle ramassait des pommes dans le jardin de nos voisins, à Metz. Je songeais aux nuits où on ne dormait pas et où on se retrouvait dans le lit de Cécile pour se raconter des histoires et échanger des confidences sur les garçons qui nous plaisaient. J'essayai de rassurer ma mère en lui disant que tout finirait par s'arranger mais une lumière en elle s'était brusquement éteinte.

Mon père, hagard, le visage gris, les mâchoires crispées, n'avait pas quitté la table et se tenait la tête dans les mains. Cela faisait presque une année qu'on ne se parlait plus. Ses méthodes d'éducation trop strictes en ce qui concernait Jacquie étaient notre principal sujet de discorde et à cette époque, nos relations étaient au plus bas. Au cours des minutes abominables qui suivirent l'arrestation de Stéphanie, j'étais obsédée par l'idée d'aller le consoler mais une sorte de paralysie s'était emparée de moi et je ne pus m'y résoudre.

Une heure et demie plus tard, on entendit une voiture s'arrêter devant chez nous. Seuls les Allemands avaient des voitures. On espéra d'abord que le chauffeur des SS ramenait Stéphanie puis on entendit des pas sur le trottoir, on frappa à la porte à coups de crosse de fusil et Hipp déboula chez nous comme un fou.

— Votre fille refuse de coopérer et elle se montre impertinente, hurla-t-il en direction de mon père.

Il le saisit par le bras.

— Vous aussi je vous arrête. Vous venez avec moi.

Ma mère, ma grand-mère, les enfants et moi nous tenions debout, immobiles et silencieux. Mon père prit son chapeau et Hipp l'entraîna vers la porte. C'est alors que je me précipitai vers lui et me jetai dans ses bras.

— Je t'aime, papa, dis-je en me haussant sur la pointe des pieds pour lui embrasser la barbe.

Il m'étreignit avec force et, tandis qu'on l'emmenait, tourna la tête vers ma mère et lui adressa un regard plein d'amour.

La porte se referma. Incapable d'affronter le désespoir de maman et désireuse d'y soustraire les enfants, je me tournai vers Rosy et Hélène.

— Venez les filles, on va faire notre toilette et coucher Jacquie et Pavel. Papa sera furieux si vous êtes encore debout à son retour. Maman va l'attendre avec grand-mère.

Cette dernière, courbée par les ans et hébétée par les événements, me jeta un regard affolé.

Au cours des heures qui suivirent, il y eut une succession de petits coups frappés timidement à la porte. C'étaient nos amis et voisins, qui tous violaient le couvre-feu pour venir aux nouvelles. La rumeur s'était aussitôt répandue que quelqu'un avait été arrêté. Jeanine Rieckert, une camarade de l'école d'infirmières, me tomba dans les bras quand j'ouvris la porte.

— Oh, Marthe ! quel soulagement ! s'écria-t-elle les yeux brillants. On m'a dit que la Gestapo vous avait rendu visite et j'étais terrifiée à l'idée qu'ils t'aient emmenée !

Je la tirai à l'intérieur.

— Stéphanie et papa ont été arrêtés. Je préférerais être à leur place plutôt que de les savoir entre leurs mains.

Ces braves gens tentèrent de nous réconforter et nous souhaitèrent beaucoup de courage avant de rejoindre leurs foyers en toute hâte. Ma mère les vit sans les voir. Elle fixait la porte, comme si elle s'attendait à tout instant à ce que les nazis reviennent nous embarquer tous.

Quand j'entendis une bruit de moteur un peu avant minuit, je fus saisie d'une brusque nausée. Des pas s'approchèrent de la maison. Hélène et Rosy, en chemise de nuit, coururent vers ma mère. Jacquie s'accrochait à sa chère

Hélène, comme s'il craignait qu'elle ne disparaisse à son tour. La porte s'ouvrit et mon père apparut, blafard, comme s'il revenait d'un épuisant voyage.

— Où est Stéphanie ? furent les premiers mots de ma mère.

— Ils continuent de l'interroger, répondit mon père en se laissant tomber sur une chaise. Ils m'ont emmené dans la pièce où ça se passait et ils m'ont menacé pour que je la fasse parler. Ils voulaient qu'elle dénonce M. Degout mais elle a refusé tout net. J'ai fait ce que j'ai pu pour calmer le jeu, j'ai proposé de prendre sa place mais ils avaient découvert une lettre signée de Stéphanie. Quelqu'un qui devait passer en zone libre avait oublié ici un coupon de tabac qu'elle lui a envoyé à la ferme avec un petit mot.

Pendant la guerre, les coupons de tabac servaient à faire du troc et le réfugié en question en avait un besoin vital. Par ce courrier, ma sœur trop attentionnée s'était trahie et M. Degout se retrouvait exposé aux pires représailles. *Mais bon sang, Steph, pourquoi diable as-tu signé cette lettre ?* ne cessais-je de me répéter.

— Elle t'a semblé forte, papa ? lui demandai-je, inquiète pour sa santé.

— Moralement, oui, répondit mon père.

Sa voix se brisa.

— J'ai essayé de la convaincre de se montrer plus diplomate mais elle était incapable de jouer la comédie pour tenter de les persuader de son innocence. Et elle leur a dit qu'elle préférait mourir plutôt que d'impliquer un innocent.

Il marqua une pause, puis releva la tête.

— Mais Marthe, ajouta-t-il d'une voix à peine audible, elle est épuisée. Ils lui ont refusé de s'asseoir pendant tout le temps de l'interrogatoire. A un moment donné, elle s'est appuyée au bureau et ils se sont mis à hurler, à la traiter de tous les noms et ils lui ont ordonné de se redresser.

Je pleurai des larmes de douleur et de rage et me jurai de ne jamais oublier Hipp et les hommes qui s'étaient conduits ainsi avec Stéphanie. Jamais.

En France, les choses ne cessaient d'empirer. En zone occupée, onze jours après l'arrestation de Stéphanie, le 28 juin 1942, entrait en application la huitième ordonnance du 29 mai 1942 publiée au Journal officiel du 14 juin sur le statut des juifs de France. Tous les juifs de plus de six ans reçurent l'ordre de porter l'étoile jaune. Notre rabbin, Elie Bloch, nous adjura de la porter comme un « insigne de fierté ». Cela ressemblait davantage au summum de l'humiliation. On nous remit à chacun trois étoiles à six branches, symbole du judaïsme, en tissu d'un jaune criard et barrées du mot JUIF ou JUIVE.

Il fallait les découdre et les recoudre soigneusement à chaque fois que nous changions de vêtements. L'utilisation d'une épingle de sûreté était passible d'emprisonnement. Rosy, qui avait alors tout juste seize ans, fut arrêtée dans la rue et menacée d'incarcération pour avoir utilisé des boutons-pression. Cela se passait quelques jours après la publication de l'ordonnance. On la relâcha avec un avertissement.

Porter l'étoile jaune était supposé provoquer un ostracisme de la part du reste de la population. Mais quand nous marchions dans les rues, il n'était pas rare que des familles entières appartenant à la communauté catholique traversent ostensiblement la rue pour venir à notre rencontre. Les hommes soulevaient leur chapeau et les femmes nous disaient bonjour. Tous manifestaient leur violente désapprobation de la discrimination dont nous étions l'objet.

A l'hôpital, les malades juifs étaient obligés de se plier au décret mais le directeur m'interdit de porter l'étoile sur mon uniforme.

— Je ne veux pas de ça ici, me dit-il avec des yeux brillants de colère.

Mais l'étoile était le cadet de mes soucis. Je ne pensais qu'à Stéphanie. Prisonnière politique, elle fut envoyée dans la prison où Fred avait été incarcéré mais cette fois-ci, nous ne fûmes pas autorisés à lui rendre visite. Le 10 juillet 1942, jour de ses vingt et un ans, elle était seule, malade et en prison au lieu de danser dans notre living avec Dédé. On eut bientôt de ses nouvelles par des femmes récemment libérées qui nous apprirent que là-bas, Stéphanie faisait figure de leader. Malgré son jeune âge et sa santé chancelante, elle parvenait à rassurer ses camarades d'infortune et à leur remonter le moral.

— Elle a du cran, c'est la plus courageuse de toutes, me dit une femme avec un sourire poignant. Elle regarde de haut tout Allemand qui ose l'approcher. Elle nous organisait en groupes de travail et elle veut que vous sachiez qu'elle va bien.

Je songeai à ma petite sœur, si douce et si tranquille. Je croyais la connaître et je m'émerveillai de sa transformation soudaine. A la maison, elle n'avait rien d'une meneuse mais la guerre l'avait changée. Je me demandais comment je me serais comportée à sa place.

Un mois plus tard, Stéphanie fut transférée dans un camp d'internement à l'extérieur de la ville, entouré de barbelés et de miradors, et réservé aux prisonniers politiques et aux juifs étrangers. Les parents de Pavel comptaient parmi ses codétenus. Elle était autorisée à recevoir une visite par semaine d'une seule personne et dormait sur un matelas plein de vermine. Mon père alla une fois la voir et fut incapable d'y retourner. Ma mère se rendait au camp toutes les semaines.

Stéphanie était l'ombre d'elle-même. Pâle, amaigrie, malade des reins, elle n'en gardait pas moins un bon moral.

— J'ai tellement de choses à faire, maman. Je livre des batailles quotidiennes. Ce n'est pas grave que j'interrompe mes études. Je suis tellement plus utile ici.

Là aussi, elle était devenue le principal soutien de ses codétenues. Elle réconfortait les plus jeunes, prodiguait des conseils sur l'hygiène et la nutrition. J'étais très fière d'elle.

Au début, l'atmosphère du camp, dirigé par des gendarmes français, était relativement détendue. Jusqu'au jour où la Gestapo prit les choses en main. C'est alors que tout bascula. Au retour d'une visite, maman me dit :

— Marthe, il faut que tu ailles voir Hipp. Steph est très malade, elle doit se faire soigner dans un hôpital.

Je craignais bien davantage de décevoir ma mère que d'affronter Hipp. Dès le lendemain, je me rendis au quartier général de la Gestapo.

— Il faut absolument que je voie l'adjudant Hipp, il s'agit d'une question d'une extrême importance, dis-je au soldat en faction à l'entrée.

Il m'introduisit de mauvaise grâce à l'intérieur. Je dus réitérer plusieurs fois ma requête avant qu'il ne me conduise dans l'antichambre du bureau de Hipp et de son assistant.

— L'adjudant Hipp est très occupé, aboya l'assistant. C'est pour quoi ?

— Je ne peux pas vous le dire, c'est une question personnelle très urgente.

Mon stratagème se révéla parfaitement inefficace : je portais l'étoile jaune. On me reconduisit sans ménagements à la sortie et on me jeta dehors. Le cœur gros, je retournai à la maison.

— Je t'en supplie, Marthe, me dit ma mère en prenant mes mains dans les siennes, il faut que tu y retournes demain. Je suis sûre qu'il t'écoutera si seulement tu parviens à lui parler.

Et donc chaque jour après mon travail à l'école d'infirmières, je me rendais au quartier général de la Gestapo dans l'espoir de croiser Hipp. Au bout d'une semaine, je n'étais même plus autorisée à pénétrer dans le hall. La rage au cœur, je l'attendais au coin de la rue, attendant qu'il apparaisse.

— Tu vas bien finir par sortir, espèce d'ordure, me disais-je à mi-voix.

Effectivement, un beau jour, il se montra enfin. Je courus à sa rencontre et le coinçai à l'instant où il allait monter dans une voiture noire rutilante. Je l'appelai par son nom et il se retourna, ainsi que les trois officiers qui l'accompagnaient.

— Adjudant Hipp, dis-je en reprenant mon souffle et en lui adressant le sourire qui m'avait valu les faveurs d'un de ses anciens collègues, il faut que je vous parle. C'est très important. Ma sœur Stéphanie a été internée dans un camp, elle est très malade et il faut absolument qu'elle se fasse soigner. Je vous en prie, aidez-nous.

Hipp jeta un coup d'œil à ses compagnons en ricanant puis il se pencha vers moi.

— *Mädchen*, si vous osez encore m'approcher, vous aussi je vous fais arrêter et jeter dans un camp. Et maintenant du balai, s'écria-t-il en me soufflant son haleine aigre au visage.

Il avait des yeux de serpent.

J'aurais volontiers échangé ma place contre celle de Stéphanie mais à quoi bon être internée avec elle ? Je m'éloignai donc en marchant très vite et ne repris mon souffle que quelques rues plus loin. Ce jour-là, je me jurai que je retrouverais Hipp et le traînerais en justice pour ses exactions.

Il devait bien y avoir un autre moyen de porter secours à Stéphanie. C'est alors qu'Arnold m'écrivit dans une lettre qu'un de ses amis, un jeune garçon du nom de Roland, était gardien à l'entrée du camp. Fred et Arnold lui avaient offert de lui payer son passage en zone libre s'il aidait Steph à s'évader. Fred lui avait même trouvé du travail. Roland était d'accord mais manque de chance, cela tomba au moment où la Gestapo prit la direction du camp et le projet capota.

Avec l'aide de mes camarades de l'école d'infirmières, je finis par identifier le docteur qui soignait les prisonniers. J'allai le trouver et à ma grande surprise, il accepta de nous aider.

— On m'envoie de temps à autre des prisonniers du camp, me confirma le docteur Pacaud. Si vous pouvez obtenir que votre sœur soit inscrite sur la liste, je l'examinerai et je la ferai hospitaliser.

J'expliquai à ma mère que je devais absolument voir Stéphanie et, cette semaine-là, j'allai lui rendre visite avec les sous-vêtements et le panier de nourriture que maman avait préparés pour elle. Une fois franchi le portail protégé par des barbelés, les visiteurs étaient autorisés à se mêler librement aux détenus. Des petits groupes se formaient, se tenant par la main, se parlant avec ferveur assis dans la poussière, et les visiteurs remettaient des colis à leurs proches.

Dans le camp, une ancienne caserne, avec de longues rangées de bâtiments en bois de plain-pied, les femmes et les hommes étaient logés séparément mais autorisés à se rencontrer dans un espace commun. Les femmes cuisinaient dans de grandes marmites en fer, essentiellement de la soupe et des légumes. Les détenus prenaient leurs repas assis sur des bancs devant des tables à tréteaux. Les toilettes et les installations sanitaires étaient rudimentaires et insuffisantes.

Cela faisait deux mois que je n'avais pas vu Stéphanie et je fus choquée par son apparence physique. Ses beaux cheveux bruns ondulés pendaient maintenant de chaque côté de son visage, gras et ternes. Elle avait le teint jaune mais ses yeux enfoncés dans leurs orbites brillaient d'un feu inconnu jusqu'alors. Si elle dépérissait physiquement, elle avait visiblement brandi le flambeau de la résistance et acquis une nouvelle force mentale.

— Steph, écoute-moi.

Je lui parlai à mi-voix, de crainte que quelqu'un ne nous espionne.

— Nous n'avons pas beaucoup de temps. On va te sortir de là. Tout est arrangé. Tu dois demander à l'infirmière du camp de te mettre sur la liste des personnes devant être envoyées à l'hôpital pour une visite et le docteur Pacaud s'arrangera pour te garder. Dédé, Jacques, des camarades de l'université et de l'école d'infirmières t'attendent. Ils sont formidables. Ils ont tout préparé pour te faire traverser la ligne de démarcation et...

Stéphanie me prit la main.

— Merci, Marthe, me dit-elle avec un petit sourire, mais je refuse.

— Comment, tu refuses ?

Brusquement effrayée, j'eus un mouvement de recul.

— Je ne peux pas partir. Ici, j'ai une tâche à accomplir, poursuivit-elle d'une voix douce.

Puis elle désigna ses camarades d'infortune.

— Ces gens ont besoin de moi.

— Mais...

Je l'attrapai par le bras pour plaider ma cause.

— Pas de mais. Sans compter que si je m'évadais, Hipp vous ferait tous arrêter.

Je baissai la tête. Elle avait raison. Comme une étourdie, je n'avais pas vu plus loin que le bout de mon nez. J'eus beau tenter de la raisonner, lui promettre qu'on la suivrait dès que possible, elle refusa de m'écouter.

— Ça ne marchera pas, Marthe. Ce ne serait pas juste pour vous et les gens ici. Et puis on va peut-être me relâcher prochainement. Fred n'est pas resté très longtemps en prison et je n'ai rien fait de bien répréhensible. Prie pour moi.

Un coup de sifflet retentit. Ma brève visite était terminée. Sous l'œil attentif de la Gestapo, les gardes nous réunirent pour nous escorter vers la sortie. Une fois de l'autre côté des barbelés, j'adressai un dernier signe de la main à Stéphanie et repris le chemin de la maison.

Tout en marchant, je méditai longuement sur la meilleure stratégie à adopter. Je décidai brusquement qu'il n'y avait qu'une seule solution mais elle était radicale et je filai aussitôt retrouver Jacques pour lui demander son aide.

— Il faut organiser la fuite de toute ma famille, lui dis-je de but en blanc.

— Et nous ? demanda-t-il d'un air désemparé en fronçant les sourcils. Et tes études ? Tu n'es qu'en première année.

Je le regardai tendrement. Il s'arrêta brusquement de protester et me sourit. A l'idée de le quitter, ma gorge se serra. Il me prit par les épaules et plongea son regard dans le mien.

— Tu as raison, Marthe. Tout ça peut attendre. On trouvera bien le moyen de se voir de temps en temps. Je m'arrangerai pour obtenir des laissez-passer pour des compétitions sportives ou autre chose. Je t'écrirai tous les jours et quand cette maudite guerre sera terminée, on ne se quittera plus. Quant à tes études, tu les poursuivras en zone libre et quand tu seras diplômée, on travaillera ensemble comme nous l'avions prévu.

A la perspective de notre séparation, mes yeux se remplirent de larmes, je me mis à douter de mon plan et il me prit dans ses bras.

— Tu as raison, il faut partir. D'ailleurs je ne supporte plus la façon dont vous êtes traités. Stéphanie s'évadera le jour de votre départ et elle vous rejoindra un peu plus tard. Si on y réfléchit bien, il n'y a pas d'autre solution.

Il ne restait plus qu'à organiser notre fuite, une tâche qui tenait de l'exploit. Nous étions huit en comptant Jacquie et ma grand-mère. Et puis il y avait Pavel qui vivait avec nous depuis plus d'un an et faisait maintenant partie de la famille. Ses parents avaient envoyé une lettre au rabbin Bloch dans laquelle ils nous transmettaient leurs remerciements.

« Pavel est heureux chez les Hoffnung », avait écrit sa mère. « Nous sommes tellement soulagés qu'il ait eu la chance de se retrouver au sein d'une telle famille. » Et maintenant il fallait que je parle de cet enfant au rabbin Bloch. Pavel était sous sa responsabilité et je savais que si on l'emmenait sans prévenir, le rabbin et sa famille en pâtiraient.

— Non, mademoiselle Hoffnung, me dit-il en secouant tristement la tête quand je lui exposai mon plan. C'est tout à fait impossible.

Il portait des lunettes rondes cerclées de métal et il les ôta pour mieux souligner son propos.

— Vous ne pouvez pas emmener Pavel avec vous. Si un seul des enfants arrachés aux camps disparaissait, les Allemands interneraient les autres. Cela mettrait en péril tout ce que nous avons réussi à obtenir jusqu'à présent. Je comprends votre douleur d'être obligée de le laisser derrière vous mais c'est la seule solution.

Je rentrai à la maison le cœur gros, obsédée par la pensée qu'il me faudrait annoncer cette triste nouvelle au petit Polonais qui nous était si attaché et que nous aimions tendrement. Pire, comment allait réagir ma mère, elle qui ne savait même pas que nous avions prévu de nous enfuir ?

Une chance inattendue me permit de mettre mon plan à exécution. Secrètement, j'avais caché à la maison des cartes d'identité établies à nos noms mais sans les cachets rouges avec l'inscription Juif ou Juive. Quelques semaines auparavant, M. Charpentier, avec qui j'avais travaillé à la mairie, m'avait abordée dans la rue Gambetta, la rue principale de Poitiers. C'était un homme tranquille, d'un certain âge, chargé au service des réquisitions de rassembler les papiers nécessaires aux « transferts ».

— Mademoiselle Hoffnung, il faut que je vous parle, me dit-il.

On fit quelques mètres pour trouver un endroit tranquille. Il regardait sans arrêt autour de lui et me sembla amaigri, plus âgé que dans mon souvenir. Au travail, nous avions toujours entretenu de bonnes relations. Contrairement à d'autres, il nous rendait volontiers des services. C'était un homme timide et charmant, marié, père d'un jeune enfant. Le jour où les nazis étaient entrés dans notre bureau pour nous ficher dehors, il avait été le premier à se lever avec indignation et à soutenir M. Grelet qui affirmait qu'il ne pouvait pas se passer de moi.

— J'ai une proposition à vous faire, me dit-il et me prenant par le bras pour m'entraîner à l'écart. J'ai été muté dans un autre service et je suis en position de vous aider, vous et votre famille.

Je m'arrêtai et le regardai fixement.

— Comment cela ?

— Je peux vous procurer des faux papiers si vous voulez passer en zone libre.

Maintenant, il attendait ma réponse en clignant des yeux d'un air attentif.

— Vous vous rendez compte de ce que vous me proposez, monsieur Charpentier ? murmurai-je en lui étreignant le bras. Savez-vous ce qui se passera si vous êtes pris ?

Je revis la photo de sa femme et de son fils posée dans un cadre sur son bureau.

— C'est un risque à courir, me dit-il en baissant la tête, le chapeau à la main.

Je restai là sans piper mot pendant plusieurs secondes, les yeux fixés sur ses cheveux bruns. Puis je songeai à Stéphanie et à ses reins malades.

— D'accord mais nous sommes huit, monsieur Charpentier.

Je fouillai dans mon sac pour y chercher un stylo et une feuille de papier.

— Je vais vous donner les noms.

Il releva la tête avec un petit sourire, visiblement soulagé que j'accepte sa proposition.

— Huit ? j'ignorais que vous étiez si nombreux mais ça ne change rien.

Je commençai à griffonner les noms en les prononçant à haute voix : Régine, Fischel, Zipporah, Stéphanie, Hélène, Rosy, Jacquie et moi, puis je fournis tous les renseignements nécessaires que je connaissais par cœur (dates et lieux de naissance, etc.).

Je marquai une pause et me demandai un instant si je devais ajouter Pavel à la liste mais les avertissements du rabbin Bloch me résonnaient encore aux oreilles et je renonçai.

Je lui tendis la feuille et ajoutai :

— Nous serons très heureux de vous dédommager pour les risques que vous prenez. Vous nous sauvez la vie et nous vous sommes terriblement reconnaissants.

M. Charpentier me fixait à travers ses lunettes, la bouche entrouverte. Je m'arrêtai de parler et le fixai à mon tour. Baissant la tête, il prit un mouchoir dans sa poche et s'essuya les yeux.

— Je... Je suis désolée, murmurai-je en lui serrant le bras. J'ai dit quelque chose qui vous a offensé ? Je n'en avais nullement l'intention. Je vous en prie, monsieur, ne pleurez pas.

Il lui fallut un certain temps avant de retrouver son calme.

— Mademoiselle Hoffnung, me dit-il enfin d'une voix cassée par l'émotion, je ne veux pas de votre argent. Ce n'est pas pour cette raison que je vous ai offert mes services.

Je chancelai, reculai d'un pas et pressai mes mains contre ma poitrine.

— Mais...

Je fus incapable de poursuivre.

— J'agis à mon niveau et dans la mesure de mes moyens, poursuivit-il. On ne peut pas rester les bras croisés. Si j'ai l'opportunité d'aider une famille à échapper aux Allemands, je dois la saisir. Si je restais indifférent, je ne pourrais plus me regarder dans une glace.

Ce fut à mon tour de baisser la tête, les larmes aux yeux.

— Je me suis conduite comme une idiote, lui dis-je d'une voix à peine audible. Je vous en prie, excusez ma maladresse et merci pour tout.

Mes paroles ne parvenaient que faiblement à exprimer ce que je ressentais.

En traversant la ligne de démarcation

La veille du jour où on devait plier bagages, bien après le couvre-feu et la visite nocturne de la Gestapo, on frappa à la porte. Tout le monde sursauta. Après un appel au calme, j'allai entrouvrir la porte. Sur le seuil se tenait Odile de Morin, une de mes camarades de l'Ecole d'infirmières.

— Marthe, il faut tout de suite que vous veniez avec moi, me dit-elle en jetant des regards affolés autour d'elle. Nous étions dans le jardin près de la vigne quand nous avons entendu qu'il allait y avoir une rafle ce soir même. Je vous emmène dormir à la maison. Dépêchez-vous.

— Odile! Vous n'y pensez pas! Vous risquez votre vie rien que pour nous avoir prévenus. On ne peut pas accepter.

Odile cacha son visage dans ses mains et éclata en sanglots.

— Je vous en supplie, Marthe, cette situation est intolérable, il faut que vous veniez, je refuse de partir, si vous restez ici on va vous arrêter.

Tout comme M. Charpentier, elle refusait de nous laisser tomber. J'étais submergée par la confusion et la reconnaissance. Avec l'aide d'Odile, je finis par convaincre les membres de ma famille de rassembler leurs affaires et de se tenir prêts. Une semaine auparavant, la maison avait été vidée de toutes nos possessions. Des amis, des voisins, des camarades, Jacques et Dédé étaient venus à bicyclette pour repartir avec de petits paquets dont il était entendu qu'ils nous les restitueraient après la guerre. Nous sommes partis avec nos vêtements sur le dos, les fausses cartes d'identité et de l'argent. Nous nous apprêtions à quitter Poitiers pour toujours.

— Au revoir, Pavel, dis-je au jeune Polonais qui se tenait dans le corridor de la maison où nos paroles résonnaient plus qu'à l'accoutumée.

C'était un adolescent et il me dépassait d'une tête et essayait de se montrer courageux, mais ses lèvres tremblaient et ses yeux bleus étaient remplis de larmes.

Je le serrai contre moi.

— Je regrette de ne pas t'emmener avec nous, lui dis-je pour la énième fois tout en caressant ses cheveux d'un blond platine. Mais le rabbin Bloch a raison. Bientôt, toi, tes amis et tes parents serez réunis et un jour on se retrouvera tous ensemble, tu verras.

Le rabbin devait venir chercher Pavel le soir même, après notre départ. Il avait déjà trouvé une famille qui acceptait de s'en charger. Ainsi, il pourrait continuer ses études. Tout le monde l'embrassa mais Jacquie s'attarda plus longtemps que les autres.

— Au revoir, lui dit-il.

Puis, imitant en cela le comportement de mon père, il lui tendit la main, ce qui était un geste très solennel pour un enfant de cet âge.

— Bonne chance, ajouta Jacquie en secouant énergiquement la main de son ami.

Je me détournai pour dissimuler mes larmes.

Quand on sortit, il faisait nuit et on pressa le pas. La belle maison d'Odile n'était qu'à quelques centaines de mètres. A chaque voiture, on se plaquait contre les murs. On parcourut ainsi les rues désertes de Poitiers. Dans la doublure de mes vêtements étaient cousus quelques milliers de francs, une partie de l'argent dont nous disposions.

Cette nuit-là chez Odile, je ne parvenais pas à trouver le sommeil. Etendue sur mon lit, je sursautais à chaque bruit. Etait-ce mon imagination ou entendais-je des bruits de klaxons et des sifflets à quelques rues d'ici ? J'espérais de toute mon âme que Pavel était en sécurité auprès du rabbin. Je finis par m'assoupir et rêvai que nous étions tous jetés dans le même camp que Stéphanie. Hipp nous regardait de l'autre côté des barbelés et riait de notre stupidité et de notre déconvenue. Il faut avouer que nous n'étions pas très vaillants. Avec son genou abîmé, Hélène ne pouvait pas faire de vélo ou marcher sur de longues distances. Jacquie avait connu de nombreux bouleversements et cette fuite le rendait très nerveux. Ma mère était folle d'inquiétude pour nous tous et mon père, l'ombre de lui-même depuis l'arrestation de Stéphanie deux mois auparavant. Quant à ma grand-mère, à quatre-vingts ans elle venait de subir une opération pour une occlusion intestinale et elle pouvait à peine marcher. La veille, quand je lui avais annoncé que nous allions gagner la zone Sud, elle s'était écriée :

— Marthe, je ne peux pas partir avec vous. Je suis bien trop vieille, je serais un fardeau.

— Grand-mère, si tu refuses de venir, on reste ici.

Je songeai aux jours heureux passés avec Cécile chez mes grands-parents, dans le grand appartement rempli de livres. Si j'abandonnais ma grand-mère, plus jamais je ne pourrais trouver le repos.

Le lendemain matin, aux premières lueurs de l'aube, ce fut le grand départ avec mon père, Hélène, Rosy et Jacquie. Ma mère et ma grand-mère devaient nous rejoindre plus tard. Nous avions décidé de nous séparer pour réduire les risques. Nous étions habillés comme des paysans français. Mon père et Jacquie portaient leurs pantalons et leurs vestes les plus usagés, et les filles étaient accoutrées d'un foulard sur la tête, de jupes longues et de talons plats.

Notre point de ralliement était le village de Saint-Secondin, environ à trente kilomètres au sud-est de Poitiers, juste sur la ligne de démarcation. Hélène et mon père devaient faire une partie du trajet en bus et le reste à pied. Rosy et moi partions à vélo. On se partagerait la tâche de porter Jacquie sur le guidon. Ma mère et ma grand-mère nous rejoindraient plus tard, à bord du dernier bus partant de Poitiers. Mon père passerait le premier la ligne de démarcation avec Hélène, Rosy et Jacquie. Moi j'attendrais ma mère et ma grand-mère et nous passerions en dernier. Ce serait la partie la plus dangereuse et la plus difficile de notre expédition.

En chemin, Rosy, Jacquie et moi avons doublé mon père et Hélène qui boitait et progressait lentement. Par cette belle journée d'août, la campagne était magnifique.

— On se retrouve à l'église, lançai-je à mon père d'un ton léger avant d'appuyer à nouveau sur les pédales de mon vélo, l'œil aux aguets, craignant l'apparition d'une patrouille allemande ou d'un de ces salopards qui dénonçaient les gens comme nous à la Gestapo pour de l'argent.

Quelques minutes plus tard, on arrivait à Saint-Secondin et après avoir caché nos vélos, on se rendit à l'église. Papa et Hélène nous rejoignirent peu de temps après. Je les laissai dans le vestibule pour aller chercher Christian de Chaunac, un prêtre appartenant à la noblesse de la région. C'était un grand brun, beau, jeune, de belle prestance. Je l'abordai par ces simples mots :

— Mon père, j'ai besoin de votre aide.

Sa cousine Elisabeth Sechet, une de mes camarades de l'Ecole d'infirmières, m'avait dit d'aller le voir de sa part.

Le prêtre me toisa de toute sa hauteur.

— Elisabeth m'a déjà contacté. Je vous attendais. Je vous aiderai parce que j'estime que c'est mon devoir mais mettons bien les choses au point : les juifs ne m'ont jamais inspiré aucune confiance.

— Comment pouvez-vous dire une chose pareille ?

J'étais abasourdie.

— Si on se faisait prendre par les Allemands, on préférerait se faire tuer plutôt que de vous trahir.

— Vous ne connaissez pas l'histoire de Judas ? ricana le prêtre. Je me méfie des juifs, ce sont des mouchards-nés. Si l'un de vous est arrêté, il s'empressera de me dénoncer.

La rage me submergea. Je revis les livres de catéchisme au lycée de Metz, qui faisaient porter aux juifs la responsabilité de la crucifixion de Jésus en prenant le prétexte de la conduite de Judas Iscariote. Cet homme avait beau être notre seul espoir maintenant que nous avions jeté nos étoiles jaunes et fui Poitiers, devant tant d'injustice ressassée au cours des siècles, ma colère éclata.

— Judas ! Tout cela s'est passé il y a des milliers d'années, m'écriai-je en m'empourprant. Qu'avons-nous de commun avec lui ? Et puis, comment pouvez-vous concilier votre terrible mépris des juifs et votre foi, basée sur les enseignements de Jésus que vous considérez comme le fils de Dieu ? Ignorez-vous que Jésus était juif ?

Le prêtre haussa les épaules, comme si mes sottises ne méritaient même pas qu'on s'y arrêtât.

— Je vous ai dit que je vous aiderais, dit-il froidement. J'obéis à ma foi chrétienne.

Je me tus. Il était notre seul recours. Je ne connaissait pas Saint-Secondin. J'ignorais par où passaient les patrouilles allemandes et si je m'adressais à quelqu'un au hasard, je courais le risque qu'il nous dénonce.

Le prêtre m'annonça dans un silence glacial qu'il allait voir s'il y avait des patrouilles dans le voisinage. Il revint dix minutes plus tard, les chaussures poussiéreuses et le visage en sueur.

— Il n'y a personne, dit-il à mon père. Filez vite.

Je serrai papa, Hélène, Rosy et Jacquie dans mes bras et les poussai dehors. Ils franchirent le seuil de la grande porte cintrée de l'église.

— On se retrouve de l'autre côté, leur murmurai-je.

Habillés de vêtements étranges dans ce village inconnu, ils avaient l'air perdus. Quand elle se retourna vers moi pour me jeter un dernier regard apeuré, Rosy, jeune fille mince et élancée au visage de lutin, sembla soudain beaucoup plus jeune que ses dix-sept ans.

Je m'assis sur un banc et fixai un vitrail qui brillait au soleil d'août. Des reflets multicolores jouaient sur le sol. Il était environ dix heures du matin et la journée serait longue. Tremblant de froid dans mes vêtements d'été, je priai Dieu avec une naïveté enfantine.

— Seigneur, je sais que je n'ai pas toujours été sage et que j'ai commis des fautes mais je vous en supplie, aidez-nous.

Je songeai à mon dernier rendez-vous avec Jacques. On s'était embrassés et on avait échangé des serments.

— Je t'aime, m'avait-il dit, le visage enfoui dans mes cheveux, et je sais que je n'ai pas le droit de te retenir. Mais je t'en prie, ma chérie, fais bien attention à toi. Je ne veux pas te perdre. Je ne peux pas vivre sans toi. N'oublie pas que nous devons passer le reste de notre vie ensemble.

— Oui, Jacques, avais-je répondu en refoulant mes larmes.

Je revécus aussi ma dernière visite à Stéphanie, quelques jours plus tôt.

— Merci, Marthe, m'avait-elle dit en souriant quand je lui avais exposé mon plan, mais je t'ai déjà dit que je ne pouvais pas abandonner ces gens. Ils ont besoin de moi.

— Mais si, tu le peux, avais-je protesté, saisie d'effroi. Tout est arrangé, nous nous enfuirons tous ensemble. Cette fois-ci tu ne peux pas refuser.

— Je n'abandonnerai pas mes amis, avait-elle répliqué, brusquement distante.

— Stéphanie!

Je lui serrai le bras.

— Nous aussi nous avons besoin de toi. Depuis que tu es internée ici, maman n'est plus la même. Si tu nous abandonnes, ça lui brisera le cœur. Je t'en prie, Steph.

J'avais touché un point sensible et elle s'inclina légèrement sur le côté, à cause de son rein qui la faisait souffrir. Elle savait que j'avais raison.

— Et puis tu oublies Dédé. Lui aussi est aux cent coups. Il t'attend. Steph, saisis ta chance pendant qu'il en est encore temps!

J'entendis alors le lugubre coup de sifflet qui allait m'arracher à elle. Je lui souhaitai bonne chance, l'embrassai et sentis ses os à travers ses vêtements.

Ma dernière vision de Stéphanie : elle se tenait à quelques mètres de moi, penchée sur le panier de vêtements, de nourriture et de livres que je venais de lui apporter.

— On se retrouve dans quelques jours, lui avais-je chuchoté à l'oreille avant de la quitter.

Je sentais encore son souffle tiède dans mon cou.

C'est à cet instant de mes souvenirs que je fus interrompue par la lourde porte de l'église qui s'ouvrit sur une femme coiffée d'un fichu, une ancienne cliente d'Elby que je reconnus aussitôt et qui vivait à Saint-Secondin. Elle se précipita vers moi.

— Mademoiselle Hoffnung, s'écria-t-elle en me prenant les mains. Le père de Chaunac m'a dit que vous étiez ici. Je crains de vous apporter de bien terribles nouvelles. Nous venons d'apprendre que les Allemands avaient arrêté une famille avec des enfants qui essayait de passer la ligne de démarcation.

Les mots ne peuvent pas décrire ce que je ressentis en cet instant. Je crus mourir. J'avais involontairement envoyé ma famille à la mort. Je les avais embrassés avant d'agiter la main et maintenant, j'étais assise dans le sanctuaire d'une église tandis qu'ils affrontaient les baïonnettes et les interrogatoires de la Gestapo. Mon père, Hélène, la petite Rosy, Jacquie... je ne les reverrais jamais.

Personne ne pouvait me réconforter. Personne n'osait même me parler. Les yeux fermés, je priais. De toute ma vie, je n'ai jamais prié avec autant de ferveur que dans cette église. Pendant des heures j'ai passé des accords avec le ciel, offrant ma vie en échange de celle de ma famille.

Dieu aide-moi, prends-moi, fais de moi ce que tu veux mais viens à mon secours.

J'avais enfoui mon visage dans mes mains et mes larmes coulaient entre mes doigts.

Seigneur, fais que ce ne soit pas eux.

La femme était complètement désemparée. Elle réaffirma qu'elle n'avait pas vu la famille en question, qu'il n'était pas du tout certain que ce soit la mienne mais je ne parvenais pas à me raisonner. Quelle autre famille pouvait bien traverser la ligne à cet instant précis ? Et comment réagiraient ma mère et ma grand-mère, qui étaient en chemin et devaient me rejoindre à la nuit tombée ? Et Stéphanie qui n'avait accepté de s'enfuir que si nous étions tous hors de danger ? Elles refuseraient de passer en zone libre si papa et les enfants se retrouvaient aux mains des Allemands. Elles préféreraient être emprisonnées avec eux plutôt que de vivre libre sans eux.

Je crus que mon cœur allait s'arrêter de battre. En voyant mon état, le prêtre s'adoucit. Il promit d'aller voir les Allemands pour se renseigner sur l'identité des personnes arrêtées.

— Reprenez-vous, je m'y rends tout de suite.

Il revint une heure et demie plus tard. Les prisonniers étaient détenus dans une grange et personne n'était autorisé à leur parler tant qu'ils n'avaient pas été interrogés par la Gestapo. Les soldats en faction avaient refusé de laisser le prêtre s'en approcher.

— Ayez confiance, vous êtes entre les mains de Dieu, me dit-il.

Puis, comme je tremblais de tous mes membres et que j'étais incapable de me contrôler, il insista pour m'emmener au presbytère. Je fus confiée aux soins de sa vieille gouvernante à qui il demanda de me préparer quelque chose à manger mais je ne pus rien avaler.

— Excusez-moi mais je jeûne.

Je n'avais pas avalé une goutte d'eau ni mangé quoi que ce soit depuis la veille au soir. Quand les juifs traversent une épreuve, cela fait partie de leurs coutumes.

A bout de nerfs, je lui demandai de me donner du travail, n'importe quoi pour m'occuper. Et je me retrouvai en train de broder les vêtements sacerdotaux du prêtre. Je passai le reste de la journée à coudre, à attendre et réfléchir. Le tic-tac de l'horloge marquait chaque seconde.

Le prêtre venait régulièrement me retrouver. A chaque fois je sursautais et me piquais avec l'aiguille, mais il n'avait aucune nouvelle à me communiquer. A un moment donné, je lui demandai en suçant mon doigt :

— A votre avis, que faut-il que je fasse ?

— Sauver les membres de votre famille qui vous restent, me répondit-il. Vous devez saisir votre chance.

A six heures, j'avais pris ma décision. Je me rafraîchis un peu avant d'aller à la rencontre de maman et grand-mère qui arriveraient par le bus de six heures trente comme prévu.

— Nous ne leur dirons rien, annonçai-je au prêtre.

— Je comprends, mademoiselle.

Quand il me serra affectueusement le bras, un geste amical succédant à ses propos insultants lors de mon arrivée, je faillis m'effondrer.

A six heures quinze, je retournai à l'église. J'avançais comme un automate. Depuis la porte, je vis arriver le bus et soutenue par ma mère, ma frêle grand-mère en descendit, terriblement petite et vulnérable. J'avalai ma salive, allai les accueillir avec un sourire forcé et les pressai de rentrer dans l'église où le prêtre attendait.

Chaunac disparut une fois de plus pour vérifier que la voie était libre. Assise près des deux femmes, je fermai les yeux et priai une dernière fois.

— Seigneur, murmurai-je, donnez-moi du courage.

La porte s'ouvrit avec un grincement et le prêtre réapparut.

— Je n'ai vu aucune patrouille, dit-il d'une voix ferme en me fixant avec intensité. Allez-y et que Dieu vous garde.

Nous devions passer par une petite rue qui traversait un village et parcourir trois cent mètres au-delà du poteau de signalisation qui indiquait son nom. J'allai tirer ma bicyclette de sa cachette et installai tant bien que mal ma grand-mère sur le porte-bagages avant de me mettre lentement en route. Ma mère marchait à côté de nous en tenant ma grand-mère par la taille. Nous n'avions rien d'autre que les vêtements que nous portions sur nous.

Le jour tombait. Passer à travers champs aurait été moins dangereux mais c'était impossible, à cause de la bicyclette et de ma grand-mère. Exposées aux regards, nous devions remonter une rue du village. Nous progressions lentement et n'importe quel imbécile aurait compris que nous tentions de passer la ligne de démarcation. C'était extrêmement risqué mais nous n'avions pas le choix. La rue ne faisait pas beaucoup plus de cinq cents mètres et il ne me restait plus qu'à espérer qu'on ne serait pas repérées par une personne malveillante qui préviendrait les autorités avant que nous ayons rejoint la zone libre.

A un moment donné, la rue tournait à gauche. La ligne de démarcation était juste devant nous. Mon cœur battait à tout rompre. La pensée de mon père, mes sœurs et Jacquie endurant des tourments que je n'osais imaginer dans une grange des environs me rendait physiquement malade. Mes genoux et mes mains tremblaient, j'évaluais dans ma tête les terribles conséquences de ce que j'avais fait. J'étais terrorisée et trempée de sueur.

Alors que nous traversions le premier espace ouvert à une lenteur désespérante, je vis d'humbles maisons, çà et là au bord de la route, appartenant à des paysans qui menaient une existence morne et difficile. La plupart des jeunes gens de leurs familles étaient prisonniers en Allemagne ou avaient fui vers le sud. Privés de leurs fils, ils continuaient de cultiver leurs champs du mieux qu'ils pouvaient, et la plus grande partie de leurs récoltes était confisquée par l'occupant. Si on avait refusé le droit d'exister aux juifs, eux survivaient de ce qu'ils pouvaient soustraire à la cupidité des Allemands.

Ces derniers, profitant de leur misère, leur offraient de grosses sommes d'argent s'ils dénonçaient les fuyards. La plupart d'entre eux, comme M. Degout, les méprisaient. Mais les affiches placardées dans tout Poitiers offraient des milliers de francs à ceux qui seraient tentés par la délation. Pour le fermier moyen, les récompenses de la Gestapo représentaient pas loin d'une année de revenus. Et elles ne coûtaient pas cher aux Allemands qui pillaient allègrement la France.

Alors que nous approchions des maisons, un volet claqua dans la douce brise d'été et un chien aboya tout près. Nous avions l'impression que des yeux nous épiaient depuis chaque fenêtre, une ombre qui bougeait nous faisait sursauter et la roue avant de la bicyclette grinçait de façon sinistre.

Devant chaque maison, des fermiers étaient assis par petits groupes sur des chaises en paille. Ils fumaient la pipe en discutant tranquillement, et leurs visages étaient aussi fripés que leurs vêtements. Leurs femmes se tenaient dans le jardin, un peu plus loin. Elles écossaient des petits pois, se détendaient ou bavardaient avec des jeunes femmes du village. Derrière leurs maisons, des vaches et des chevaux paissaient dans les prés, agitant la queue de temps à autre pour chasser les mouches. En d'autres circonstances, j'aurais trouvé ces scènes champêtres pleines de charme et de sérénité. Tout en avançant, je me répétais sans cesse :

Dieu nous garde, Seigneur, protège-nous, Dieu nous garde, Dieu nous garde...

Je gardais la tête droite pour éviter de croiser le regard de ces gens tandis que nous approchions de leurs habitations. J'imaginais leurs réactions devant ces trois femmes qui s'avançaient vers eux, trois inconnues dont une vieille dame de constitution très fragile traversant seules cet endroit isolé à la tombée de la nuit. Des réfugiées jetées sur les routes...

Je pris une profonde inspiration et me tournai à nouveau vers les fermiers. Après tout, le contact visuel était peut-être préférable. Les supplications silencieuses qui se lisaient sur mon visage me gagneraient peut-être leur pitié. J'ai déjà traversé bien des malheurs, disait mon regard, je vous en supplie, aidez-moi à sauver ces deux femmes qui n'ont jamais fait de mal à personne.

A mesure que nous approchions, les hommes et les femmes se redressaient et le silence se fit. On n'entendait plus que le grincement de la bicyclette. Nous nous observâmes.

Un vieil homme portant une chemise sombre et un pantalon rayé se leva de sa vieille chaise branlante tandis que nous passions devant lui. Il nous fixa avec intensité et je le fixai en retour, les mains moites sur le guidon du vélo. Sans un mot, il mit un genou en terre, baissa la tête et une main sur la poitrine, il se mit à prier. Près de lui, sa femme s'agenouilla dans la poussière et fit le signe de croix. A la ferme suivante, deux hommes les imitèrent et le murmure de leurs prières nous parvenait, porté par la douce brise d'été.

Une toute jeune fille s'arrêta de caresser l'encolure de son cheval et joignit les mains. Et tout du long de notre parcours il en fut ainsi. Des hommes et des femmes, vivant dans la misère, méprisant les offres de la Gestapo, priaient avec ferveur pour que Dieu nous guide à bon port.

Je n'en croyais pas mes yeux. La beauté de cette scène, l'humanité qui s'en dégageait étaient incroyables. Je me mis à pleurer et devant chacun d'eux, je hochai la tête en silence. Comment avais-je pu une seule minute douter de ces gens simples et bons qui détestaient les Allemands tout autant que nous ? Puis on se retrouva dans la campagne et j'accélérai la marche vers la liberté et la sécurité, du moins j'essayais de m'en convaincre.

On traversa la ligne sans incident et avec le crépuscule on se dirigea vers notre point de rendez-vous : Usson-du-Poitou. Ma mère n'arrêtait pas de me demander quand exactement nous devions retrouver les autres et à quelle heure Stéphanie nous rejoindrait.

— Je ne connaîtrai pas la paix avant que nous soyons tous réunis, me dit-elle. C'est encore loin ?

Quand j'aperçus quatre personnes qui se tenaient près de la margelle du puits de la place du village, je crus que j'avais une hallucination. Je m'essuyai le front du revers de la main, clignai des yeux, m'arrêtai et, dans un brouillard, j'entendis ma mère appeler les enfants par leur nom.

— Hélène, Rosy, Jacquie !

Ils s'étreignirent au centre de cette place faiblement éclairée. J'allais de l'un à l'autre, murmurant des mots sans suite, les touchant pour m'assurer de leur présence, baisant indéfiniment leurs visages avec incrédulité.

La famille arrêtée ce matin n'était pas la nôtre. Après cette belle prise, les Allemands avaient sans doute atteint leur quota de fugitifs pour la journée. Et puis les papiers à remplir avaient dû les tenir occupés. Je n'ai jamais su leurs noms ni ce qu'ils étaient devenus, mais je les considère comme les agneaux sacrifiés à la sauvegarde de ma famille. Puissent-ils reposer en paix.

Ce soir-là, j'eus une forte fièvre, tout mon corps me faisait mal. On trouva à se loger dans un petit hôtel du village et j'allai aussitôt me coucher mais je ne parvins pas à trouver le sommeil. Le lendemain, on attendit toute la journée. Mon père et Rosy arpentaient sans relâche le village en quête de Stéphanie. Notre bus pour la gare de Lussac-les-Châteaux partait ce soir même à sept heures et à six heures Stéphanie n'était toujours pas là.

— Il faut partir, me dit brusquement mon père. Ici, nous ne sommes pas en sécurité, la ligne de démarcation est à deux pas, nous devons prendre ce train.

Du fond de mon lit, je tentai de m'opposer à ce départ.

— Mais elle peut arriver à tout instant. Je lui ai dit qu'on se retrouverait ici.

Ma mère s'assit près de moi, le visage défait.

— Marthe, me dit-elle en me prenant la main, tu as accompli des prodiges. Tu nous as convaincus que nous pouvions nous enfuir et grâce à toi, nous y sommes parvenus. Stéphanie nous rejoindra plus tard. Elle sait que nous allons chez Fred. Elle se cache probablement quelque part avec Dédé en attendant que les choses se calment. Ne t'inquiète pas, elle nous retrouvera. Et maintenant, lève-toi.

Je montai à regret dans le bus, puis dans le train, avec l'espoir que Stéphanie nous rejoindrait dans un jour ou deux. Avant de partir, j'envoyai un télégramme à Fred et Arnold : Sommes passés, sauf Stéphanie. Nous arrivons.

On passa par Montluçon, une ville minière où la sœur aînée de mon père, Hélène Bleitrach, nous accueillit à bras ouverts. Pour la première fois depuis quatre ans, Jacquie retrouva son petit frère Josie, qui vivait avec Hélène depuis 1938. Pour Jacquie, ce fut une expérience douloureuse. Sa colère contre ses parents connut une brusque recrudescence. Toute la famille, et maman la première, s'était efforcée de l'empêcher de juger trop durement ses parents mais en vain.

— Tata, tata, s'écria-t-il pour la énième fois en s'accrochant aux jupes de ma mère, toi tu n'aurais jamais abandonné tes enfants. Je sais que c'est vrai.

Elle s'accroupit et lui prit les mains.

— Jacquie, pourquoi ne veux-tu pas comprendre que tes parents ne pouvaient pas vous emmener avec eux ? Ils ont traversé des événements terribles. Ta mère était enceinte, elle ne pouvait pas voyager. Elle vous a confiés à nous parce qu'elle pensait que c'était la meilleure solution.

— S'il te plaît, est-ce qu'on peut emmener Josie quand on va s'en aller ? demanda Jacquie. Il faut pas le laisser comme Pavel !

Ma mère essaya de lui expliquer que Josie était heureux avec tante Hélène, qu'il s'était habitué à son nouveau foyer et que cela le perturberait d'en changer une nouvelle fois.

Il n'en demeura pas moins que laisser Josie à Montluçon fut pour elle une terrible épreuve.

Trois jours plus tard, à Arles, nos frères et notre belle-sœur nous attendaient sur le quai de la gare. Fred me souleva dans ses bras. Un grand sourire illuminait son visage.

— Marthe ! s'écria-t-il, quand j'ai reçu ton télégramme, je n'en croyais pas mes yeux. J'ai dit à Rosette et Arnold : une seule personne pouvait accomplir un tel exploit et c'est Marthe ! Mes félicitations.

Quand il me reposa sur le sol, j'étais rouge de confusion. Fred était fier de moi et cela me touchait infiniment.

On s'installa dans la petite maison que partageaient Arnold, Fred, Rosette et leur petit Maurice. On s'arrangea du mieux qu'on put mais ce n'était pas facile. Fred avait choisi Arles, située au nord de la Camargue, parce qu'une sœur de Rosette y vivait. Sa mère était toujours à l'hospice de Poitiers, et son père refusait de quitter sa femme.

Deux longues semaines s'écoulèrent avant que nous ayons des nouvelles de Stéphanie. Puis je reçus la première d'une longue série de lettres de Jacques. Il l'avait envoyée de l'université de médecine et adressée à Jacqueline Lenôtre, le pseudonyme sur lequel nous nous étions mis d'accord avant mon départ. Jacqueline parce que c'était le féminin de Jacques, et Lenôtre le nom de l'architecte et paysagiste français qui avait conçu les jardins de Versailles et que j'admirais beaucoup. La lettre disait :

Chère mademoiselle Lenôtre,

Merci pour l'intérêt que vous portez à la patiente qui souffre des reins. Je suis désolé de vous informer qu'elle n'a pas pu être transférée à l'hôpital. Des problèmes de dernière minute font qu'elle a été emmenée à Paris pour y recevoir un traitement. Je vous enverrai de plus amples informations dès que possible.

Meilleures salutations.

Dr Jacques Delaunay

Grâce aux lettres de Jacques qui suivirent, on apprit que le matin de notre évasion, sans doute parce qu'il avait découvert la maison vide au cours de la rafle de la veille, Hipp s'était rendu au camp. En voyant Stéphanie qui attendait d'être transférée à l'hôpital avec d'autres détenus, il avait déclaré :

— Les visites à l'hôpital sont annulées.

Quand il avait compris que nous avions tous pris la fuite, Hipp l'avait fait interner à Drancy, le tristement célèbre camp des environs de Paris, réservé aux juifs et aux prisonniers politiques, et dont oncle Max nous avait fait une description terrifiante.

La nouvelle nous frappa de plein fouet. Ma mère, partagée entre le bonheur d'avoir retrouvé ses fils et son chagrin pour Steph, dépérit à vue d'œil.

— Comment pourrais-je manger et dormir alors que ma petite fille est enfermée dans cet horrible endroit ? gémissait-elle. Je ne connaîtrai plus jamais le repos tant qu'elle sera loin de nous.

Le poids de la culpabilité ne me laissait pas de repos. C'est moi qui avais tout organisé. Je m'étais crue très intelligente mais j'avais trahi Stéphanie. Je l'avais précipitée en enfer. Je serrai dans ma main les faux papiers que M. Charpentier m'avait si généreusement procurés pour elle et me demandai comment survivre si elle ne réintégrait pas notre famille.

Promesses non tenues

Le 11 novembre 1942, en réponse au débarquement de l'armée américaine en Afrique du Nord, les Allemands et les Italiens occupèrent la France de Vichy. Trois mois après notre évasion, nous étions à nouveau derrière les lignes ennemies. Les faux papiers de M. Charpentier se révélèrent extrêmement précieux. Nous n'étions pas répertoriés comme juifs, ce qui nous permettait de mener des vies moins exposées qu'à Poitiers. Mais il ne fallait surtout pas relâcher notre attention. L'ennemi était partout, essentiellement représenté par des Italiens contrôlés par les Allemands. On se méfiait des Italiens et on n'oubliait pas qu'ils s'étaient alliés à Hitler, mais ils étaient moins brutaux et effrayants que les Allemands.

Aucun d'entre nous ne pouvait travailler car quand on vous engageait pour un emploi, vous deviez prouver que vous n'étiez pas juif et on aurait eu du mal. Nos papiers ne servaient qu'à des contrôles d'identité surprise dans la rue. Heureusement, dans le sud de la France, les juifs n'avaient jamais été obligés de porter l'étoile jaune. Je ne sais pas comment j'aurais réagi si on m'avait interrogée sur ma religion. Enfant, j'avais lu des histoires de gens martyrisés pour avoir refusé de renier leur foi et cela m'avait toujours impressionnée. Si on m'avait posé la question de but en blanc, je n'aurais jamais pu prétendre que j'étais catholique. Cela m'aurait été impossible.

Notre seul espoir était la fin de la guerre. Nous écoutions la BBC tous les soirs. On s'enthousiasmait pour les victoires alliées à El-Alamein et à Stalingrad. On espérait que le vent allait tourner. Des marins français, et ils périrent nombreux, sabordèrent la flotte française à Toulon plutôt que de la voir livrée aux Allemands. De Gaulle s'adressa à nous par la voie des ondes :

« (...) La France a entendu le canon de Toulon, l'éclatement des explosions, les coups de fusil désespérés, l'ultime résistance. Un frisson de douleur, de pitié, de fureur l'a traversée. Ce malheur, qui s'ajoute à tous ses malheurs, achève de la dresser et de la rassembler — oui, de la rassembler dans la volonté unanime d'effacer par la victoire toutes les atroces conséquences du désastre et de l'abandon. Vaincre ! Il n'y a pas d'autre voie. Il n'y en a jamais eu d'autre. »

On pleura des larmes de fierté.

Notre priorité demeurait Stéphanie. Nous vivions dans un état de détresse permanent. Maman était pâle et fatiguée. Elle dormait très mal. Papa avait les yeux cernés. Cela faisait plus de huit semaines qu'on n'avait pas vu Stéphanie. Elle envoya deux brefs messages depuis Drancy. L'un était adressé à Cécile, à Paris, et l'autre à son fiancé Dédé, à Poitiers. Elle ne pouvait pas nous écrire à Arles, c'était trop risqué pour nous. Cécile expliquait que le camp était composé de bâtiments de cinq étages. Comme il leur était interdit d'envoyer du courrier, les prisonniers jetaient des lettres par les barreaux sur la route en contrebas, dans l'espoir qu'un passant les timbre et les envoie à leur destinataire. C'était un arrangement hasardeux et qui comportait des dangers, mais de nombreuses lettres finissaient ainsi par parvenir à leur destinataire. Steph avait dû procéder ainsi.

Dans ses lettres, elle parlait de son désir de liberté.

La vie ici est abominable. Je voudrais tant vous rejoindre, je vous en prie, faites tout votre possible pour me sortir de là. Dites à maman que je vais bien et que je pense souvent à elle.

Quand nous étions enfants, nous avions mis au point un langage codé pour nous écrire nos petits secrets, avec des points sur les lettres qui composaient un second message. Ce n'était pas très sophistiqué et les Allemands l'auraient facilement décrypté s'ils s'en étaient donné la peine, mais cela permettait à Stéphanie de se sentir plus libre. Elle nous informa que si elle était envoyée dans un camp de travail, comme on le lui avait annoncé, elle ferait tout pour saboter l'effort de guerre des Allemands.

Je ne peux pas rester les bras croisés devant les traitements inhumains auxquels nous sommes soumis, écrivait-elle en code.

On ne cessait de se creuser la tête pour trouver un moyen de l'aider. Les visites n'étaient pas autorisées et on ne connaissait personne pouvant la sortir de Drancy. Bloqué à Poitiers, Dédé ne nous était d'aucun secours et nous, dans le Sud, étions également impuissants. A travers son réseau d'amis de la Résistance, Fred chercha dans toute la France quelqu'un qui puisse la faire libérer, mais personne n'était en mesure de lui porter secours.

Au cours de l'été 1942, on connut un nouveau drame. Oncle Max, le frère de maman, celui qu'elle avait fait évader de l'Hôtel-Dieu, fut à nouveau arrêté dans sa nouvelle maison de Marseille au cours d'une rafle de quatre cents juifs. On l'envoya au camp des Milles près d'Aix-en-Provence, pour juifs étrangers et prisonniers politiques. Son épouse, Fannie, toujours aussi perturbée, tomba malade d'inquiétude et écrivit à ma mère pour lui demander de l'aide.

Il m'incombait, en tant que fille aînée, d'aller à Marseille pour prendre soin de Fannie.

— Elle ne veut pas rester seule et aimerait que quelqu'un l'aide à s'occuper de la petite Ruth, me dit ma mère avec un regard d'une infinie tristesse. Je sais qu'ici, tu tournes en rond, Marthe. Si tu vas à Marseille, tu pourras assister cette pauvre Fannie et te renseigner pour poursuivre tes études d'infirmière.

Sur ce dernier point, j'avais déjà essuyé un échec. Avec de l'argent donné par Fred, je m'étais rendue à Montpellier, non loin d'Arles, et j'avais tenté de m'inscrire dans une école de la Croix-Rouge. Je fus reçue par Mlle Le Bon, la directrice, dont le bureau portait un grand écriteau : Prière de refermer la porte derrière vous.

Elle examina attentivement mes papiers et me demanda pourquoi j'avais quitté Poitiers en pleine année scolaire. Me voyant hésiter, elle fronça les sourcils.

— Vous êtes juive ?

— Oui, répondis-je sans l'ombre d'une hésitation.

— Je suis désolée mais je ne prends pas de juifs, répliqua-t-elle en me rendant mes papiers.

Je m'empourprai et bondis sur mes pieds, fatiguée de la bigoterie, du racisme et de la bêtise.

— Vous êtes allemande ou française ?

Mlle Le Bon rougit.

— Tout ce qu'il y a de plus française mais je ne suis pas autorisée à accepter les juifs.

— Dans cette partie de la France, cela n'est stipulé par aucune ordonnance.

— Je me fiche des ordonnances. Je ne veux simplement pas de juifs dans mon école.

Je fis un pas dans sa direction et lui agitai sous le nez un index menaçant.

— Quand de Gaulle aura gagné la guerre, je reviendrai, et je vous demanderai de répéter ce que vous venez de me dire.

Sur cette dernière réplique, je quittai son bureau en laissant la porte grande ouverte.

Après une expérience aussi démoralisante, tenter ma chance dans une autre école tout en vivant avec Fannie ne m'enthousiasmait guère. Mais estimant que c'était mon devoir, je fis mes bagages et pris le train pour Marseille.

Dans ce grand port, les gens mouraient littéralement de faim. Ils mangeaient essentiellement des légumes et des patates douces. Fred m'avait bien donné de l'argent mais il n'y avait pas grand-chose à acheter. Les Allemands et les Italiens confisquaient la plus grande partie de la nourriture pour eux et leurs proches. Les rues étaient pleines d'indigents qui n'avaient ni argent ni cartes d'alimentation et restaient allongés sur le trottoir, au milieu des gens.

Je trouvai Fannie, élevée en Suisse dans un milieu protégé, dans un état de total effondrement physique et mental et incapable de faire face à la deuxième arrestation de Max. Je dus m'occuper d'elle et de Ruth, alors âgée de dix ans. Je passai aussi trois heures par jour dans le bus pour aller rendre visite à oncle Max aux Milles, et lui apporter de la nourriture, des médicaments et des vêtements propres.

Fannie et sa fille partageaient un grand appartement avec la famille Neufeld. Le fils des Neufeld, Jacques, un homme d'affaires connu à Metz, avait été autrefois amoureux de Cécile qui l'avait éconduit.

En apprenant que Stéphanie était prisonnière à Drancy, il me proposa de rencontrer un avocat espagnol qui faisait des affaires louches avec des Allemands corrompus. Peut-être pourrait-il m'aider ? Nous prîmes rendez-vous avec l'Espagnol dans un hôtel borgne du centre de Marseille.

— Ma sœur a été internée à Drancy, lui dis-je. Nous voudrions la faire sortir de là.

— Cela va vous coûter cher, répliqua l'Espagnol avec un grand sourire qui découvrit des dents magnifiques.

Il s'était levé de sa table, recouverte d'un tas de paperasses, pour venir me baiser la main.

— Vous avez de l'argent, mademoiselle ?

— Oui, lui dis-je en lui retirant ma main.

— Dans ce cas je peux vous aider.

Pour la somme exorbitante de vingt mille francs, il m'assura qu'il était en mesure de faire sortir Stéphanie de Drancy en quelques jours. Je contactai Fred qui s'arrangea pour rassembler l'argent en liquide et se déplaça à Marseille pour me le remettre. Avec Jacques Neufeld comme garde du corps, je retournai voir Espagnol :

— Comment allez-vous vous y prendre ?

— C'est mon secret, me dit l'homme en comptant soigneusement les billets. Je vous contacterai dès que ce sera fait.

Une semaine s'écoula. Cent fois je faillis retourner dans le bureau de l'Espagnol pour exiger qu'il me restitue mon argent mais Fred me conseillait la prudence.

« Donne-lui une chance », m'écrivit-il. « Ces choses prennent du temps. »

Après deux semaines, je n'y tins plus. Toujours escortée de Jacques Neufeld, je me présentai dans le « bureau » de l'Espagnol. On le retrouva dans la même position exactement que quand nous l'avions quitté. A croire qu'il n'avait jamais bougé de cette pièce à l'atmosphère étouffante.

Jacques fut formidable. Avant même que j'aie pu ouvrir la bouche, son poing s'écrasa sur la table.

— Vous êtes un escroc qui profitez de la faiblesse et du malheur des gens. Ne vous faites aucune illusion, mon vieux, je n'aurai aucun scrupule à vous dénoncer aux autorités concernées. Et maintenant vous allez immédiatement rendre à cette jeune femme la somme qu'elle vous a confiée, d'accord ?

A ma grande surprise, l'homme se leva de sa chaise, ouvrit un coffre derrière lui, en sortit la liasse de billets que je lui avais remise et me la tendit sans un mot. Apparemment, l'argent n'avait jamais été touché. Ce type ne manquait pas de culot. Je quittai l'hôtel, les larmes aux yeux et la gorge serrée.

Cette « victoire » me laissa un goût amer. La perspective de libérer Stéphanie semblait de plus en plus illusoire. Peu de temps après, on apprit par Jacques, mon fiancé, qu'elle avait été transférée de Drancy à Pithiviers, près d'Orléans. Pithiviers ! c'était là qu'elle avait passé ses dernières vacances avant d'être arrêtée. Quelques jours d'un repos bien mérité chez une amie. Une très précieuse photo familiale la montre jouant avec des poussins dans une ferme. Elle sourit à l'objectif, heureuse et insouciante.

Depuis Pithiviers, Stéphanie réussit à nous contacter grâce à une infirmière qui, apprenant qu'elle était étudiante en médecine, accepta de risquer sa vie pour nous faire parvenir une lettre. Pithiviers était surpeuplé. « Nous sommes obligés de partager la nourriture qui n'a pas été prévue pour autant de monde », écrivait-elle.

Quelques semaines plus tard, on apprendrait par une lettre de Jacques que le 21 septembre, jour de Yom Kippour (le

Grand Pardon), Stéphanie avait été emmenée pour une destination inconnue.

Pendant ce temps-là, je continuais mes visites à oncle Max. J'étais un des rares visiteurs de l'extérieur. La plupart des prisonniers étaient étrangers, loin de leurs familles et de leurs foyers. Quant aux Français, ils interdisaient à leurs proches de leur rendre visite car en prenant contact avec eux, ils couraient le risque d'être arrêtés. Je ne cessais de répéter à mon oncle :

— Il faut absolument te faire sortir d'ici. Aide-moi ! Il doit sûrement y avoir un moyen.

Mais Max était une personne timide et réservée, pas du tout un homme d'action.

— Tu ne peux rien faire, soupirait-il en secouant tristement la tête. Cette fois, on ne pourra pas me sauver.

A force de le harceler pour qu'il trouve une solution, il lui vint l'idée d'ingérer de l'ipéca, une plante brésilienne qui provoquait des vomissements violents.

— Si je crache du sang, ils m'hospitaliseront à nouveau de crainte que je ne sois contagieux. Alors ce sera peut-être plus facile de me faire sortir d'ici.

— Génial ! m'écriai-je. Et maintenant, comment je fais pour me procurer de l'ipéca ?

Il m'écrivit une série de prescriptions sur un carnet que je lui avais apporté en cachette, et je me rendis chez plusieurs pharmaciens de Marseille pour en obtenir d'importantes quantités. A chaque fois, le pharmacien me posait la même question d'un air suspicieux : « C'est pour quoi faire, mademoiselle ? »

Je leur disais que j'en avais besoin pour ma grand-mère qui était très malade et ils me fournissaient la drogue à contrecœur. Je la fis parvenir à Max par petits paquets mais de plus en plus découragé, il n'avala jamais ces médicaments que j'avais eus tant de mal à obtenir.

Pour couronner le tout, Fannie souffrait maintenant de violentes sautes d'humeur. Incapable d'affronter la guerre, elle sombrait dans la léthargie. Profondément croyante, son seul secours était sa foi religieuse. Vu la situation, il fallait absolument que je contacte sa famille en Suisse pour lui demander de l'aide. Je me rendis donc à la poste et demandai le numéro que Fannie m'avait donné. Dans un lieu public, une telle démarche était extrêmement risquée et malgré mes faux papiers, je savais que je serais sous haute surveillance. J'appris beaucoup plus tard qu'à Poitiers et dans les mêmes circonstances, la femme du rabbin Bloch, Georgette, avait été arrêtée et déportée avec sa fille de six ans, Myriam.

On m'indiqua une cabine et je décrochai. J'entendis un nombre inhabituel de clics sur la ligne avant que l'opératrice ne me mette en relation avec un des frères de Fannie.

— Bonjour, lui dis-je. Je suis la nièce de Fannie. Je vous appelle pour vous dire que son mari est très gravement malade. Vu que c'est contagieux, il vaudrait mieux qu'elle et sa fille rentrent le plus vite possible à la maison. Pourriez-vous vous en occuper ?

Son frère comprit tout de suite le message et quelques jours plus tard, un homme frappa à notre porte, un guide chargé de ramener Ruth et Fannie en Suisse. Il voulait repartir immédiatement avec elles.

— Et le shabbat ? nous sommes vendredi, me dit Fannie d'un air atterré.

Le guide ne cacha pas son exaspération et sachant qu'il ne resterait pas à Marseille un jour de plus, je la pris fermement par les épaules et lui parlai comme à une enfant :

— Fannie, je respecte et je comprends ta dévotion mais la loi juive dit très clairement qu'on peut briser le shabbat si sa vie est en danger. C'est le cas aujourd'hui. Si tu ne pars pas ce soir avec ce monsieur, tu seras arrêtée et internée dans le même camp que Max.

Je ne lui laissai pas le temps de répondre, l'aidai à faire ses valises et l'escortai jusqu'à la porte avec Ruth.

— Au revoir, Ruth, dis-je à la petite fille qui avait déjà tellement souffert et à laquelle je m'étais beaucoup attachée.

Je l'embrassai sur les deux joues.

— Bonne chance.

Quelques jours plus tard, j'arrivai au camp pour une de mes visites à Max et découvris qu'un train de marchandises avait été amené sur la voie de garage le long du camp. En m'approchant des clôtures de barbelés, j'entendis des plaintes terribles — celles, reconnaissables entre mille, des mères à qui on arrache leurs enfants. Je courus jusqu'à la grille, la gorge sèche.

— Pas de visites aujourd'hui, aboya un garde, revenez demain.

— Mais il faut que je voie mon oncle.

Je tendis un sac.

— Il a besoin de ses médicaments, il est gravement malade. Je vous en prie.

— Alors attendez ici, dit le garde d'un ton rogue en me montrant une baraque qui servait de bureau à la périphérie du camp.

Je m'avançai vers le bâtiment en tentant d'ignorer les cris atroces qui s'élevaient de l'autre côté des barbelés et je pénétrai à l'intérieur. Cinq gardiens français se tenaient près d'une fenêtre, des hommes que je connaissais pour les avoir croisés lors de mes visites. En général, ils étaient gentils pour les prisonniers et réprouvaient les méthodes de la Gestapo. Ils se tournèrent vers moi, les yeux pleins de larmes et en me voyant, ils baissèrent la tête.

Je courus à la fenêtre. La Gestapo, en présence du préfet des Bouches-du-Rhône, supervisait une déportation imminente. Je connaissais cet homme. Dès mon arrivée à Marseille, j'étais intervenue auprès de lui pour tenter de faire libérer mon oncle pour raisons médicales. Tout comme Hipp avec Stéphanie, il avait opposé un refus catégorique à ma demande. Au-delà du chef de cabinet et des soldats SS de la Gestapo se tenaient des centaines d'hommes, de femmes et d'enfants que l'on dirigeait vers le train. Les femmes étaient alignées d'un côté et les hommes de l'autre, prêts à être entassés dans des wagons à bestiaux destinés à une douzaine d'animaux au maximum. Chaque prisonnier portait des vêtements chauds et une petite valise.

Je m'étais rendue au camp quasi quotidiennement pendant trois semaines et j'en connaissais certains de vue. Il y avait la vieille Mme Friedman, qui avait perdu son mari ; le jeune Isaak Rozenzweig avec ses grandes oreilles ; M. Feuerman, qui servait d'intermédiaire ; et toute la famille Schwartz, dont les jeunes enfants marchaient à peine. Ils se tenaient au milieu de la mêlée, hurlant leur confusion et leur détresse. La plupart des personnes déportées étaient des juifs étrangers, qui avaient fui les persécutions allemandes pour se retrouver pris au piège en France. Les soldats allemands, grossiers et brutaux, riaient au nez des femmes qui pleuraient et tendaient les mains vers leurs maris, entraînés de l'autre côté.

Devant ce spectacle, les policiers français pleuraient ouvertement.

— Nous n'avons pas voulu être mêlés à ça, mademoiselle, me dit l'un d'eux. Nous avons refusé de les aider et c'est la raison pour laquelle ils nous ont consignés ici.

Je ne pouvais m'arracher à la scène qui se déroulait devant mes yeux.

— Nous devons regarder et ne rien oublier, leur dis-je d'une voix rauque. Nous porterons témoignage de ces atrocités.

Faire rentrer ces centaines de personnes dans des wagons à bestiaux prit plus d'une heure. Je restai immobile devant la fenêtre, clouée par l'horreur, pleurant toutes les larmes de mon corps. Je vis le chef de cabinet rire quand les Allemands arrachaient les bébés hurlants des bras de leurs mères qui hurlaient elles aussi.

La pensée de Stéphanie ne me quittait pas. Je vis et j'entendis les portes des wagons se fermer et de lourdes barres de fer les verrouiller dans un grincement atroce. Je pouvais presque respirer l'odeur de sueur, d'urine et d'excréments que les malheureux enfermés dans ce train à la destination inconnue allaient endurer.

Et puis je scrutai chaque visage pour voir si je reconnaissais Max.

— Avez-vous vu mon oncle ? demandai-je brusquement à l'un des policiers mais ce fut un autre qui me répondit :

— Je l'ai vu. Il a été embarqué dans l'un des premiers wagons.

Mon cœur s'arrêta de battre. Je vis le train se mettre péniblement en marche, sa vieille locomotive à vapeur ralentie par le poids de tous ces êtres humains qu'elle traînait, entassés dans des wagons à bestiaux.

Les Allemands s'en allèrent, laissant les quelques internés qui restaient éparpillés dans un camp pratiquement vide. Et je continuai de regarder. Des chapeaux et des écharpes, des photos, de petits objets personnels perdus au milieu de la confusion jonchaient le sol poussiéreux. Ceux qui avaient réchappé à la déportation erraient, hagards, tournant autour de l'espace où il y avait eu un train à jamais disparu avec son chargement. Et c'est alors que je vis la longue silhouette de mon oncle. Il déambulait avec les autres, les bras le long du corps et les poings serrés. Il avait quarante ans mais en paraissait vingt de plus. J'usai de tous mes pouvoirs de persuasion auprès des gardiens français pour qu'ils me permettent de lui parler, et ils allèrent le chercher pour le ramener dans le bureau.

— Marthe, Marthe, tu étais là ? Tu as vu ? me dit-il, le visage ravagé.

Nous étions tous les deux assis à une table et il s'y cramponnait des deux mains.

Je hochai la tête.

— Oui, j'ai tout vu, oncle Max.

— On m'a fait monter dans le train, je me suis retrouvé entassé avec les autres. Et puis M. Feuerman leur a dit qu'ici ce n'était pas ma place et ils m'ont fait redescendre.

Il ne ressentait aucun soulagement d'avoir été sauvé. Médecin, intellectuel et être humain de grande valeur, il ne parvenait pas à comprendre le comportement bestial de ceux qui étaient responsables de telles barbaries.

Quant à moi, les scènes dont j'avais été le témoin cet après-midi-là devaient me hanter pour le restant de mes jours. Je venais de comprendre que le bras d'Adolf Hitler s'étendait bien au-delà de la Méditerranée. Nous n'étions en sécurité nulle part.

Une semaine plus tard, lors d'une de mes visites, je trouvai l'endroit quasiment désert. Tôt dans la matinée, un autre train était arrivé pour emporter les internés qui restaient. Cette fois-ci, oncle Max faisait partie du lot.

— Où l'a-t-on emmené ? demandai-je en scrutant désespérément la cour vide dans l'espoir que les gardiens s'étaient trompés.

— A Gurs, un camp dans les Pyrénées, me dit un des gardiens d'un air sombre. De là, Dieu seul sait où on l'enverra.

Deux jours plus tard, oncle Léon arrivait chez moi. Quand toute la France s'était retrouvée occupée, il avait quitté Toulouse pour emménager à Saint-Etienne et maintenant il était venu rendre visite à Max. Il m'incomba de lui apprendre la triste nouvelle.

— Ne t'inquiète pas, dit mon oncle avec le même entrain que quand il avait monté les Etablissements Elby. Je m'en occupe.

Fidèle à sa parole, il partit à Gurs et découvrit que des amis de Metz étaient chargés de s'occuper du camp et avaient libre accès aux internés. Léon, comme sa sœur avant lui, saisit sa chance et persuada ses amis de l'aider à faire sortir Max. Et c'est ainsi que pour la deuxième fois, oncle Max fut arraché à l'emprisonnement et une mort certaine, cette fois en s'allongeant sous le siège d'un véhicule de service qui passa sans encombre les grilles du camp. De là, Léon parvint à lui faire rejoindre la Suisse.

Un an après avoir organisé cette évasion, mon très cher oncle Léon se promenait dans la rue principale de Saint-Etienne quand la Gestapo arriva en force pour opérer une rafle de juifs. Ils lui demandèrent ses papiers, l'arrêtèrent et le mirent dans un camp. Il y resta plusieurs semaines. Tout comme pour Stéphanie, on lui offrit de l'aider à s'évader mais il refusa. Peu de temps après il fut déporté quelque part en Pologne. Nous ignorions où.

Fred, qui s'angoissait pour notre famille — Arles était trop proche de Marseille avec ses rafles et ses mouvements de troupe —, décida qu'il était temps de déménager. Comme lieu de retraite il choisit l'Auvergne, au sud-est de Clermont-Ferrand, où l'on voyait beaucoup moins d'Allemands que dans les Bouches-du-Rhône. Il trouva une grande maison dans la très belle ville touristique de Vic-sur-Cère, à l'entrée d'une des profondes vallées boisées des Monts du Cantal, un massif volcanique. Cette station touristique ne comportait que deux routes, quasiment désertes à cause de la guerre. Fred avait organisé des patrouilles qui les surveillaient vingt-quatre heures sur vingt-quatre. Dès que des Allemands apparaissaient à l'horizon, un plan de mobilisation était déclenché et à chaque famille juive était assigné un endroit où aller se cacher.

Fred et Rosette, leur jeune fils Maurice, Arnold, mes parents, grand-mère, Rosy et Jacquie quittèrent Arles tandis que je restais à Marseille. Hélène les suivit mais après quelques mois, elle quitta les montagnes pour Clermont-Ferrand, où elle s'inscrivit à l'université pour étudier la philosophie. Fred, qui continuait à subvenir à nos besoins à tous, lui dit que rien ne devait l'empêcher de poursuivre ses études.

Quant à moi, j'essayais de m'occuper. Dans ce but, je me rendis au bureau central de la Croix-Rouge de Marseille et demandai à parler à la directrice, une Française du nom de Mme Keller. On m'en avait dit le plus grand bien. Cette Alsacienne avait une fille infirmière qui était morte subitement. En mémoire de sa fille, Mme Keller devint elle-même infirmière et finit par occuper le poste de directrice régionale de la Croix-Rouge. Je pris rendez-vous et quand je me retrouvai face à elle, je lui dis tout à trac :

— J'ai un problème. Je suis élève infirmière et j'aimerais finir mes études mais je suis juive.

Mme Keller m'invita à m'asseoir.

— Je ne vois pas où est le problème, me dit-elle avec un grand sourire.

Je lui racontai ce qui s'était passé à Montpellier et elle fut scandalisée. Puis elle me tapota la main et ajouta :

— Vous allez passer votre diplôme, mademoiselle Hoffnung, et un jour, nous serons à nouveau des Français libres.

Puis elle décrocha son téléphone et appela la directrice de l'Ecole d'infirmières.

— J'ai devant moi une jeune femme juive de Poitiers qui a travaillé une année comme élève infirmière avant de fuir en zone libre. Vous allez l'intégrer dans votre école et je n'accepterai aucune objection. Je vous l'envoie tout de suite.

La directrice, Mlle Chabannes, et son assistante, Mlle Martin-Laval, m'attendaient, le visage fermé. Elles me conduisirent dans un petit bureau, refermèrent la porte et se tournèrent vers moi d'un air menaçant.

— Nous n'accepterons jamais de juive ici, cracha la directrice. Oubliez votre candidature. Et si vous osez retourner chez Mme Keller pour vous plaindre, vous vous en repentirez.

Sans un mot, je me levai de mon siège et quittai tranquillement la pièce. Une demi-heure plus tard, je retrouvai Mme Keller pour lui raconter ma mésaventure. Elle décrocha à nouveau le téléphone.

— Si vous n'intégrez pas immédiatement cette jeune fille et si elle n'est pas traitée correctement, je vous licencie.

C'était en novembre 1942. Sur quarante filles, j'étais la seule juive de l'école. J'appris plus tard que le frère de Mlle Martin-Laval, un médecin, était le chef de la milice locale, la force de police volontaire qui faisait appliquer les décrets de Vichy et des nazis. Malgré l'avertissement de Mme Keller, le personnel enseignant se conduisit de façon abominable avec moi. Ils essayèrent par tous les moyens de me décourager. Ils ne me parlaient pas, ne prenaient pas la peine de me donner d'explications, se montraient cruels et grossiers. Les autres élèves, qui ignoraient que j'étais juive, ne comprenaient rien à leur attitude. J'avais d'abord loué une chambre à une femme qui plus tard se porta volontaire pour aller travailler en Allemagne, puis à une veuve.

La nourriture se faisait de plus en plus rare et avec mes camarades, je vivais des restes des patients et des plats cuisinés à partir des légumes que l'on donnait habituellement au bétail. J'étais très reconnaissante à Fred des colis qu'il m'envoyait régulièrement. Dans leur retraite de montagne, lui et Arnold cultivaient des fruits et des légumes. Ni l'un ni l'autre n'avait jamais travaillé la terre auparavant, mais ils devinrent des jardiniers très compétents, ce qui permit à la famille de survivre. Ils parvenaient même à échanger les surplus de leurs récoltes contre du beurre, du fromage et du lait avec les fermiers.

J'avais résolu dès le début d'ignorer les méchancetés de l'équipe médicale et me montrais aussi gaie et aussi serviable que possible. Nos patients étaient des cheminots et à chaque fois qu'on leur demandait ce qu'ils pensaient des élèves, ils ne tarissaient pas d'éloges sur mon compte.

— Mlle Hoffnung est la plus joyeuse de toutes, disaient-ils. Elle a toujours le sourire.

Progressivement, l'hostilité à mon égard s'adoucit, la vie devint un peu plus supportable et la visite surprise de Jacques n'aurait pas pu mieux tomber.

En février 1943, il m'écrivit pour m'annoncer qu'il viendrait passer un jour et une nuit à Marseille. Il avait dit à ses parents qu'il allait disputer un match de basket avec son équipe. Je demandai à ma logeuse si mon fiancé pouvait dormir dans la chambre d'amis et elle me donna son accord. J'étais folle de joie. Malgré les retards terriblement frustrants de la poste, dus à la censure des Allemands, je lui avais écrit tous les jours depuis que nous nous étions enfuis de Poitiers. J'avais reçu des centaines de lettres en retour, adressées à Jacqueline Lenôtre, qui se terminaient toujours par « des milliers de baisers ». Notre amour était toujours aussi fort. Maintenant, cela faisait six mois qu'on ne se voyait plus et il me manquait affreusement. J'avais vingt-deux ans.

Ses parents étaient rentrés de Saïgon. Ils avaient réussi à embarquer sur le dernier bateau et Jacques leur avait parlé de moi. On ne s'était jamais rencontrés mais sa mère m'envoyait ses amitiés et espérait qu'on se rencontrerait bientôt. Elle lui demandait tout le temps de mes nouvelles et voulait savoir à quoi je ressemblais. Il m'avait décrite comme une jeune fille juive, blonde aux yeux bleus, et « aussi minuscule qu'un petit oiseau ». Mais il lui avait caché qu'il allait me retrouver en prétextant un match de basket.

Quand le train de Poitiers arriva en gare de Marseille, je crus que mon cœur allait éclater. La dernière fois que nous nous étions vus, c'était à la veille de mon départ en zone libre avec ma famille et la situation était très tendue. Ce jour-là, il avança vers moi avec un large sourire.

— Chérie, me dit-il en m'ouvrant les bras et me serrant contre lui.

Je crois bien que j'ai dû l'embrasser une centaine de fois. On passa un après-midi idyllique à marcher et à bavarder comme tous les amoureux de la terre. On se promenait bras dessus bras dessous, en s'arrêtant de temps en temps pour s'embrasser. Ce soir-là, ma logeuse nous avait préparé un dîner avec ce que nous avait envoyé Fred. Selon les critères de

Marseille, il s'agissait d'un repas pantagruélique mais je crois que Jacques — doté d'un solide appétit — l'avait trouvé un peu juste.

Puis ma logeuse se retira discrètement dans sa chambre et on passa la plus grande partie de la nuit à parler. Nous avions tellement de choses à nous raconter que nous ne pouvions faire passer par nos lettre codées — comment nous nous étions échappés, ce qui était arrivé à oncle Max, mes problèmes à l'Ecole d'infirmières, nos tentatives pour libérer Stéphanie, notre angoisse depuis sa déportation et notre totale absence de nouvelles.

— C'est si bon de te voir, Jacques, murmurais-je en l'embrassant et en me serrant contre lui. J'aimerais rester pour toujours dans tes bras.

Lui me donna des nouvelles de Poitiers, du départ dramatique de ses parents de Saïgon, et il m'apprit que son petit frère Marc était devenu politiquement très actif. Il me transmit aussi les amitiés de Dédé, qui avait confié un mot à Jacques pour me dire que lui non plus n'avait plus entendu parler de Stéphanie depuis sa déportation.

— On se reverra à Pâques, me promit Jacques. On se retrouvera à Vic-sur-Cère quand tu iras rendre visite à tes parents.

J'aurais déjà voulu y être.

Jusqu'au printemps, le temps s'écoula avec une lenteur désespérante et puis le jour arriva où je devais partir retrouver Jacques dans les Monts du Cantal. J'étais accompagnée par Juliette Fontaine, la jeune fille d'un couple d'amis que Fred et Rosette avaient connus à Arles, et qu'ils avaient invitée à passer Pâques avec eux. Le train avançait à une allure de tortue. Un voyage de quelques heures en temps de paix prenait maintenant des jours entiers. Nous devions d'abord nous rendre dans une petite ville au nord de Montélimar où nous passerions la nuit à l'hôtel avant de reprendre le train pour Vic-sur-Cère. Jacques devait nous rejoindre pendant notre escale pour terminer le voyage avec nous.

Avec Juliette, nous trouvâmes deux places et nous installâmes pour ce voyage interminable. Je ne bougeais que pour aller aux toilettes ou me dégourdir les jambes. Alors que j'étais debout dans le couloir avec mon amie, je remarquai un homme dans le compartiment voisin qui essayait d'attirer notre attention par des signes de la main. Il était accompagné de deux autres civils, un prêtre, deux soldats allemands et un sous-officier. Pensant qu'ils étaient tous allemands, je les ignorai et conseillai à Juliette de faire comme moi.

— Ils essaient de nous baratiner, ces effrontés.

Quelques instants plus tard, poussée par la curiosité, je guignai dans leur direction. L'homme recommença son manège mais cette fois, il mima des menottes imaginaires. Je compris brusquement que lui, le prêtre et les deux civils étaient prisonniers des soldats allemands.

Peu de temps après, un des soldats vint lui aussi se dégourdir les jambes dans le couloir et j'entamai aussitôt la conversation avec lui, en allemand. Je lui demandai où il allait et qui étaient ces gens avec qui il voyageait.

— Des prisonniers politiques, me dit-il en bâillant. On les transfère à Paris.

Peu de temps après, son supérieur, un sous-officier qui avait passé le plus clair de son temps à bavarder avec une jeune fille française, disparut avec elle dans un compartiment vide. Aussitôt, les soldats se relaxèrent et permirent à l'un des prisonniers d'aller se détendre quelques minutes dans le couloir.

— Je peux vous aider ? dis-je très vite en français.

Les soldats allumèrent des cigarettes. Ils ne nous prêtaient aucune attention. Après tout, je n'étais qu'une fille.

— Pourquoi ne profitez-vous pas de la situation ? Vous pouvez vous échapper, continuai-je sur le même rythme. Je pourrais distraire les soldats pendant que vous sautez par la fenêtre des toilettes.

Les prisonniers discutèrent de mon plan et ils semblaient prêts à le mettre à exécution mais le prêtre s'opposa à cette idée.

— Non, murmura-t-il aux autres. C'est hors de question. Dieu nous viendra en aide.

Le plan d'évasion ayant été abandonné, je leur offris de contacter leurs familles pour qu'elles sachent où ils seraient détenus. J'écrivis les noms et les adresses d'épouses, de parents et de proches, je passai autant de temps que les soldats me le permirent avec ces hommes qui avaient eu le courage de rejoindre la Résistance pour lutter contre l'occupant.

Jusqu'à ce qu'on arrive à la gare, la pensée de ces prisonniers m'obséda. J'en avais presque oublié Jacques.

— Dieu vous garde, dis-je à chacun d'entre eux en prenant congé.

Jacques m'attendait sur le quai. Il se précipita vers moi et me fit tourner dans ses bras avant de me reposer sur le sol. Aussitôt, je le mis au courant de la situation des prisonniers.

— C'est terrible. J'aurais tellement voulu les aider.

Quand le train repartit, je le suivis des yeux et de sombres pressentiments m'envahirent.

A Vic-sur-Cère, Jacques et ma famille m'aidèrent à surmonter ma tristesse. Avec le printemps, tout était extraordinairement vert.

L'altitude, les chants d'oiseaux, les moutons paissant dans les prés reposaient l'esprit. Jacques passa toute une semaine avec nous. Mes parents, qui l'appréciaient beaucoup, l'accueillirent avec chaleur. Mais le sort de Stéphanie ne laissait pas de repos à ma mère qui vivait dans l'angoisse. Elle fut très touchée que Jacques veuille se convertir au judaïsme. Si jamais Dédé et Stéphanie devaient se marier un jour, Dédé, un catholique fervent, refuserait catégoriquement une telle démarche. On allait marcher dans la montagne, on prenait des photos et on essayait de prétendre que la guerre n'existait pas. Malgré nos efforts, nous en étions empêchés par l'absence de Stéphanie et la menace constante que les patrouilles allemandes faisaient peser sur nous.

Au cours de cette semaine, on parla de ces infortunés prisonniers que j'avais rencontrés et on aborda le sujet de la résistance active aux Allemands. Fred et Arnold appartenaient depuis longtemps à la Résistance dont ils connaissaient bien un certain nombre de dirigeants. Ils organisaient les parachutages d'armes et de munitions des Alliés. De son côté, Hélène, de retour de Clermont-Ferrand pour les vacances de Pâques, nous raconta ses aventures. Cette jolie jeune fille vivait deux étages au-dessus de la Gestapo, ce qui ne l'empêchait pas d'avoir dans sa chambre une presse typographique dont elle se servait pour imprimer des tracts et des affiches. Elle se promenait aussi dans la région avec un sac à dos plein d'armes pour la Résistance.

— Une fois, un policier français m'arrête, nous dit-elle. Il me barre le chemin et me demande « Qu'avez-vous dans votre sac à dos ? » Prise de court, je lui souris bêtement et il se met à rigoler : « Une fille avec un aussi beau sourire ne peut rien faire de mal. Allez passez. » Je n'ai pas demandé mon reste et j'ai filé livrer ma petite cargaison.

Un jour, les SS pénétrèrent dans la bibliothèque de l'université. Ils cherchaient des juifs. Le professeur d'Hélène se leva et s'opposa à ce qu'ils entrent dans ce qu'il considérait comme une enceinte sacrée. Il fut abattu sur-le-champ. Puis les SS rassemblèrent tous les étudiants et les jetèrent en prison. Hélène fut relâchée parce que ses papiers ne portaient pas le tampon « juive » en lettres rouges. Tandis qu'elle nous racontait cette histoire, une fois de plus je remerciai intérieurement M. Charpentier.

— Et moi, que puis-je faire à Marseille ? demandai-je à Hélène, encore bouleversée d'apprendre que ma petite sœur appartenait à la Résistance.

— Rien, j'espère, intervint aussitôt Jacques. Tu es bien trop précieuse Marthe. Je t'interdis de faire n'importe quoi.

Devant la réponse véhémente de Jacques, Fred parut songeur.

— Et toi, Jacques ? demanda-t-il d'une voix très calme.

Le regard de Jacques alla de moi à Fred.

— Je ne me suis pas encore décidé. Je... euh... je ne me suis pas vraiment engagé avec un groupe.

Je lui adressai un sourire approbateur et lui pris la main.

Notre séjour se termina bien trop vite. Quelques jours plus tard, j'étais déjà de retour à l'Ecole d'infirmières de Marseille, vivant des restes des malades, loin de ceux que j'aimais.

Un mois s'écoula. Un beau matin, seule dans ma chambre, j'ouvris un journal et lus que quatre membres de la Résistance dont un prêtre, récemment transférés du sud de la France, avaient été fusillés à Paris.

— Quelle horreur ! m'écriai-je à voix haute. Jacques, tu vois bien qu'il faut qu'on fasse quelque chose. On ne peut plus rester les bras croisés !

Les rêves brisés

D'ici quelques mois, Jacques et moi serions à nouveau réunis. En juillet 1943, il se rendrait à Paris pour une semaine avec Dédé pour y passer une partie de ses examens pour le concours de l'externat. Jacques suggéra que je prenne des vacances pour me rendre chez Cécile ou que j'essaye d'obtenir un stage pendant la même période.

Comme j'étais devenue une infirmière modèle et avais fini par toucher les cœurs de pierre du personnel médical, les responsables de ma formation me donnèrent leur accord. Le nouveau petit ami de Cécile me trouva un stage à l'hôpital des Enfants-Malades à Paris, dirigé par le professeur Debré. Après avoir accompli les formalités nécessaires, je me rendis à Paris. Dans le train, les Allemands étudièrent attentivement ma fausse carte d'identité avant de me la rendre avec le sourire.

C'était merveilleux de retrouver Cécile après presque deux ans de séparation. Elle était en pleine forme. Depuis son arrivée dans la capitale, elle vivait avec une nouvelle carte d'identité qu'elle avait obtenue en se rendant tout simplement à l'Hôtel de Ville pour déclarer qu'elle avait perdu ses papiers. On l'avait longuement interrogée, puis on lui avait fourni une carte d'identité toute neuve, sans le tampon « juive ». On se retrouva à la gare et elle m'emmena dans son appartement de la rue Chevert.

— C'est petit mais c'est sûr, me dit-elle.

On descendit à la station de métro Ecole-Militaire et je remarquai qu'elle ne cessait de jeter des coups d'œil autour d'elle tandis que nous nous frayions un chemin dans les rues animées. J'étais stupéfaite de voir le nombre de soldats et de véhicules allemands qui circulaient dans la ville.

Le studio de Cécile était effectivement petit mais confortable, et ne comportait qu'un seul lit que nous devions partager, un peu comme si nous étions encore enfants. Elle arrivait à gagner sa vie en vendant des vêtements à un juif turc du nom de Joe Gerson qui les écoulait au marché noir, et elle trouvait le moyen d'envoyer régulièrement un peu d'argent à Fred. Elle me présenta à son petit ami, Jacques Lefèvre, étudiant en médecine, fils d'avocat, non-juif et élevé à Saïgon tout comme mon Jacques. Il vivait boulevard Saint-Germain et c'est grâce à lui que j'avais trouvé un stage. Cécile l'avait rencontré pour la première fois à Toulouse, en août 1940, quand elle était allée chercher ma grand-mère chez oncle Léon. A l'époque, il y faisait son service militaire car on l'avait appelé sous les drapeaux après sa première année de médecine. Jacques avait demandé l'adresse de Cécile et il s'en était suivi une longue correspondance. Quand elle avait déménagé à Paris, il y était déjà installé pour terminer ses études et depuis, ils ne se quittaient plus. Jacques Lefèvre était fou amoureux de Cécile et voulait absolument l'épouser mais Cécile s'y était toujours refusée.

— On pourrait au moins se fiancer, avait-il suggéré

— Nous ne pouvons pas faire de plans pour l'avenir tant que notre pays est occupé.

C'était sa position et elle n'en démordait pas.

Jacques hochait la tête d'un air triste et espérait de tout son cœur que la paix revienne bientôt.

Quant à moi, je ne pensais qu'à la visite tant attendue de mon Jacques. J'étais aussi excitée qu'une gamine à son premier rendez-vous. Cécile m'aida à tout arranger avant qu'il arrive et je revêtis ma plus jolie robe. Quand il frappa à la porte et que j'allai lui ouvrir, il me sembla plus grand et plus émacié que lors de notre dernière rencontre. Puis il m'étreignit avec passion et m'embrassa tendrement. J'étais tellement heureuse d'être à nouveau dans ses bras... mais je compris très vite que quelque chose n'allait pas.

Lui, d'habitude si expansif, était devenu taciturne. Il m'emmena dans un café à Saint-Germain et me conduisit jusqu'à un siège un peu à l'écart sur la terrasse.

— Marthe, il faut que je te parle, me dit-il alors en me prenant la main, le visage grave.

Un instant, je crus qu'il avait rencontré quelqu'un d'autre et mon cœur s'arrêta de battre. Je revis le jour où nous nous étions rencontrés pour la première fois et avions dansé ensemble tout l'après-midi, à la petite fête d'anniversaire pour mes vingt et un ans. Il était tellement beau et charmant, je n'aurais pas été autrement surprise qu'il soit tombé amoureux d'une autre pendant mon absence.

— Que se passe-t-il, Jacques ?

Intérieurement, je me réprimandais déjà pour ne pas avoir songé plus tôt à ce dénouement. A part nos brèves rencontres à Marseille et Vic-sur-Cère, cela faisait presque un an que nous étions séparés. Après tout, il n'était pas de bois.

— Je me suis mis dans le pétrin. J'ai de sérieux problèmes, dit Jacques en cherchant ses mots.

— Quel genre ? répondis-je en souriant, soulagée que mes craintes ne soient pas fondées.

Il me regarda droit dans les yeux.

— J'ai commis un meurtre.

J'eus un rire nerveux.

— Mais qu'est-ce que tu racontes ?

— Depuis la dernière fois où nous nous sommes vus, j'ai rejoint le groupe de résistants dirigé par mon frère Marc et on a assassiné un homme.

— Tu ne parles pas sérieusement ?

— Malheureusement si, répondit-il en baissant la tête.

Mon cœur se serra, soudain tout s'obscurcit. Il me raconta d'une voix sourde que son frère Marc, l'étudiant en droit idéaliste, l'avait convaincu de créer leur propre groupe de résistance. Avec quelques amis dont Eloi Rieckert, le frère de ma camarade Jeanine de l'Ecole d'infirmières, ils avaient organisé plusieurs actes de sabotage. Sous la direction de Marc, le groupe devint de plus en plus ambitieux et en mai de cette année, moins d'un mois après que nous nous étions vus pour la dernière fois, ils se mirent en tête de neutraliser le Docteur Michel Guérin, un antisémite et un collaborateur notoire qui incarnait tout ce qu'ils détestaient.

Leur plan était de kidnapper le médecin, lui prendre ses clés et brûler tous les documents compromettants qu'il détenait afin de l'empêcher de nuire et de continuer à dénoncer des gens. Ils l'attirèrent dans une maison isolée sous le prétexte de soigner une malade invalide mais rien ne se déroula comme prévu.

— On s'est battus, poursuivit Jacques. Le docteur Guérin a sorti un revolver et a tiré trois fois. Moi je faisais le guet. En entendant les coups de feu je me suis précipité. Marc et les autres se sont affolés. Ils ont voulu l'assommer avec une matraque mais elle s'est brisée. Et puis quelqu'un a sorti un couteau et ils l'ont poignardé. On s'est sauvé en l'abandonnant dans une mare de sang. Il est mort sur la table d'opération tard dans la nuit mais il avait eu le temps de tout raconter aux autorités.

Jacques me tenait la main. Par cette belle journée ensoleillée, la température était douce mais je m'enveloppai plus étroitement dans mon gilet. Je vis des couples s'embrasser et les feuilles frissonner dans la brise. Les conversations autour de moi se brouillèrent. Je vivais un cauchemar. Comment imaginer Jacques participant à une scène aussi barbare ? La guerre transformait les personnes les plus réfléchies et les plus pacifiques en meurtriers. Je détestais la guerre et les nazis qui nous amenaient à commettre de tels actes.

— Ils n'avaient pas le choix, Marthe, me dit Jacques avec un regard suppliant. Ils devaient le faire taire, lui et sa saleté de revolver.

Je regardai les oiseaux qui sautillaient sur le sol à nos pieds.

— Quelle horreur, murmurai-je.

— Ce n'est pas ce qui avait été prévu. Je n'ai rien pu faire.

— Mais cet homme était un médecin comme toi, et un Français.

— Justement, il était bien plus dangereux pour les Français que les Allemands ! s'écria Jacques, qui s'attendait à mon soutien inconditionnel et était profondément déçu par ma réaction.

Je tombai dans une tristesse sans fond.

— Tu ne peux pas retourner à Poitiers, lui dis-je en essayant de me reprendre. Tu seras arrêté.

Je songeai à ce que j'avais vu au camp des Milles. Je revis les quatre prisonniers dans le train de Vic-sur-Cère.

— Il faut partir vers le sud, Jacques. Va en Espagne, je t'y rejoindrai. Fred s'occupera de tout.

Je repoussais les images de la scène du meurtre pour prendre les dispositions qui s'imposaient. Mon esprit logique reprenait le dessus.

— Je dois y retourner, Marthe, me dit Jacques en se levant brusquement.

Je me levai à mon tour et il me prit par les épaules. Il avait l'air tellement jeune et fort.

— Ma famille est à Poitiers, me dit-il avec un regard triste. Et Marc est également très exposé. Un peu plus tard, nous avons rejoint les communistes pour attaquer un train de ravitaillement. La Gestapo nous recherche. Je ne peux pas abandonner mon frère. Je lui ai promis de rester à ses côtés. Je vais retourner à Poitiers dire au revoir à mes parents et on va organiser notre fuite dès que possible.

Jacques trouva la force de passer ses examens. Il pensait s'en être bien sorti et promit de m'écrire tous les jours. Nous nous aimions toujours aussi fort mais l'ombre des épreuves qui nous attendaient avait assombri son séjour. Il vint me dire au revoir à l'hôpital où je travaillais et je le raccompagnai jusqu'à la rue. Il m'étreignit.

— Je t'aime, Marthe Hoffnung, sois courageuse.

Il m'embrassa sur le front. Je grimaçai un sourire et l'embrassai sur les deux joues.

— Adieu chérie.

Il prit son sac et s'en alla.

Je le vis s'éloigner, sa silhouette diminua peu à peu, puis il ne fut plus qu'un point dans la foule et il disparut.

Je retournai seule au studio et sortis une lettre froissée que Dédé m'avait remise juste avant de repartir lui aussi pour Poitiers. Il m'avait dit :

— Je sais que le moment est mal choisi, Marthe, mais j'ai pensé que tu voudrais avoir la dernière lettre que Stéphanie m'a envoyée de Pithiviers, il y a dix mois. Elle disait qu'on allait l'envoyer dans un camp de travail à Metz. Cela explique sans doute que nous n'ayons plus eu de nouvelles d'elle depuis. Elle m'avait écrit dans une précédente lettre qu'elle s'était cassé la cheville mais en dehors de ça, elle semblait avoir bon moral.

Des nouvelles de Stéphanie et la pensée plutôt rassurante qu'elle était dans notre ville natale de Metz ne parvenaient pas à me réconforter. Je lus la lettre avec une certaine appréhension.

Elle était datée du 21 septembre 1942, jour de Yom Kippour et rédigée d'une petite écriture tremblée sur un papier fin et bon marché.

Mon cher Dédé,

Nous partons aujourd'hui à destination inconnue, on dit que... nous allons à Compiègne. Je ne suis toujours pas sur pied et ignore comment je marcherai ou plutôt comment je serai transportée car il n'est pas question de marcher. Ecris s'il te plaît à mes parents et dis-leur que je suis partie courageuse et confiante, ce qui est vrai d'ailleurs. Tu sais que pour les grandes épreuves je suis toujours forte.

Dis-leur s'il te plaît de ne pas envoyer de colis, si ce n'est pas déjà fait. J'ai reçu à temps ton colis pour lequel je te remercie infiniment. Malheureusement, enveloppes, papier, lampe vont m'être pris, déjà je me suis séparée de mon stylo. Je te remercie pour les cigarettes : j'ai passé la nuit à fumer, car les cigarettes aussi nous seront prises. Il est 6 h du matin : j'en ai encore 3 à fumer. Je tâcherai de te donner des nouvelles dès que je le pourrai. Continue tout de même les démarches pour moi.

Mon cher Dédé, j'espère que ce n'est pas un adieu, car j'ai la volonté de tenir. Si j'en ai l'occasion un jour, je te décrirai les scènes vécues hier et celles que nous allons encore vivre aujourd'hui.

Ne t'en fais pas pour moi. Il n'y a qu'une chose qui m'ennuie, c'est d'être inutile. Tant pis!

Le plus beau tour qu'ils pourraient nous jouer, c'est de nous faire partir pour le jour du Grand Pardon. Le jeûne n'en sera que plus facile et les prières dites avec plus de conviction.

Dis à ma petite maman que je pense beaucoup à elle, que je lui défends de pleurer, il faut qu'elle soit forte aujourd'hui car je veux la retrouver jeune comme avant en revenant. J'aurai besoin d'elle. Je ne m'en fais pas pour moi, c'est pour elle que j'ai du chagrin.

Mes respects à tes parents et pour Rosy et toi mes plus affectueux baisers.

Steph

En dernière minute, c'est à Metz où nous allons travailler. Inutile de dramatiser. Je te donnerai des nouvelles dès que possible. Préviens ma famille. Au revoir.

La première lettre que Jacques m'envoya après son séjour à Paris avait été écrite dans le train. Il me disait qu'il avait été bouleversé de me quitter. Il m'aimait, priait pour notre bonheur à venir et terminait ainsi : « *Ma chérie, quoi qu'il arrive, je serai toujours ton Jacques.* »

Deux autres lettres se succédèrent assez rapidement. Tant qu'il écrivait, je savais qu'il était sain et sauf. Mais il n'y en eut pas de quatrième. Je ne tenais plus en place. En proie aux plus horribles pressentiments, je guettais le courrier tous les matins. Cécile n'arrêtait pas de me demander ce que j'avais. Je répondais par des banalités et elle tentait de me rassurer.

— C'est la faute de cette horrible occupation. On ne reçoit rien pendant des jours et puis tout arrive en même temps.

J'étais comme folle. Un jour, je me décidai.

— Il faut que je sache ce qui lui est arrivé, je vais téléphoner à Poitiers, annonçai-je à Cécile.

Elle me rappela les dangers d'une telle démarche mais je n'avais pas le choix. Je me rendis dans une poste, et passai par une opératrice qui me mit en contact avec la tante de Jacques. Elle vivait juste à côté de chez ses parents.

— Bonjour madame Marcoux, dis-je d'une voix qui trahissait ma peur. Ici Jacqueline Lenôtre. Je vous appelle pour savoir si tout va bien.

— Non, ça va très mal. Il est gravement malade et c'est contagieux. Soyez très prudente, me répondit-elle d'une voix brisée par l'émotion.

La catastrophe tant redoutée était arrivée. Une fois dehors, je n'avais plus qu'une idée : tenir jusqu'à l'appartement. Il ne fallait surtout pas que j'aie un malaise dans la rue et qu'on m'emmène à un poste de police. Je ne voyais plus rien. Un homme me rentra dedans et je tombai. J'entendis à peine ses excuses, je me souviens juste qu'il m'aida à me remettre debout.

Quand Cécile ouvrit la porte du studio, elle comprit tout de suite qu'il s'était passé quelque chose de terrible. J'étais incapable d'articuler un mot.

Elle me conduisit jusqu'au lit et je lui rapportai très exactement ce que je savais. Le meurtre du docteur Guérin et le sabotage du train. Cécile était atterrée, sans compter qu'elle avait peur qu'on fasse le lien avec moi et que je sois arrêtée.

— C'est atroce, murmura-t-elle en me prenant les mains et en étudiant mon visage avec intensité.

Et puis soudain, elle sauta sur ses pieds.

— Viens, Marthe, il faut partir tout de suite.

Elle fit nos valises et me poussa hors de l'appartement. Nous savions que Jacques avait écrit notre adresse sur un carnet et nous ignorions s'il avait eu le temps de le détruire. On alla se réfugier dans l'appartement d'Elise Kirsch, une ancienne voisine catholique de Metz avec qui Cécile était restée en contact. On resta là pendant deux semaines avant de regagner notre appartement, pas très rassurées.

Je n'ai pratiquement aucun souvenir de mon travail à l'hôpital des Enfants-Malades et de mon retour à Marseille, à la fin août, avec Cécile qui m'avait accompagnée pour s'occuper de moi. Je ne sais pas ce que je serais devenue sans elle.

Pour la Résistance française, Jacques, Marc et leurs camarades d'école Eloi Rieckert, Jean Gauthier et Jacques Massias étaient devenus des héros. Leur procès fit les premières pages des journaux, on en parla à la radio dans toute la France et même en Grande-Bretagne.

Jacques, son frère et ses amis furent remis entre les mains de la très redoutée section des affaires politique, la SAP nouvellement formée. Je n'appris que beaucoup plus tard par Mme Delaunay comment ils avaient été traités. Ces jeunes gens de valeur venant de familles respectables furent pendus par les poignets et battus avec des matraques en cuir. Quand ils hurlaient on leur mettait du pain rassis dans la bouche et quand ils s'évanouissaient, on leur plongeait la tête dans l'eau froide. Jacques, considéré comme le plus vulnérable, fut attaché à une table d'opération et on le tortura de la façon la plus ignoble, à l'aide d'instruments électriques et chirurgicaux. Chaque jour, sous le contrôle et les instructions des SS, ces jeunes idéalistes subirent les supplices les plus abominables. Ils finirent par avouer le meurtre de Guérin sans cesser d'affirmer qu'il s'agissait d'un accident et qu'ils n'avaient pas eu l'intention de le tuer.

On les présenta au tribunal de Poitiers le 16 août 1943 mais le procès fut renvoyé. Il s'ouvrit en grandes pompes le 10 septembre à Paris devant des juges français. Une autre camarade de l'Ecole d'infirmières, Annette Boutin, m'écrivit pour me raconter comment cela s'était passé.

Le célèbre avocat Maurice Garçon, qui s'était spontanément proposé pour plaider la causes des accusés qu'il considérait comme des prisonniers politiques, décrivit l'état pitoyable des jeunes gens dans le box, brisés par la torture. Il les tenait pour des « prisonniers politiques ». Il blâma le docteur Guérin qui avait rencontré une mort « accidentelle » après avoir appelé de façon répétée au meurtre, et il supplia les juges de « prendre en pitié ces enfants égarés par la passion que leur inspire leur pays ».

Les juges reconnurent que le meurtre du docteur Guérin était accidentel. Les cinq accusés dont Marc et Jacques échappèrent à la peine de mort et quatre furent condamnés à l'exil et aux travaux forcés à perpétuité, en application des juridictions d'exception récemment mises en œuvre. Jacques fut condamné à vingt ans de travaux forcés parce qu'il n'avait pas été directement impliqué dans le meurtre.

Dans ma petite chambre à Marseille, quand je lus la dernière lettre d'Annette m'annonçant que Jacques avait sauvé sa tête, je ressentis un intense soulagement.

— Il sera en sécurité jusqu'à la fin de la guerre, dis-je joyeusement à Cécile qui s'apprêtait à regagner Paris. Comme ça il sera bien obligé de se tenir tranquille.

Je dansai dans la pièce, la lettre d'Annette à la main.

Sous l'Occupation, être en prison n'avait rien d'infamant. C'était même considéré comme une preuve de patriotisme. De grandes souffrances attendaient Jacques dans les camps de travaux forcés supervisés par les Allemands mais il était jeune et fort. Il m'aimait. Il s'en sortirait. Je priais pour la fin de la guerre, pour sa libération et celle de Stéphanie car à cette époque, j'espérais fermement qu'elle serait sauvée elle aussi.

Six semaines plus tard, le matin du 25 octobre 1943, je m'apprêtais à passer mes examens d'infirmière qui devaient durer cinq jours. J'ouvris comme d'habitude le journal de Marseille et commençai à le lire distraitement tout en mangeant mon frugal petit déjeuner. A cette époque, l'Italie faisait volte-face et déclarait la guerre à l'Allemagne. En Europe, les Alliés avançaient à vive allure. Hambourg croulait sous les bombes. La Corse était le premier département libéré par la Résistance et les Allemands battaient en retraite en Russie. Je me réjouissais que le vent ait enfin tourné.

Et puis un petit article en page intérieure attira mon attention. « Les cinq étudiants de Poitiers. » Je reposai ma tasse de thé et mon morceau de pain sec pour suivre le texte du doigt.

« Le Conseil de guerre allemand annonce l'exécution de quatre des cinq étudiants de Poitiers récemment jugés pour le meurtre du docteur Guérin. Remis au Conseil le 24 septembre par les autorités françaises, ils avaient été condamnés à mort pour le sabotage d'un train de munitions. L'un d'eux a été gracié et condamné à la prison à perpétuité. Cinq de leurs compatriotes communistes ont également été exécutés.

Maître Maurice Garçon, qui avait défendu les étudiants au cours de leur procès à Paris pour le meurtre du docteur Guérin, n'était pas présent à la dernière audience. »

Le journal ne donnait pas le nom de celui qui avait été épargné.

En me levant, je fus surprise de découvrir que mes jambes me portaient encore. J'allai à la fenêtre et restai là une éternité, le regard fixe. Je me dis que Jacques était sûrement vivant sinon mon cœur m'aurait prévenu qu'il était mort. Après tout, il n'avait pas participé au meurtre du docteur Guérin. Mais d'un autre côté, cette deuxième condamnation concernait le sabotage d'un train de munitions allemand auquel Jacques avait pris une part active.

Je souffrais de vertiges et la respiration me manquait. Je dus résister au désir de prendre le premier train pour Poitiers pour aller frapper à la porte de sa mère. Il me fallait rester calme et attendre une confirmation officielle. C'était peut-être un coup monté, de la propagande pour provoquer une réaction de la Résistance.

L'heure de mes examens approchait. Je me rappelai l'enthousiasme de Jacques quand je lui avais annoncé que je voulais devenir infirmière. « C'est merveilleux », m'avait-il dit. « Tous les deux, nous sauverons des vies. »

Plantée devant ma petite fenêtre, je songeai aussi à Fred qui avait fait de lourds sacrifices pour me payer des études et espérait ardemment que je sois infirmière diplômée d'Etat. Et puis ça ou autre chose pour m'occuper l'esprit... il fallait absolument que j'agisse sinon j'allais devenir folle. Je rassemblai mes affaires, me rendis à la clinique de la Croix-Rouge et fis ce que l'on attendait de moi. Voyant que j'avais pleuré, plusieurs personnes me demandèrent ce qui n'allait pas.

— Une poussière dans l'œil, répliquai-je sans fournir davantage d'explications.

Cette nuit-là, j'écrivis une lettre à Annette. Je mentionnai plusieurs amis, posai des questions idiotes à leur sujet et glissai au milieu de mon discours décousu : « Avez-vous des nouvelles du jeune patient qui a été gravement malade l'été dernier ? » Puis j'allai poster ma lettre, retournai dans ma chambre et l'attente commença.

Je passai mes examens écrits et oraux dans un état second. Puis ce fut le tour des examens cliniques. Je soignai des patients, les préparai pour des examens médicaux, administrai des médicaments, fis des piqûres, changeai des pansements sous l'œil exercé des examinateurs. J'avançais dans le brouillard, partagée entre les nausées et la migraine, mobilisant toute ma volonté pour aller jusqu'au bout. A certains moments, j'avais l'impression que j'allais me mettre à hurler. Je revivais par bribes les conversations que j'avais eues avec Jacques. Dévorée par la culpabilité pour ne pas lui avoir apporté mon soutien inconditionnel à Paris, quand il m'avait confessé le drame qu'il vivait, je n'étais plus que remords, douleur et confusion. Tantôt j'étais convaincue qu'il était encore en vie, tantôt je n'y croyais plus et le désespoir me submergeait.

Après chaque examen, je marchais jusqu'à épuisement dans les rues de Marseille. Je ne mangeais pratiquement rien et ne parvenais pas à trouver le sommeil. Les livres, qui m'avaient toujours été d'un grand réconfort, demeuraient inefficaces. Je relisais dix fois la même page et finissais par renoncer.

La lettre d'Annette prit trois semaines avant de me parvenir. Pendant une heure, je restai assise à la regarder, incapable de l'ouvrir. Je déchirai l'enveloppe bleu pâle, pris l'unique feuille qu'elle contenait et la dépliai maladroitement.

Je suis désolée de vous apprendre que le patient dont vous m'avez demandé des nouvelles est décédé.

Mon Jacques, son frère Marc et deux de leurs camarades avaient été alignés contre un mur et fusillés au fort du mont Valérien, près de Paris. Comme des milliers d'autres avant lui, il avait été froidement exécuté. Il avait vingt et un ans. On l'enterra dans un cimetière de banlieue. Sa tombe ne portait aucun nom. Le 6 octobre, jour de sa mort, avait été pour moi une journée comme les autres.

Dans la dernière lettre que Jacques écrivit à ses parents le matin de son exécution, il y avait une phrase pour moi.

Dites à Jacqueline que je l'aime de tout mon cœur. Je veux qu'elle se marie, surtout qu'elle ne passe pas sa vie dans le deuil.

Son message ne me fut transmis qu'un an plus tard. De toute façon, ces quelques mots ne m'auraient pas été d'un grand réconfort.

Il m'était impossible de contacter Cécile et le reste de ma famille avant plusieurs jours. J'étais complètement seule. Les quatre murs de ma chambre me faisaient horreur. Je marchais au hasard dans les rues, juste pour être avec des gens. Je m'asseyais sur un banc, dans un parc, et faisais semblant de lire. Je continuais comme un robot à aller tous les jours à l'Ecole d'infirmières. Là-bas, personne n'avait jamais rencontré Jacques et on se demandait ce qui m'arrivait. Jusqu'au jour où une camarade vint vers de moi et me passa un bras autour des épaules.

— Marthe, dites-moi pourquoi vous êtes si triste.

Je cachai mon visage dans mes mains et éclatai en sanglots.

Après avoir pleuré toutes les larmes de mon corps, je lui dis que mon fiancé avait été tué sans autre commentaire.

La douleur ne me laissait aucun repos. Le temps était figé, l'avenir aboli, il ne me restait que le passé. La vie me semblait complètement absurde. Hantée par le calvaire que Jacques avait vécu, je cherchais refuge dans mes souvenirs. Je nous revoyais faisant du vélo au bord de la rivière, marchant main dans la main dans la forêt. Nous allions partir en Extrême-Orient, nous aurions beaucoup d'enfants et nous vieillirions ensemble.

Notre couple donnait à rire tellement nous étions mal assortis, lui si grand et moi si petite mais ça m'était bien égal. En deux ans, nous avions atteint un degré d'intimité que peu de gens connaissent. Une seule existence n'aurait jamais suffi à réaliser tous nos projets d'avenir. Il était plein de vie, sportif, brillant, et puis un être humain d'une gentillesse et d'une douceur exceptionnelles. J'étais très fière de son courage, et consciente que l'internement de Stéphanie et notre séparation forcée expliquaient en partie la colère qui l'avait poussé à s'engager. Notre relation avait été unique à tous points de vue.

Pour moi, la colère vint plus tard. Il arriva un moment où je n'étais plus qu'un bloc de haine. Les nazis m'avaient privée de mon bonheur avec l'homme que j'aimais, des enfants que nous aurions eus ensemble. Ils étaient même allés jusqu'à lui refuser des funérailles décentes, le droit le plus élémentaire de tout être humain. Les précautions qu'ils prirent pour que pratiquement personne ne sache où Jacques et ses camarades reposaient trahissaient leur crainte que la force morale et l'héroïsme de ces étudiants généreux ne servent d'exemple et de signe de ralliement à la jeunesse française. Dans ma douleur, je ne pouvais même pas écrire à sa mère pour lui présenter mes condoléances pour l'exécution de ses deux fils et la déportation de son mari à Buchenwald, car lui aussi appartenait à la Résistance et menait de son côté des « activités subversives ». Coupée de ceux qui avaient connu et aimé Jacques, j'étais confrontée à un deuil impossible.

Dans ma détresse, je m'engageai solennellement devant Dieu, auquel je n'étais même plus certaine de croire, à toujours entretenir le souvenir de Jacques. Je me souviens très bien de l'instant où je déclarai à haute voix :

— Cher Seigneur, j'aimerai toujours Jacques et je jure solennellement de ne jamais me marier.

Personne à part Dieu n'était au courant.

Puis ce fut les résultats de mes examens. Comble de l'ironie, j'étais reçue avec les félicitations du jury. Malheureusement, Jacques n'était plus et, pour moi, le métier d'infirmière avait perdu de son attrait. Je ne pensais plus qu'à rejoindre la Résistance à Marseille pour causer le plus de tort possible aux Allemands. Mais ma candidature fut refusée.

Quelques mois auparavant, quand Fred était venu à Marseille avec l'argent censé me permettre de libérer Stéphanie, il m'avait présentée à Armand Kramer, un ancien lieutenant de l'armée française, très actif dans le Sud. J'allai le trouver.

— Je suis infirmière diplômée et je peux vous aider, dis-je au jeune homme maussade qui avait perdu un frère dans la lutte contre les nazis.

Kramer me toisa de toute sa hauteur et éclata de rire.

— Mon organisation refuse d'envoyer les petites filles au casse-pipe. Il y a sûrement d'autres moyens d'utiliser vos talents, non ?

Folle de rage, je retournai à Paris pour m'installer définitivement avec Cécile. Les résistants parisiens seraient peut-être moins bornés que les Marseillais. Mais il fallait d'abord que je trouve du travail car Cécile de pouvait pas à elle seule subvenir à nos besoins. Travailler dans un hôpital était exclu. On aurait étudié mes papiers avec beaucoup trop d'attention. Je m'adressai donc à une agence qui m'envoya chez une dame catholique très riche, Mme Lucas, qui avait besoin d'une infirmière pour sa vieille mère.

Mme Lucas était très gentille et me traita tout de suite comme sa fille. Elle-même et son frère, conservateur du musée du Louvre, avaient beaucoup de relations. Je ne lui ai jamais dit que j'étais juive mais je pense qu'elle l'avait deviné. Je passais cinq jours par semaine à son domicile et prenais mes repas avec elle et sa mère. Chaque soir, je retournais chez Cécile qui habitait maintenant un appartement plus grand, avenue de La Bourdonnais.

La vie était difficile, avec des black-out et des coupures d'eau incessants. Le pain pour lequel nous faisions la queue avait un goût de sciure. Nous n'avions droit qu'à une paire de chaussures par an, en tissu renforcé avec des semelles en bois. On ne trouvait pas d'étoffe pour se faire des vêtements. Les Allemands prenaient tout. On ne pouvait rien acheter sans tickets et les marchandises disponibles étaient très limitées. Je n'avais pas pu me trouver de manteau d'hiver. Le charbon ayant disparu, on était privés de chauffage et autorisés à cuisiner à certaines heures bien précises de la journée à cause de la pénurie de gaz.

Murée dans mon chagrin, je ne prêtais guère d'attention à ces privations. Tous les dimanches, je prenais le métro jusqu'à la station Porte-d'Ivry et me rendais au cimetière parisien d'Ivry où Jacques était enterré anonymement.

Cécile se faisait du souci.

— Sois prudente, Marthe. La Gestapo fait certainement surveiller le cimetière. Les relations des fusillés les intéressent.

Sourde à ses injonctions, je prenais mon écharpe, l'embrassais sur les deux joues et me mettais en route.

Je finis par trouver un certain réconfort à ce long trajet dans un métro plongé dans l'obscurité. Je m'appuyais à la vitre renforcée de bandes de papier adhésif en croisillons pour empêcher qu'elle se brise en cas de bombardements. Sous l'effet de ma respiration, je la regardais se troubler et s'éclaircir, se troubler et s'éclaircir... j'avais peu d'argent et les fleurs étaient rares, mais je trouvais presque toujours quelques roses ou quelques chrysanthèmes chez un fleuriste à l'entrée du cimetière. Mon bouquet à la main, j'avançais au milieu des rangs de tombes symétriques, avec leurs pierres tombales gravées, et je rejoignais le carré des tombes anonymes.

Le jour de ma première visite, le gardien m'avait expliqué que les condamnés étaient amenés en camion pour leur exécution au mont Valérien, puis enfermés dans une chapelle désaffectée avant qu'on les conduise dans une clairière située à une centaine de mètres en contrebas. Leurs corps étaient ensuite dispersés dans les cimetières de la région parisienne. Il avait parcouru une liste du doigt, m'avait donné deux chiffres, quarantième division, quarante-sixième ligne, et guidée vers un petit tumulus en terre, dernier séjour du jeune homme avec lequel j'avais espéré passer le reste de mon existence.

— Faites attention, mademoiselle, m'avait prévenue le gardien aux doigts jaunis par le tabac. Les Allemands sont partout.

Chaque semaine, je rejoignais la tombe de Jacques, j'ôtais les fleurs fanées et j'en mettais des fraîches dans un pot trouvé là.

— Bonjour, mon chéri, c'est ta petite Marthe. Me revoilà, mon amour. Tout va bien.

Je restais là à lui parler et le temps s'arrêtait. Quand je me réveillais, le soleil se couchait sur la ville. Engourdie et lasse, je retraversais le cimetière comme une somnambule et prenais le chemin de l'appartement où Cécile m'attendait.

Nous déménagions régulièrement, on louait des appartements à des gens qui ne posaient jamais de question, prêts à risquer les pires ennuis pour des inconnues. Ils appartenaient à un réseau anonyme qui aidait les personnes comme nous. « Jacques Lefèvre », le nom du petit ami de Cécile, nous servait toujours de mot de passe. Au cours de ces premiers mois, on déménagea quatre ou cinq fois. Après qu'une de nos connaissances eut été arrêtée, Mme Lucas nous prêta même un de ses appartements, un endroit magnifique à Neuilly, sans même nous demander ce qui nous poussait à changer une nouvelle fois d'adresse. A cette époque, Paris était comme ça. Plein de gens se cachaient, passant rapidement d'un endroit à un autre. On n'osait pas rester quelque part trop longtemps, de crainte que des amis ou des connaissances qui savaient que nous étions juives soient torturés et révèlent notre adresse à la Gestapo. Ce n'est pas que nous étions naturellement méfiantes mais nous savions pertinemment que quand quelqu'un est torturé suffisamment longtemps, il parle. D'ailleurs, la plupart d'entre nous finiraient par craquer. Vous pouvez être un jour un héros et le lendemain un lâche. Je le sais. J'ai été les deux.

Au quotidien, je remarquais à peine les précautions constantes auxquelles Cécile et moi devions nous plier pour éviter d'être dénoncées ou arrêtées par les autorités avec lesquelles nous évitions tout contact. Nous nous contentions de survivre en essayant de gagner autant d'argent que possible afin de pouvoir en envoyer à notre famille qui se cachait dans le Cantal. Les Allemands étaient partout. Il n'y avait pas moyen de les éviter. Ils avaient réquisitionné les plus belles demeures, les meilleurs hôtels, ils fréquentaient assidûment les restaurants, les cinémas et les théâtres. Parfois, des groupes de soldats de la Wehrmacht nous arrêtaient dans la rue pour tenter d'engager la conversation mais on n'avait pas trop de mal à s'en débarrasser.

Pour prévenir le danger, j'avais acquis un sixième sens, ce qui me sauva plus d'une fois la vie, à Paris et ailleurs. Alors que je m'apprêtais à descendre dans le métro, je m'arrêtais et faisais demi-tour. Quelques secondes plus tard, j'entendais dans les sous-sols les sifflets de la police qui procédait à une rafle et arrêtait les juifs et les « indésirables ». Nous avons eu de nombreux amis juifs arrêtés et déportés de cette façon. Nous étions sans arrêt sur nos gardes.

Un samedi après-midi, je marchais avec Cécile sur le boulevard Haussmann, du côté de l'Opéra, et je pensais comme d'habitude à Jacques — le lendemain je devais me rendre sur sa tombe — quand je vis un homme sortir d'un hôtel. Il faillit nous rentrer dedans et en le regardant plus attentivement, je le reconnus sans peine.

— Ça alors, Heinrich ! dis-je sans réfléchir.

Cécile s'immobilisa à mes côtés devant notre ami de Poitiers, l'Allemand communiste qui avait fait la guerre d'Espagne. Il était toujours aussi beau et ça me faisait plaisir de le retrouver car je m'étais souvent demandé ce qu'il était devenu.

— Bonjour, répliqua-t-il d'un air absent avant d'ouvrir brusquement les bras.

— Marthe ! Cécile ! quel plaisir de vous revoir !

C'est alors que je remarquai sa tenue. Il portait un costume à fines rayures magnifiquement coupé, une serviette et des chaussures en cuir toutes neuves. Il dégageait un parfum d'after-shave et de cigares de luxe. En relevant la tête, je vis qu'il sortait de l'hôtel Ambassador, au 16, boulevard Haussmann, occupé par la Kriegsmarine.

— Que faites-vous donc à Paris, les filles ? s'enquit Heinrich, très à l'aise.

— Une excursion pour la journée, répondit très vite Cécile. On est arrivées ce matin.

Je lui jetai un regard en biais.

Heinrich nous examina attentivement de la tête aux pieds et je vis les muscles de sa mâchoire se crisper.

— Ah bon ?

Le ton avait imperceptiblement changé.

— Tiens, vous ne portez pas l'étoile jaune.

Mes mains devinrent moites. Heureusement, Cécile, qui avait compris le danger bien avant moi, répliqua aussitôt avec un sourire complice :

— On les a enlevées pour le voyage. Ouf, par les temps qui courent, ça rend quand même la vie plus facile.

— Oui, bien sûr, dit Heinrich qui jetait maintenant des coups d'œil autour de lui. Et si on allait boire une verre en souvenir du bon vieux temps ? Il y a un charmant petit café pas loin d'ici où j'ai mes habitudes.

— Merci, Heinrich, mais nous n'avons pas le temps. Quel dommage, on a tellement de choses à faire. Marthe ! il est déjà cinq heures, on va rater notre train. A un de ces jours, Heinrich, ça nous a fait vraiment plaisir de vous revoir.

Et elle lui tendit sa main gantée.

Il resta planté là tandis que nous nous éloignions d'un pas pressé. On s'engagea aussitôt dans des petites rues qui nous

Régine Hoffnung, ma mère, et Fishel Hoffnung, mon père, dans leur jeunesse.

Photo de famille à la piscine de Metz durant l'été 1936. Dans le sens inverse des aiguilles d'une montre en partant d'en bas à gauche : Arnold (né en 1916), Stéphanie (née en 1921), Fred (né en 1911), Rosy (née en 1925), Hélène (née en 1924) et moi (1920). Il manque ma sœur Cécile, née en 1915.

Eté 1936 à Metz. Je porte un chapeau de paille fait par Cécile.

A Metz en 1937 à la piscine de taille olympique – très moderne pour l'époque – où j'ai passé de nombreuses heures à m'entraîner. J'étais une bonne nageuse et ai même participé à des compétitions.

Jacquie Farber en 1938 (âgé de trois ans) peu après son arrivée à Metz alors qu'il avait fui Düsseldorf où il avait été témoin du saccage de sa maison par la Gestapo lors de la Nuit de Cristal.

Stéphanie, à dix-sept ans, à la piscine de Metz durant l'été 1938.

A Metz, e
1938, dan
un champ
pendant
une
randonné

Serge Lenay en Bretagne, alors âgé de sept ans, entouré d'amis de la famille, avant son voyage en Indochine.

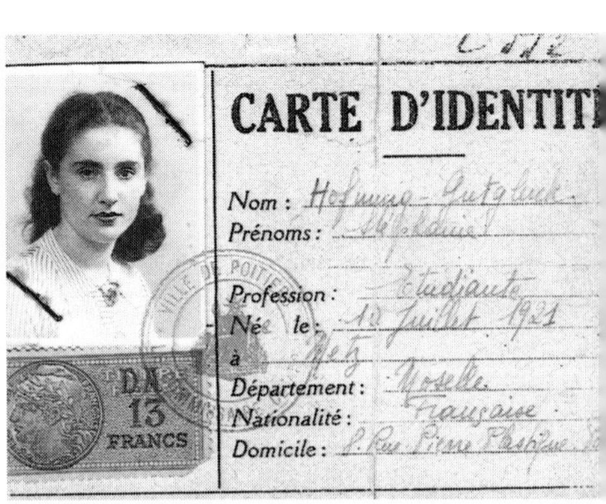

Stéphanie : sa carte d'identité quand nou
habitions 8, rue de la Pierre Plastique
Poitiers, de la fin de l'année 1940 au début d
l'année 1941. Elle avait vingt ans.

Marc (à gauche) et Jacques Delauney à Poitiers, autour de 1941.

Fred Hoffnung, mon frère aîné, et sa femme Rosette, le jour de leur mariage à St. Etienne en 1941, après avoir franchi avec succès la ligne de démarcation.

Eté 1941. Je suis assise à gauche, aux côtés de Jacques Delauney. Nous profitons d'une journée à la campagne avec des amis et sommes attablés dans le café d'un petit village.

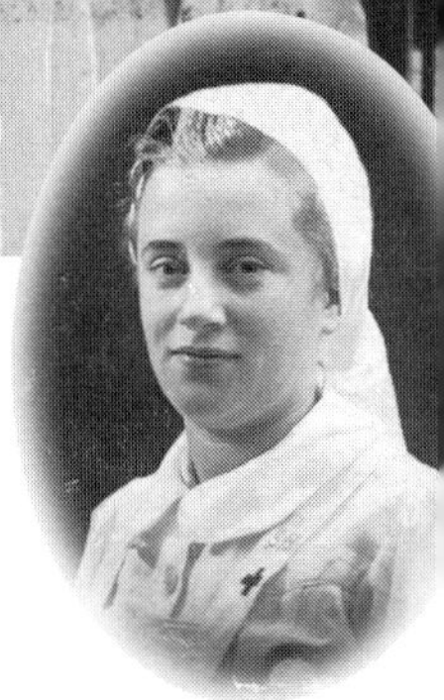

Ci-dessus : La photographie officielle de mon école d'infirmière prise durant l'automne 1941 à Poitiers. De droite à gauche : mademoiselle Falaise, notre professeur ; Mademoiselle Margnat, la directrice ; et moi.

A droite : Automne 1941 : Une photographie de moi en tant qu'étudiante infirmière à Poitiers.

Jacques Delauney, mon fiancé à l'époque, et moi à Poitiers durant l'hiver 1941. Nous sortions d'un match de basket-ball auquel avait participé Jacques. Je porte à nouveau un chapeau créé par Cécile.

ÉTAT FRANÇAIS
CARTE D'IDENTITÉ
Nom Hofnung
Prénoms Marthe
Domicile 21 rue de Provence Marseille
Profession Infirmière
Née le 13 Avril 1920
à Metz Dpt Moselle
fille de Michel
et de Matrith Régine
Nationalité Française
Signature du titulaire. Hofnung
Empreinte digitale
15 FRANCS
SIGNALEMENT
Taille 1m50
Visage ovale
Teint clair
Cheveux Blonds
Moustaches
Front
Yeux verts
Nez
Bouche moyenne
Menton rond
Signes particuliers
Changements de Domicile
Timbre
le 20 NOV
MARSEILLE

Ma carte d'identité datée du 20 novemb 1943, établie à Marseille pour remplac celle que m'avait fournie Monsie Charpentier en 1942 à Poitiers, car d'identité qui ne porte pas le tamp JUIVE. Cette nouvelle carte m'a perm de voyager en toute sécurité à Paris et d vivre jusqu'à la Libération.

Jacques et moi à Vic-sur-Cère pendant les vacances de Pâques en 1943. Nous fêtions la Pâque juive avec ma famille. Pendant ces vacances, nous avons fait des randonnées dans les magnifiques montagnes du Cantal, au cœur de l'Auvergne. Ce jour-là, nous étions assis sur le toit du monde.

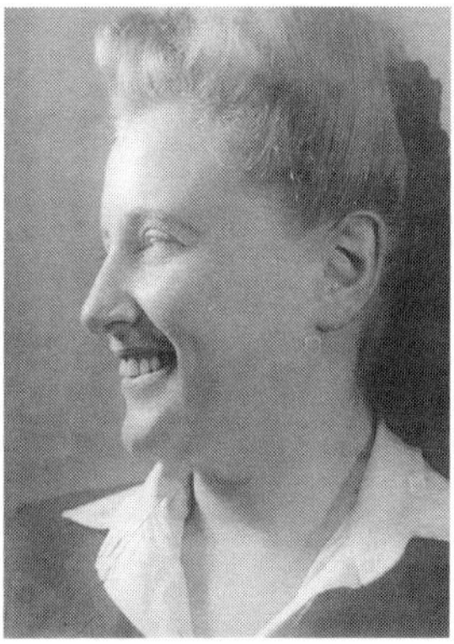

A gauche : En civil, en 1945, à notre antenne des services secrets des quartiers généraux de la première armée française du Général de Lattre de Tassigny.

A droite : En uniforme, en 1945. Je porte sur le côté gauche de ma veste la Croix de Guerre avec deux étoiles d'argent et sur la droite l'insigne des Commandos d'Afrique. Le Colonel Bouvet m'avait récompensée du titre et de l'insigne de commando honoraire le jour où il m'avait décerné la première de mes deux Croix de Guerre, devant ses troupes, quelque part en Alsace.

Le Capitaine Paul Ligouzat, officier des Commandos d'Afrique, et moi, sur le ferry qui traverse le lac de Constance, en 1945, à mon retour d'une mission en Allemagne.

Le Capitaine Louis Lenay (à gauche), le père de Serge, dans la jungle indochinoise, entre 1946 et 1947. La photo m'a été donnée par Serge quand je l'ai rencontré avec sa famille en novembre 2001 à Paris.

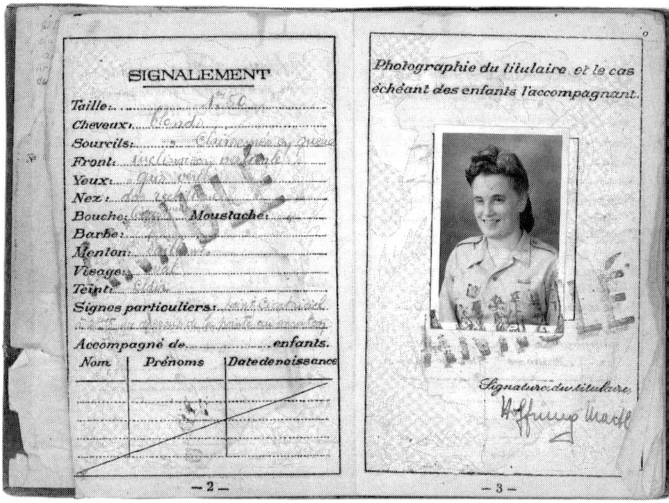

SIGNALEMENT

Taille: 1m50

Cheveux: blonds

Sourcils:

Front:

Yeux:

Nez:

Bouche: Moustache:

Barbe:

Menton:

Visage: ovale

Teint: clair

Signes particuliers:

Accompagné de .... enfants.

Nom	Prénoms	Date de naissance

— 2 —

Photographie du titulaire et le cas échéant des enfants l'accompagnant.

Signature du titulaire.

— 3 —

Passeport établi en Indochine avant mon retour en France en 1948. Je porte un uniforme colonial.

Printemps 1949 à Poitiers, peu après mon retour.

En vacances à Vichy en 1950.

A gauche : A Poitiers en 1950. *A droite :* En compagnie d'une amie lors du bal annuel de l'antenne de Poitiers de l'association de vétérans Rhin et Danube que j'ai organisé en 1951.

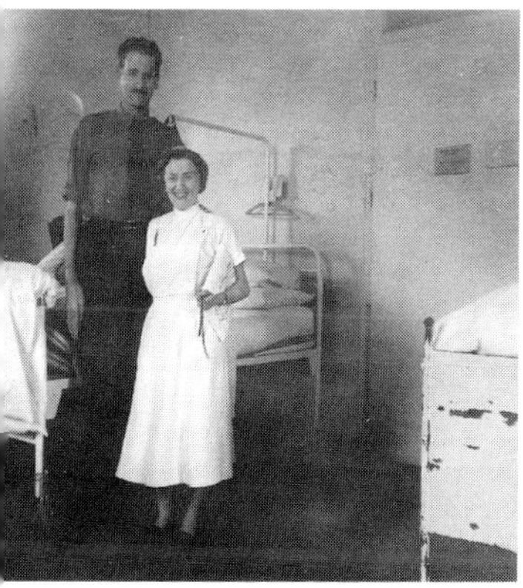

Avec un patient dans le service de neurologie de l'hôpital cantonal de Genève, en Suisse. J'étais infirmière en chef de ce service de l'automne 1955 jusqu'à mon départ pour les Etats-Unis en juin 1956.

En randonnée dans les Alpes durant l'été 1955 avec, de gauche à droite : Cécile et son chien adoré, Nounours, que je lui avais offert pour la nouvelle année en 1951, mon futur mari, Major L. Cohn, et moi.

Major et moi, quelques instants après notre mariage célébré selon la tradition juive sous la houppa.

En novembre 1961, avec Stephen Jacques (âgé de onze mois) à New York, où nous avons vécu de 1960 à 1962. Je travaillais alors comme infirmière anesthésiste à l'hôpital de New York pendant que mon mari, Major, faisait partie de l'équipe du centre anti-cancéreux Sloan-Kettering.

A Minneapolis en septembre 1964 Rémi Benjamin (âgé d'environ cinc mois) dans mes bras et Stephen Jacques (âgé de quatre ans) sur le cheval d bois.

A l'hôtel Sofitel de Los Angeles le 14 juillet 2000, après que le consul français, Yves Yelda, m'a officiellement remis la Médaille Militaire. De gauche à droite : Major, Remi Benjamin, le consul Yelda, Stephen Jacques. Devant : moi et ma petite-fille Anna Regina.

permirent de revenir sur nos pas pour repartir dans l'autre sens, toujours en prenant des itinéraires bizarres. Quand on fut certaines de ne pas être suivies, Cécile se tourna vers moi.

— Non mais qu'est-ce qui t'a pris ? s'exclama-t-elle avec colère. Il ne nous avait même pas remarquées. On l'a échappé belle !

Je m'excusai platement. J'avais été si surprise de le voir et il s'était toujours montré si amical que je m'étais précipitée dans le piège tête la première. Cécile avait bien eu raison de se méfier de lui. Ce salaud travaillait pour les services secrets allemands. A Poitiers, il nous espionnait et faisait des rapports à ses supérieurs. Nous nous étions tous fait avoir.

Cet après-midi-là, je suis certaine qu'après notre entrevue il est immédiatement retourné à l'hôtel Ambassador pour donner notre signalement et demander à ce qu'on fasse surveiller les gares. Ce jour-là, nous avons vraiment senti le vent du boulet nous siffler aux oreilles.

Recoller les morceaux

A Paris, Cécile et moi attendions la Libération avec impatience. Les Alliés remontèrent vers le nord de l'Italie, reprirent Rome, puis vint le jour du débarquement en Normandie, le 6 juin 1944.

Par la radio, on apprit que les SS avaient massacré près de sept cents Français dans le village d'Oradour-sur-Glane. Nous pensions aux pauvres Londoniens bombardés par les V1, et nous applaudissions l'armée soviétique qui avançait sur Varsovie. Nuit après nuit et malgré les parasites, nous écoutions la radio anglaise que les Allemands ne parvenaient pas à brouiller. On saluait les avions alliés depuis les toits, on sursautait au bruit des canons antiaériens et on pleurait amèrement sur chaque pilote perdu.

Malgré mes espoirs de faire mon chemin dans la Résistance, je n'étais toujours pas parvenue à y rentrer. On n'arrêtait pas de se moquer de moi. Je parvins cependant à rencontrer un des chefs de la Résistance, dans une banlieue de Paris. Dans son bureau, il m'interrogea pendant plus d'une heure, tout ça pour me dire :

— Ce n'est pas sérieux, mademoiselle. Vous n'êtes encore qu'une enfant. Je ne vois pas très bien à quoi vous pourriez nous servir.

Bien que n'appartenant pas à un groupe structuré, j'avais toujours eu le sentiment que survivre en tant que juive à Paris était un acte héroïque en soi. Une lutte pour l'humanité.

Plus les Alliés se rapprochaient, plus les Allemands devenaient agressifs. Eux qui se croyaient invincibles étaient tombés de haut. L'armée allemande, si sûre d'elle après ses victoires innombrables, n'avait jamais imaginé que les Alliés la mettraient en échec. Les rues étaient pleines de soldats allemands. Chaque jour, ils remontaient en grande pompe les Champs-Elysées. Ils n'avaient jamais eu beaucoup de public mais maintenant, ils défilaient au pas de l'oie dans un théâtre vide.

En août 1944, Cécile et moi vivions dans l'appartement de l'avenue de La Bourdonnais, la troisième maison sur la gauche en venant de la Seine, tout près du pont d'Iéna. On s'était battu dans Paris pendant plus d'une semaine, des barricades avaient été érigées et il y avait eu beaucoup de morts. Malgré les fusillades incessantes, je me rendais à mon travail tous les jours, mais je vis beaucoup de blessés et je dus plus d'une fois changer de trajet à cause des tireurs embusqués. Devant tous ces blessés, je me présentai au bureau de la Croix-Rouge pour y offrir mes services :

— Je suis infirmière diplômée d'Etat.

— Vous êtes juive? me demanda une jeune femme à l'accueil. Nous ne sommes pas autorisés à enrôler des juifs.

Je repartis, dégoûtée. C'était la troisième fois qu'on me posait la même question dans cette organisation internationale soi-disant neutre.

Les combats s'intensifièrent mais les Parisiens ne parvenaient plus à contenir leur ivresse. La libération était à portée de main. Le soir du 24 août 1944, après le couvre-feu, on apprit par la radio que les troupes du général Leclerc et sa deuxième division blindée, la célèbre 2e DB, étaient aux portes de Paris. Les Américains, qui avaient ouvert la voie, avaient laissé par courtoisie les Français pénétrer dans Paris les premiers. Quand on apprit la nouvelle, je venais de rentrer du travail et me trouvais à la maison avec Cécile.

C'est alors que les cloches de Paris, qui avaient été silencieuses pendant les quatre années d'occupation, se mirent à sonner.

— Ecoute, Cécile !

J'ouvris les fenêtres de notre appartement. Les cloches carillonnaient à toute volée. On se laissa bercer par cette musique divine dans la lumière du soleil couchant.

Tout le monde sortait sur son balcon, montait sur les toits ou se penchait à sa fenêtre. On pleurait de joie. Un peu plus bas dans la rue, des gens commencèrent à chanter la Marseillaise. On se joignit au chœur, c'était irrésistible. Bientôt, on aurait cru que tout Paris répondait au chant des cloches par l'hymne national.

La spontanéité de cette manifestation populaire était poignante. Les Allemands, qui tiraient à la mitrailleuse depuis les barricades, levèrent la tête, impuissants. La libération de Paris était la réponse à nos prières et personnellement, je n'avais jamais cessé d'y croire. Les Alliés gagneraient parce que les agissements des Allemands symbolisaient le mal.

— Nous infliger toute cette misère, cela ne restera pas impuni, avais-je dit gravement à Cécile.

Maintenant, après quatre années d'occupation, nous chantions à gorge déployée au nez et à la barbe de l'ennemi. Certains pointèrent leurs mitrailleuses dans notre direction mais ils n'osèrent pas aller plus loin. Ils avaient bien trop peur de ce qui leur arriverait s'ils mettaient leurs menaces à exécution. Nous avions souffert de leur présence, été contraints de vivre selon leurs ordonnances, dans la faim et les privations. Mais le vent avait tourné. Ils étaient perdus et ils le savaient. Seul le couvre-feu nous empêcha d'aller danser dans les rues, mais à l'unisson du carillonnement incessant des cloches nous pouvions enfin manifester nos véritables sentiments. C'était merveilleux.

Le lendemain matin, le 25 août, le soleil brillait et pendant la nuit, les postes de défense avaient été abandonnés par les Allemands. Les Français prirent Paris d'assaut, arrachant le drapeau à croix gammée de la tour Eiffel pour le remplacer par le drapeau tricolore. Dès le 15 août, la police s'était mise en grève, le 19, les gardiens de la paix avaient occupé la Préfecture de police dans l'île de la Cité. Aujourd'hui, avec les dernières poches de résistance des Français de Vichy et des Allemands, les combats de rue se poursuivaient sporadiquement, avec tirs de grenades et tireurs embusqués.

A dix-neuf heures, le général de Gaulle était reçu à l'Hôtel de Ville et faisait une allocution improvisée dont une phrase deviendra célèbre :

Paris ! Paris outragé ! Paris brisé ! Paris martyrisé ! Mais Paris libéré !

Le lendemain matin, j'appelai Mme Lucas pour lui annoncer que je ne viendrais pas ce jour-là.

— N'est-ce pas merveilleux ! lui lançai-je.

Elle acquiesça.

Je pris ma bicyclette et partis par les rues. On tirait encore et je vis des cadavres sur le pavé, mais j'étais si excitée que j'oubliai le danger. Je voulais vivre ce moment historique. Je pédalais avec l'énergie de mes vingt-quatre ans. Je vis des résistants maîtriser des Allemands et des collaborateurs qui continuaient à tirer depuis les toits et les fenêtres.

Je vis des hommes et des femmes, les bras pleins de fleurs et de cadeaux, grimper sur les tanks et embrasser les soldats français. Le lendemain, les Américains seraient en plus grand nombre mais pour l'heure, c'étaient les Français que l'on accueillait et que l'on remerciait avec une émotion délirante. Les vieux messieurs avaient sorti leur plus beau costume, les femmes étrennaient les robes qu'elles avaient précieusement mises de côté dans l'attente de la Libération, les barmen faisaient sauter les bouchons des bouteilles de champagne qu'ils avaient soigneusement gardées pour l'occasion.

Tout le monde n'était pas dehors et comme beaucoup de gens, Cécile resta à la maison. Quand je rentrai ce soir-là, j'étais hors d'haleine.

— Cécile, c'est merveilleux, Paris est sauvé. Les Allemands s'en vont. La police doit protéger les soldats pour empêcher qu'ils soient lynchés.

Je lui racontai tout. Y compris les scènes les plus pénibles.

— J'ai vu une femme dont on avait rasé la tête et qu'on traînait dans les rues en la battant pendant que la foule rigolait. Ceux qui lui tapaient dessus n'avaient sûrement jamais levé le petit doigt contre les Allemands, tu peux me croire. J'ai bien songé à intervenir mais ça n'aurait servi à rien. Je me serais fait insulter ou pire encore.

Cécile m'écoutait avec de grands yeux.

— J'ai fait le tour de Paris. Je voulais tout voir. C'est incroyable le nombre de femmes en uniforme français ou américain. Jacques et moi on s'était juré de rejoindre l'armée de de Gaulle et maintenant il va falloir que j'y aille seule. Je vais enfin pouvoir accomplir mon devoir envers mon pays, Cécile.

La Libération m'avait soulagée d'un grand poids mais ma tristesse demeurait. J'étais vivante et Jacques était mort. Les jours passaient mais pas mon chagrin, l'injustice de sa disparition revenait me hanter, ainsi que le sort de Stéphanie dont je voulais croire qu'elle se trouvait dans un camp de travaux forcés à Metz, toujours sous contrôle allemand. Quant au Cantal, où vivait ma famille, la situation était loin d'être réglée.

Dans ma tête, il fallait absolument que j'aide à finir cette guerre qui faisait rage dans le reste de l'Europe. Les nazis avaient perdu Paris et beaucoup de territoires, mais ils avaient pris Bucarest, rasé Varsovie et ne se privaient pas d'utiliser leurs nouvelles bombes V2 à longue portée. La bataille était loin d'être gagnée et j'étais bien décidée à y prendre part pour sauver la France.

Le lendemain de l'entrée triomphale de Leclerc dans Paris, je voulus m'engager dans l'armée régulière comme infirmière. Cela me semblait une démarche tout à fait logique. Après tout, j'avais été formée pour servir dans ce genre de situation. Quand j'arrivai au bâtiment où on m'avait indiqué que se trouvaient les bureaux de recrutement, je trouvai des files de gens qui attendaient sur un boulevard parisien. Je fis la queue pendant plusieurs jours sans qu'on m'accorde la moindre attention. Quand je parvins enfin à parler à quelqu'un, je tombai de haut.

— Quelles preuves avons-nous que vous n'avez pas aidé les Allemands pendant l'Occupation ? me demandèrent-ils après avoir exigé non seulement ma carte d'identité mais aussi un extrait de naissance et toutes sortes de papiers que j'étais bien en peine de leur fournir.

D'un autre côté, je comprenais leurs raisons : ils se méfiaient des collaborateurs qui cherchaient à se blanchir.

— Comment puis-je m'enrôler sans tous les papiers que vous me demandez? dis-je à la femme officier.

— Vous ne le pouvez pas. Au suivant, répliqua-t-elle en se détournant de moi.

Un soir, alors que je rentrais de mon travail chez Mme Lucas et que je réfléchissais à la meilleure façon de réaliser mes projets, j'entendis des pas derrière moi sur le pont d'Iéna. Je me retournai et vis un homme très grand. Quelque chose chez lui m'effraya. Il n'était que sept heures et demie mais l'endroit était désert et il n'y avait pas une seule voiture à l'horizon.

J'accélérai le pas mais avant que j'aie pu atteindre l'autre rive, il me rejoignit et je me trouvai confrontée à un colosse américain qui puait l'alcool. Il commença à me parler dans un anglais pâteux auquel je ne comprenais rien. Il m'attrapa, me serra contre lui et je me débattis pour me libérer de son étreinte. Avec un sourire grimaçant, il commença à me tirer vers un petit escalier en pierre qui descendait jusqu'à la Seine où nous aurions été encore plus isolés.

Je m'affalai sur le trottoir. Surpris par ce poids mort, il me lâcha le bras. Aussitôt je me relevai et courus jusqu'à la rue.

— Au secours! hurlai-je dans l'espoir que quelqu'un m'entendrait depuis l'un des appartements.

Mais mon assaillant s'était remis de sa surprise et il eut tôt fait de me rattraper. Il tira sur mon chignon, déchira mon chemisier, ses mains étaient partout et son haleine empuantie me donnait envie de vomir.

Le seul anglais que je connaissais, je l'avais appris par des chansons à la radio. Je voulus lui dire que j'allais crier mais je lui déclarai que j'allais pleurer, *to cry* dans la langue de Shakespeare.

Il rit tandis que je lui frappais la poitrine de mes poings.

— *Cry, baby, cry...*

Ses intentions étaient claires tandis qu'il cherchait à soulever ma jupe tout en tripotant son pantalon. Comprenant ce qui était sur le point de se passer, je me redressai et me lançai dans une tirade haineuse :

— Vous me dégoûtez, vous n'êtes qu'un pauvre type, un soudard, un ivrogne. Vous venez à Paris soi-disant pour nous sauver mais moi, aucun boche ne m'a jamais agressée !

Il fut brusquement déconcerté. Il avait saisi le mot « boche » et compris que je le considérais comme plus méprisable que les Allemands. Il me lâcha, se passa la main dans les cheveux, tituba et parut soudain honteux.

Il changea de ton, essaya de me calmer mais je lui jetai un regard de mépris, réajustai mes vêtements déchirés et remis mes cheveux en place.

Et puis voilà qu'à ma grande stupéfaction, il tombe à genoux et me prend la main.

— S'il vous plaît, se met-il à bégayer dans un français abominable, est-ce que je peux vous revoir ?

Je le toisai avec dégoût et lançai un « Non ! » catégorique avant de prendre mes jambes à mon cou.

Il beugla un moment derrière moi, je l'entendis courir pesamment et puis il abandonna la partie. J'arrivai hors d'haleine à la maison.

Après la mort de Jacques et Marc, le nom de Delaunay était devenu célèbre et inspirait le plus grand respect. Ceux qui étaient morts pour la France étaient maintenant considérés comme des héros.

Dès que cela me fut possible, je pris le train pour Poitiers. Enfin j'allais rencontrer la mère de Jacques. Pendant le trajet, je fus assaillie par les souvenirs et quand je me présentai devant la porte de la maison que j'avais toujours connue comme celle de Jacques, j'étais au bord du malaise. Je frappai à la porte, attendis un instant et faillis partir en courant. Puis j'entendis des pas qui approchaient, on tira des verrous et une femme apparut dans l'entrebâillement de la porte. Elle était maigre, d'une extrême pâleur avec des yeux cernés de mauve.

— Madame Delaunay ? Je suis Marthe.

Il y eut un silence. Elle me regardait d'un air absent.

— Peut-être me connaissez-vous mieux sous le nom de Jacqueline. Jacqueline Lenôtre.

La porte s'ouvrit brusquement et Mme Delaunay me tomba dans les bras. Nos larmes se mêlèrent tandis que nous nous étreignions sans parler pendant plusieurs minutes. Quand finalement on se regarda, elle prit mon visage dans ses mains et m'embrassa tendrement sur les deux joues.

— Bienvenue, Marthe, me dit-elle d'une voix brisée par l'émotion. Entrez, ma petite fille.

Assises côte à côte dans son salon, on parla longtemps, on pleura et on partagea des souvenirs. Elle ouvrit pour moi son album de famille et me montra des photos de Jacques et Marc enfants. Elle me raconta ses quelques visites à la prison, les tortures que ses fils avaient subies et la faim qui les tenaillait en permanence.

— Surtout Jacques, me dit-elle en souriant à travers ses larmes. Petit, il avait déjà un appétit d'ogre.

Tout en l'écoutant, je me dis brusquement qu'il fallait qu'elle vienne avec moi à Paris. La perte de ses enfants et de son mari — dont elle était toujours sans nouvelles — l'avait rendue malade. Elle souffrait d'une dysenterie qu'elle avait contractée en Indochine. Je l'aidai à faire sa valise et la ramenai chez Cécile où on fit tout notre possible pour bien s'occuper d'elle.

Quand sa santé fut un peu rétablie, je l'emmenai au cimetière parisien d'Ivry, voir les tombes de ses fils. Je me tins à l'écart tandis qu'elle s'agenouillait à même la terre.

— Je veux les ramener à Poitiers, me dit-elle, le visage ravagé par le chagrin. Quand j'irai mieux, je les arracherai à cet horrible endroit.

De Gaulle se déplaça jusqu'au cimetière pour rendre les honneurs aux fusillés. Je me tenais avec Mme Delaunay devant les tombes de ceux que nous avions aimés, tout comme les parents de dizaines d'autres dans cet endroit lugubre. Nous attendions tous quelques mots du grand chef, mais de Gaulle se contenta de faire le salut militaire puis il tourna les talons et disparut. Mme Delaunay fut terriblement choquée.

— La mort de mes fils ne valait-elle pas quelques mots ? me demanda-t-elle avec des yeux fous de chagrin.

Mais les chefs de la Résistance qui étaient présents lui prodiguèrent les plus grandes marques de respect. Et quand ils demandèrent s'ils pouvaient faire quelque chose pour elle, elle leur dit simplement :

— Oui, vous pouvez aider Mlle Hoffnung à rejoindre une des unités de l'armée. Elle était la fiancée de mon fils Jacques et ses références sont impeccables. Elle a mon approbation pleine et entière.

Et c'est ainsi que grâce à son intervention, je fus finalement intégrée dans l'armée sous le matricule 44-75802236 et versée dans le 151e régiment d'infanterie, une ancienne unité de la Résistance placée sous le commandement du colonel Pierre Fabien, héros de la Résistance parisienne. Il était célèbre pour avoir tué le premier soldat allemand à Paris, un officier, sur le quai de la station de métro Barbès. Sur les ordres du général de Gaulle, lui et ses hommes furent intégrés à l'armée française régulière — et j'étais une de leurs récentes recrues.

Le 16 septembre 1944, la ligne Siegfried était enfoncée à Aix-la-Chapelle, première ville allemande à tomber aux mains des Alliés tandis que les Russes atteignaient la Vistule. Quant à moi, je partis pour le front alsacien dans un vieux bus bringuebalant avec un groupe d'hommes qui retournaient au front après une permission bien méritée. Je portais des vêtements civils : un élégant tailleur bleu marine et un corsage blanc. Dans le bus, un des officiers me demanda poliment :

— Vous allez rendre visite à quelqu'un, mademoiselle ?

— Non, répliquai-je avec un grand sourire. Je viens de m'engager.

Le bus n'arrêtait pas de tomber en panne. Le voyage prit quatre ou cinq jours dans une campagne française dévastée. Comme il y avait très peu d'essence, la seule manière de poursuivre notre voyage était d'en voler aux Américains.

Quand j'arrivai en Alsace, je fus interrogée par un officier du nom de Michel Guéret, un type odieux. Nous étions face à face, moi au garde-à-vous.

Il me toisa du haut de son grand nez

— Avez-vous été dans la Résistance ?

— Non mon lieutenant mais...

— Comment osez-vous vous présenter ici alors que vous n'avez rien fait pendant la guerre ? hurla-t-il en devenant violet. Je suis fatigué de ces trouillards qui essayent de gagner un peu de crédibilité en nous rejoignant sur le tard.

— Je ne suis pas une trouillarde. J'ai accompli beaucoup de choses pendant la guerre mais je n'appartenais pas à un groupe structuré, contrairement à mon fiancé qui a été fusillé.

Guéret ne fut guère impressionné.

— Raison de plus pour vous battre, mademoiselle. Ce n'est pas de votre fiancé dont nous parlons mais de vous. Pourquoi n'avez-vous pas tué des Allemands quand l'occasion s'en présentait ? Vous n'aviez pas besoin d'une structure.

J'eus beau essayer de lui expliquer pourquoi je n'avais pas pu rejoindre la Résistance et comment, avec ma famille, nous avions aidé des réfugiés à passer la ligne de démarcation, il demeura de marbre.

— Ce n'est pas un endroit pour vous, me dit-il en ricanant. Vous feriez mieux de rentrer à la maison.

— Non mon lieutenant, répliquai-je avec fermeté. J'ai été envoyée à votre unité par le commandement militaire de Paris et j'ai l'intention de rester ici.

En tant qu'infirmière, on aurait dû me gratifier du grade de lieutenant mais Guéret ne m'accorda que celui de sergent. Quand il m'informa de sa décision, il jubilait.

Je me contentai de hausser les épaules, ce qui l'irrita au plus haut point. Puis il m'annonça que les infirmières étaient en surnombre et que mes connaissances médicales ne présentaient aucun intérêt. Il me confiait donc une position d'assistante sociale, chargée de veiller au bien-être des soldats. Evidemment, il n'y avait pas d'uniforme à ma taille et l'uniforme américain kaki qu'on me dégotta était si laid et si mal coupé que j'avais l'air d'un petit tonneau. C'est bien le vêtement le plus moche que j'aie jamais porté de ma vie.

J'étais logée chez l'habitant, dans un petit village situé entre Colmar et Mulhouse, dans une vallée traversée par le grand canal d'Alsace, qui marquait la ligne du front. Battant en retraite, les Allemands venaient de passer de l'autre côté du canal mais plus ils se rapprochaient de la mère patrie, plus ils se battaient avec acharnement. Ils craignaient le traitement que les Alliés réserveraient à l'Allemagne, pour se venger de la façon dont ils s'étaient comportés pendant cette guerre.

On était en plein hiver, il faisait un froid terrible, avec beaucoup de neige et de vent. Grâce à Dieu, mon affreux uniforme était chaud. Personne ne semblait avoir la moindre idée de ce que représentait mon travail et des endroits où je devais me rendre. Le premier jour, je me levai très tôt et allai marcher dans la forêt et le long du canal pour rencontrer nos soldat.

— Bonjour, disais-je en arrivant dans les tranchées. Je suis le sergent Hoffnung, votre nouvelle assistante sociale. Avez-vous besoin de quelque chose ?

Les hommes me regardaient d'un air ahuri. Un petite blonde disparaissant dans un uniforme trop grand pour elle était bien la dernière personne qu'ils s'attendaient à rencontrer dans leur gourbi. Depuis le temps qu'ils se battaient — ils venaient de la Résistance — personne ne s'était jamais inquiété de leur confort. Je notai soigneusement leurs requêtes pour des suppléments de couvertures, de vêtements, de papier, de stylos et de nourriture et décidai d'essayer de trouver du ravitaillement supplémentaire au village.

Sur le chemin du retour qui passait par la forêt, deux officiers m'accompagnaient dont Claude Velley, que j'avais rencontré dans le bus. Claude, marié, père de deux enfants et garde forestier dans la vie civile, me parlait de sa famille quand on entendit un sifflement, une explosion, et la terre jaillit en une gerbe de boue et de pierres juste au-dessus de nous. J'avais bien compris qu'il s'agissait d'un obus qui nous avait manqués de quelques mètres, mais je continuai d'avancer car je ne voyais pas quoi faire d'autre. Avant de comprendre ce qui m'arrivait, je fus plaquée au sol dans la plus pure technique du rugby et me retrouvai avec les genoux écorchés... et une magnifique paire de bas de soie complètement déchirée.

— Ça va pas ? hurla Velley en me libérant. Ignorez-vous que vous devez aller vous abriter pendant un bombardement d'artillerie ?

— Je suis désolée, dis-je en contemplant mes bas avec consternation, mais je ne m'étais jamais trouvée dans cette situation auparavant.

Claude et l'autre officier échangèrent un regard et me dirent en substance que j'étais vraiment très courageuse, à moins que je ne sois complètement stupide.

En réalité, j'étais surtout très naïve. Quand je fus à nouveau surprise par un bombardement, j'eus tellement peur que j'allai me réfugier dans un gourbi et m'y terrai jusqu'à ce que tout fût calmé.

Je n'étais pas la seule femme sur le front. Il y avait aussi des infirmières et des médecins mais on était rarement réunies et je souffrais de solitude. Pendant trois semaines, j'allai quotidiennement rendre visite aux hommes dans les tranchées et leur ramenai tout ce que, dans leur générosité, les gens du village m'avaient donné.

La troisième semaine, alors que je traversais la petite place du village, cette fois-ci en quête de fruits, je me retrouvai face à face avec mon commandant, le colonel Fabien, que jusqu'à présent je n'avais vu que de loin. Il était beau, élancé, une allure folle. Je me mis au garde-à-vous, il s'arrêta, me sourit et me demanda mon nom.

— Sergent Hoffnung, mon colonel.

— Eh bien, sergent Hoffnung, voudriez-vous être assez gentille pour répondre au téléphone pendant que je vais déjeuner ? Je ne sais pas où est passé mon aide de camp.

Comment dire non ? Il m'accompagna jusqu'à son bureau et me donna du papier et un stylo pour prendre les messages. Il avait déjà ouvert la porte quand il se retourna et ajouta :

— J'essaierai de ne pas m'absenter trop longtemps. Désolé de ne pas vous proposer de lecture mais il ne reste ici que des livres en allemand.

— C'est parfait, mon colonel. Je lis l'allemand.

Son sourire s'effaça et il referma la porte.

— Vous le parlez aussi ?

— Oui, mon colonel. J'ai été élevée à Metz et c'était la langue de mes parents.

Le colonel Fabien se passa la main dans les cheveux et m'examina de la tête aux pieds.

— Nous cherchons désespérément du personnel militaire qui parle allemand, me dit-il en se frottant le menton d'un air pensif. Surtout des femmes, elles attirent beaucoup moins l'attention dans un pays où tous les hommes ont été enrôlés dans l'armée.

Il devint songeur.

— Accepteriez-vous de travailler dans les services de renseignement ?

— Certainement mon colonel, répliquai-je avec enthousiasme.

Nouveau sourire de Fabien qui sortit de la pièce. A peine avait-il refermé la porte que je m'affalai sur un siège et m'apostrophai en silence. Qu'est-ce qui te prend, Marthe Hoffnung ? Dans quel guêpier t'es-tu fourrée ? Je songeai à Molière et à la célèbre réplique de Géronte dans *Les Fourberies de Scapin* : « Que diable allait-il faire dans cette galère ? »

Trois jours plus tard, le lieutenant Yves Latour, qui appartenait à l'antenne des services de renseignements de la 1re armée commandée par le général de Lattre de Tassigny, venait me chercher. Il m'emmena à Mulhouse où son antenne était basée. Vu mes mésaventures passées, je décidai de ne rien dire sur ma confession religieuse, de crainte qu'ils se méfient de moi. Le discours du prêtre de Saint-Secondin m'avait profondément marquée.

Je fus logée dans une grande maison et comme j'étais la seule femme, on m'accorda le luxe d'une chambre particulière. Cette nuit-là, je fermai ma porte à clé et allai me coucher. Malheureusement, je fus dérangée avec une alarmante régularité. Un bon nombre des hommes avec lesquels je devais travailler frappèrent à ma porte avec plus ou moins d'énergie, murmurant les discours qu'on peut facilement imaginer. Assise sur mon lit, j'attendais qu'ils s'en aillent.

Je commençai tout de suite ma formation et le lieutenant Roger Vérin qui en était chargé me donna le surnom affectueux et parfaitement ridicule de « Chichinette », qui me poursuivit pendant mes quatre années et demie dans l'armée. Dès que l'occasion se présenta, je demandai à un tailleur local de retailler mon horrible uniforme kaki qui se métamorphosa en une jupe et une veste ajustés. Cela me semblait indispensable pour qu'on me prenne au sérieux.

Mon entraînement consistait en exercices de mémorisation — je devais apprendre les uniformes allemands, les grades, les armements, les munitions, les équipements et tout ce qui concernait l'armée de terre. Pendant que le manège des hommes grattant à ma porte se poursuivait, j'étudiais dans mon lit les insignes et les uniformes, les troupes de montagne (Gebirgsjäger), les Waffen SS, les régiment de parachutistes (Fallschirmjäger), et le Panzerkorps Großdeutschland, les divisions blindées. Je devais retenir de petits détails comme les boutons, les décorations, les insignes de col et de manches. J'avais l'impression d'être revenue à l'école.

On m'apprit à lire une carte, à passer des messages en morse, à interpréter des codes, à reconnaître des tanks. J'étudiais des photographies, des tableaux et des diagrammes, des clichés pris d'avion de la région. Bref, je dus assimiler tout l'appareil militaire allemand. Et pour finir, on m'apprit le maniement des armes. Cela allait du « tommy gun » aux 9 mm en passant par de petits pistolets et des mitrailleuses tellement lourdes que je pouvais à peine les soulever.

On m'emmena dans la forêt où on avait aménagé des « champs de tir » avec des arbres pour cibles. Le contact de l'acier glacé me faisait frissonner. Jamais je n'avais pensé utiliser de pareils instruments. Je les trouvais peu maniables et d'un contact désagréable. Je levais la main, pointais en direction des silhouettes d'hommes clouées aux arbres et j'appuyais sur la détente en essayant de ne pas penser à l'effet d'une balle dans une chair humaine. A ma grande surprise, je frappai dans le mille de façon répétée. Sans le savoir, j'étais une tireuse d'élite.

— Il faut que vous inventiez votre propre histoire, votre identité, et les raisons qui font que vous vous retrouvez en territoire allemand, me dit le lieutenant Latour. Quand ce sera bien clair dans votre tête, on vous interrogera et on fera tout notre possible pour vous mettre en difficulté.

Je songeai à Heinrich et à sa terrifiante habileté à mentir, et je décidai d'en tirer les leçons. Il était certainement originaire de la région dont il parlait avec tant d'émotion. Je le soupçonnais d'être vraiment marié et d'avoir effectivement des enfants de celle qu'il appelait Martine. Quand il prétendait qu'elle avait demandé le divorce à la suite de sa décision d'aller en l'Espagne « se battre aux côtés des républicains », il en parlait avec une véritable tristesse. Je décidai donc de choisir une identité voisine de la mienne et de garder le même prénom. Cela me permettrait de mettre à profit mes propres souvenirs d'enfance ainsi que certaines anecdotes de ma vie.

Je m'appelais Martha Ulrich, j'étais une infirmière allemande originaire de Metz qui recherchait désespérément son fiancé Hans, un soldat qui se battait sur le front. Fille unique, mes parents avaient été tués dans un bombardement, ce qui avait aiguisé mon patriotisme et expliquait ma haine profonde des Alliés. Hans existait, il était vraiment soldat dans l'infanterie, sauf qu'il était prisonnier dans un camp français. Quand mon histoire fut peaufinée jusque dans les moindres détails, le malheureux Hans fut mis au secret afin que les Allemands ne puissent pas le joindre pour vérifier mon histoire. Quand mes supérieurs me firent passer l'interrogatoire final durant lequel ils se montrèrent aussi durs et agressifs que possible, j'essayai de ne pas imaginer mes réactions si je me retrouvais confrontée à la Gestapo.

— Pourquoi avez-vous brusquement décidé de vous lancer à la recherche de Hans ? demanda l'un d'eux, son visage à un centimètre du mien.

— Parce que la guerre est pratiquement terminée et je veux le retrouver avant qu'il ne soit trop tard. Il est la seule personne qui me reste.

— Pourquoi avez-vous traversé nos lignes en pleine nuit et dans une zone aussi reculée ?

— J'avais peur des Français et du sort qu'ils me réserveraient s'ils comprenaient que j'essayais d'entrer en contact avec l'armée allemande.

Je puisais mon énergie dans le souvenir de ce que Jacques avait enduré sous la torture. Il avait tant souffert au nom de son pays... j'étais poussée par le désir irrésistible de l'imiter et de le venger. Je songeais aussi à Stéphanie. Papa avait dit que devant Hipp et ses sbires, elle n'avait pas cédé. Elle était restée fière et intraitable. Je relevai le menton et décidai d'être digne d'elle. Grâce à Jacques et Stéphanie, je réussis mon examen.

— Si vous parvenez à traverser les lignes ennemies, m'annonça gravement le lieutenant Latour, vous serez automatiquement promue au grade de lieutenant et vous serez récompensée financièrement.

— Pourquoi cela ? demandai-je, surprise.

— Parce que vous allez risquer votre vie.

Je haussai les épaules.

— Je prendrai la promotion et mon salaire, quant à la récompense... je ne suis pas un mercenaire.

J'avais hâte de me lancer dans l'action. Au début, j'admets que j'étais un peu effrayée mais une fois que j'eus mis le pied dans le système, j'accomplis ce qu'on attendait de moi. Pour les services secrets, j'étais Marthe Lenôtre. Pour la plupart des hommes, je demeurais une assistante sociale, ce qui contribuait à dissimuler mon identité. (Je n'avais plus aucun contact avec le 151e et personne ne m'a connue sous mon vrai nom jusqu'à l'Armistice.) Alors que je me préparais à traverser les lignes ennemies, j'écrivis une série de courtes lettres à ma mère, une par semaine pour la période où je serais loin, afin qu'elle ne s'inquiète pas. Elle savait que je m'étais engagée mais elle était loin de se douter que j'allais me lancer dans des missions dangereuses. La première de ces lettres était rédigée comme suit :

Chère maman,

Je travaille dans un hôpital de campagne près de Mulhouse où je soigne les blessés. Nous sommes loin du front et je vais bien. Je mange à ma faim et je suis entourée de soldats très chaleureux. Surtout ne te fais pas de souci. Je vous embrasse tous. Marthe.

Le temps que je termine ces lettres et ma formation, la bataille des Ardennes avait commencé, le 16 décembre 1944, et les troupes de Hitler avaient été repoussées.

Une espionne improbable

Le 20 janvier 1945, je faisais mes débuts d'espionne, pas très orthodoxe, il faut bien l'avouer. On me rattacha aux Commandos d'Afrique. Cette unité légendaire avait combattu les Allemands en Afrique du Nord sous les ordres du général Béthouart, et avait fait campagne en Tunisie, en Italie et en France. J'étais très impressionnée.

Par une nuit glaciale du mois de janvier, le lieutenant Vérin m'emmena à Cernay, dans les Vosges. Les Commandos venaient de s'installer dans les caves de l'hôpital Saint-André, un établissement psychiatrique abandonné, après une journée d'une bataille acharnée qui avait fait 189 tués et 192 blessés. Ils étaient très éprouvés.

Le lieutenant Vérin, chaudement vêtu, m'y conduisit en Jeep. Ne pouvant pas allumer les phares à cause du black-out, il avait baissé le pare-brise pour mieux distinguer la route. Quant à moi, je portais des vêtements civils dont j'avais ôté les étiquettes pour des raisons de sécurité, et avec ma petite valise à mes pieds, je mourais de froid. J'ignorais où on allait et je n'aurais pas été autrement surprise qu'on me fasse traverser les lignes ennemies sur-le-champ. Heureusement pour moi, la température mobilisait toute mon énergie et m'empêchait d'avoir peur.

En arrivant à l'hôpital, on chercha notre chemin à tâtons dans les caves. Vérin, qui n'avait pas de lampe de poche, craquait des allumettes tandis que nous enjambions des soldats épuisés qui dormaient à même le sol. On en réveilla quelques-uns qui nous indiquèrent où se trouvait le commandant Marcel Rigaud, un homme imposant qui pour l'instant dormait à poings fermés sur un brancard. Vérin le secoua, Rigaud s'assit et nous regarda d'un air hébété.

— Je vous ai amené Mlle Lenôtre, annonça Vérin.

Rigaud m'adressa un regard trouble, grommela « asseyez-vous quelque part » et retomba endormi.

Vérin trouva deux chaises en métal, et on s'assit côte à côte en attendant le matin. Je n'ai jamais été aussi mal de ma vie. Secouée de frissons, je claquais des dents et ne cessais de tousser car j'avais attrapé une mauvaise bronchite. Mes quintes de toux étaient noyées dans un concert de ronflements. Tout en me tortillant sur ma chaise affreusement dure, je n'avais qu'une seule envie : me coucher. Je m'aventurai du bout de l'orteil un peu au-delà de ma chaise et tombai sur un matelas, j'y posai les pieds pour me protéger du sol glacé, puis m'en rapprochai progressivement, glissai de mon siège et allai m'y étendre.

Bien évidemment, un soldat y dormait. Je posai très délicatement ma tête près de ses pieds et restai là à claquer des dents. Tâtonnant dans l'obscurité, je mis la main sur une couverture en crin de cheval que je tirai très doucement à moi. Je ne trouvai pas le sommeil mais restai là à attendre le lever du soleil et un peu de chaleur.

A l'aube, le soldat se retourna et sa main se posa sur une de mes jambes. Je portais des bas.

— Nom de Dieu, une femme ! s'exclama-t-il en se redressant.

Je sursautai et on se retrouva assis, face à face dans le demi-jour. Quand il fut revenu de sa surprise, il vit mes mains toutes bleues et s'écria :

— Mais c'est qu'elle est en train de geler !

Avant que j'aie pu prononcer un mot, il m'avait ôté mes chaussures et me frottait énergiquement les pieds et les mollets. En sentant le sang circuler à nouveau, je poussai un soupir de gratitude.

Plus tard dans la matinée, on fut présentés selon les règles.

Le lieutenant Neu, mon « compagnon de matelas » (c'est ainsi que lui-même m'appela par la suite), avait rejoint les Commandos après leur débarquement dans le sud de la France. C'était un bel homme, marié et père de famille. On devint très amis.

Dans l'après-midi, on m'emmena au quartier général et on me présenta au colonel Georges Bouvet, le commandant de l'unité.

— Bienvenue aux Commandos, me dit le colonel Bouvet en me serrant la main. Dites donc, vous êtes gelée, venez vous asseoir près du feu.

Ayant appris que je parlais parfaitement l'allemand, le colonel décida de me faire procéder à des interrogatoires.

— Vous avez déjà interrogé des gens ? me demanda-t-il.

— Non, mon colonel.

— Règle numéro un : ils ne doivent jamais oublier que c'est vous le patron.

Je me fis la main sur des civils alsaciens, des hommes et des femmes qui, quelques jours auparavant, vivaient encore sous occupation allemande. Ils avaient beaucoup à m'apprendre sur les forces ennemies et leurs positions dans la région. J'avais le trac mais j'acquis d'autant plus rapidement savoir-faire et autorité qu'ils coopéraient volontiers. Bon nombre d'entre eux étaient des patriotes français dont les fils et les pères avaient été enrôlés de force dans l'armée allemande et envoyés sur le front russe. Ils avaient célébré la libération de la France et ne demandaient qu'à parler.

Puis on m'amena les premiers prisonniers de guerre allemands. Je décidai de prendre l'ascendant sur eux dès la première entrevue. Assise derrière un énorme bureau, je me recoiffai rapidement, tirai sur ma veste, et demandai aux gardes de les faire entrer.

Un par un, les officiers allemands pénétrèrent à grandes enjambées dans la pièce et s'alignèrent devant moi, au garde-à-vous dans leurs uniformes gris. Deux sentinelles armées se tenaient près de la porte. J'enregistrai le mouvement de surprise de chaque prisonnier en me découvrant. Bientôt, ils se jetaient des coups d'œil ironiques et méprisants.

Je me levai lentement, fis le tour du bureau et trois pas dans leur direction afin qu'ils mesurent bien ma taille. Puis je paradai devant eux en les regardant droit dans les yeux sans articuler un seul mot. Enfin je retournai m'asseoir, pris un stylo et un bloc-notes.

— *Guten Tag*, dis-je dans un allemand qui ne se distinguait pas du leur. Vous allez maintenant me donner vos noms, vos grades et vos matricules.

Etant autorisés à les donner, ils s'exécutèrent de bonne grâce avant de sortir de la pièce. Puis ils y furent réintroduits un par un.

— Avant de commencer cet interrogatoire, disais-je à chacun d'eux, je dois d'abord vous rappeler que l'Allemagne est en train de perdre la guerre. Vous serez traités selon la convention de Genève mais ne croyez surtout pas que nous avons oublié les crimes contre l'humanité que la Wehrmacht a commis, en France et ailleurs. Les SS et la Gestapo ont trop souvent été assistés par l'armée régulière, c'est-à-dire par vous. Inutile d'essayer de rejeter la faute sur eux, ça ne vous mènera nulle part. Cependant, si vous êtes en mesure de me dire quoi que ce soit qui puisse faciliter la fin de ce conflit meurtrier, je veillerai à ce que vous soyez mieux traités au cours de votre détention et rapatriés dès que possible. Nous sommes aussi en mesure de signaler vos familles à l'attention des troupes alliées de votre région afin qu'elles bénéficient de certains avantages.

Ensuite je retraçais l'itinéraire de l'officier, demandais à quelle unité il appartenait, combien d'hommes étaient restés dans les forêts, les villages et les plaines à l'est du front, les plans d'attaque et les mouvements de retraite des troupes. Plus le rang était élevé, plus je me montrais dure, assaillant le prisonnier de questions qui se succédaient à un rythme rapide. Son petit sourire ironique et supérieur s'évanouissait très vite. Il oubliait rapidement qui j'étais. Alternativement assise ou debout, je ne les laissais jamais reprendre leur souffle et ils finissaient généralement par craquer, poussés par la faim et la fatigue.

Je m'en tenais à une règle très stricte. Pas un seul d'entre eux ne fut autorisé à s'asseoir et ils devaient rester au garde-à-vous. S'ils se relâchaient, je hurlais :

— Tenez-vous droit !

Et si l'un d'eux, épuisé, s'accrochait à mon bureau, je devenais folle de rage.

Le chauffeur du colonel Bouvet, un Marocain filiforme, Yaya ben Bouvet, ce qui signifie « fils de Bouvet », me servait de guide et de chauffeur dans la zone proche des lignes de front. Il parlait français, m'appelait « Madame », me tutoyait et était adorable.

— Tu es responsable de cette jeune femme, l'avait averti Bouvet. Prends-en le plus grand soin, tu m'entends ?

A partir de ce jour, il me considéra comme son bébé.

A cause de la proximité du front, nous conduisions la nuit tous phares éteints et sans pare-brise. Yaya m'enveloppait toujours de la tête aux pieds dans des couvertures et on ne distinguait plus que mes yeux. C'était ma seule protection contre le temps sibérien et le vent glacial.

— Je ressemble à une momie, Yaya, disais-je en riant sous les épaisseurs de laine.

— Oui, Madame, mais une momie bien chaude, répliquait-il en révélant deux rangées de dents admirables.

Entre deux interrogatoires, j'étais à l'écoute des bulletins radiophoniques sur l'évolution de la guerre. Les Russes étaient à cent cinquante kilomètres de Berlin et les soldats allemands battaient en retraite dans toute l'Europe. Les speakers donnaient l'impression que la guerre était gagnée d'avance mais moi qui les écoutais, je voyais, de la fenêtre du QG, les spahis marocains qui essayaient d'enfoncer les lignes allemandes pendant le siège de Cernay. J'assistais pour la première fois de ma vie à une bataille et il ne me semblait pas que l'ennemi donnât des signes de faiblesse.

Le colonel Bouvet qui se tenait non loin de là, le visage fermé, s'exclama devant son état-major :

— Celui qui a donné l'ordre d'attaquer est un criminel !

Ensemble on regarda les hommes du 6e régiment marocain d'infanterie se faire impitoyablement décimer à la mitrailleuse tandis qu'ils pataugeaient dans un champ couvert de neige et totalement dégagé face à des positions allemandes imprenables.

Les hommes tombaient, morts ou blessés, et personne ne pouvait leur porter secours car ils étaient trop exposés. C'était le genre de carnage absurde dont j'espérais bien ne plus jamais être le témoin. Là encore, tout comme dans le camp des Milles où j'avais assisté à la déportation des juifs, j'étais horrifiée et impuissante.

Le lendemain, le quartier général du colonel Bouvet fut transféré au domicile d'un boucher de Thann, où je m'installai avec les officiers supérieurs des Commandos. Nous disposions d'un bureau et de deux chambres occupés par Bouvet et son commandant en second, Jean Ruyssen. Mon lit était le sofa du bureau et j'étais souvent réveillée par des communications téléphoniques urgentes, souvent en provenance du front, et les réunions de tactique militaire auxquelles on me laissait assister.

Ce soir-là, le colonel Bouvet reçut par téléphone l'ordre de poursuivre les attaques aux abords de Cernay.

— Si vous insistez pour appliquer cette stratégie, tonna-t-il à l'adresse de son interlocuteur — un officier du Troisième bureau —, vous êtes un assassin ! C'est contraire au bon sens et ça va provoquer la mort injustifiée d'un grand nombre de mes hommes.

Malgré ses protestations, l'ordre fut maintenu.

Un après-midi de la fin janvier, lors d'une réunion à laquelle assistaient plusieurs de ses officiers supérieurs, le colonel Bouvet, un homme grand, svelte, au menton en galoche, se tourna vers moi d'un air grave.

— Chichinette, êtes-vous prête à remplir votre première mission en territoire ennemi ?

— Oui, mon colonel, répondis-je sans hésiter.

— Nous avons échoué devant Cernay, poursuivit-il, et dans toute cette partie de l'Alsace, l'armée allemande repousse nos troupes. Ils s'accrochent dans une tentative désespérée de nous empêcher d'entrer en Allemagne. Il faudrait infiltrer les lignes ennemies dans l'Amselkopf où ils se sont retranchés, afin que nous soyons renseignés sur leur nombre et leurs plans de bataille.

Le capitaine Mollat de Jourdain commença par expliquer comment les choses se déroulaient. Pour soulager la pression exercée sur les troupes allemandes pendant la bataille des Ardennes où 600 000 soldats américains et alliés venaient d'arrêter la contre-offensive d'Hitler en Belgique, l'ennemi avait lancé l'opération Nordwind pour essayer de piéger sept divisions américaines le long du Rhin afin de reprendre Strasbourg. Les Américains, renforcés par les Français, avaient tenu bon. Les Allemands, arrêtés aux portes de la ville, battaient maintenant en retraite avec une désespérante lenteur.

— Nous avons besoin de renseignements de première main, me dit le capitaine. Les Allemands se battent férocement. Il faudrait que vous les suiviez dans leur retraite et que vous nous fassiez régulièrement des rapports.

Il me présenta au lieutenant Charles Sautier, un Alsacien qui connaissait bien la région et devait me servir de guide. Sautier me montra plusieurs cartes des différentes pistes qui sillonnaient l'Amselkopf. Il fallait que je mémorise tous ces sentiers parallèles couvrant le flanc sud de la montagne car je ne pouvais pas me permettre d'emporter des cartes.

— C'est moi qui serai chargé de l'opération, m'informa le capitaine Mollat. Avec Ligouzat, Neu, Sautier et un groupe de vingt hommes, nous vous accompagnerons jusqu'à un point précis. Avant l'aube, il vous faudra trouver votre chemin dans une petite vallée et une fois au pied de l'Amselkopf, grimper jusqu'à un sentier qui mène vers le poste allemand.

Le colonel Bouvet l'interrompit.

— Comme je vous l'ai déjà expliqué, c'est une zone très dangereuse. Les Allemands se sont regroupés là en force. Nous ne parvenons pas à avancer et nous avons désespérément besoin de savoir ce qui se passe de l'autre côté. C'est une mission de la plus haute importance.

Il m'aimait bien et je le sentais réticent à me confier une mission aussi dangereuse.

Je hochai la tête et m'imaginai moi, une femme, juive, sans armes, dans la neige, dans l'obscurité la plus totale, par des températures sibériennes, entourée d'Allemands à la gâchette facile... la nuit allait être longue.

Je n'avais jamais vu le colonel Bouvet aussi agité. Cette nuit-là, il s'assura qu'on n'avait rien négligé et vint me parler juste avant mon départ. Il m'avait dit à plusieurs reprises qu'il avait une fille de mon âge et qu'il se sentait responsable de ma sécurité.

— Si, pour une raison quelconque, vous avez le sentiment que vous êtes en danger en arrivant au poste allemand, me dit-il en me saisissant fermement par les épaules, criez et hurlez aussi fort que vous le pourrez. J'ai donné l'ordre à un groupe de mes hommes de vous surveiller et d'intervenir si nécessaire. Rappelez-vous qu'ils sont des Commandos et qu'ils seront ravis de voler à votre secours. Je veux que vous reveniez saine et sauve de cette mission.

Il m'embrassa sur les deux joues, ses yeux se remplirent de larmes et il se détourna très vite. Bizarrement, d'une certaine façon, sa peur me tranquillisa.

J'avais passé ces dernières heures à me préparer, il y avait plein de détails à régler et je n'eus pas le temps de m'angoisser.

Vers minuit, je partis avec les quatre officiers et vingt soldats armés jusqu'aux dents. On parcourut sept kilomètres dans des congères, grimpant et redescendant des sommets sans prononcer un seul mot. A l'entrée d'une petite vallée, mon escorte militaire se retira et je continuai seule dans un monde hostile où je ne pouvais compter que sur moi-même.

A un moment donné, je remarquai deux soldats allemands embusqués dans la vallée mais continuai ma route en feignant de ne pas les avoir vus. Et puis juste en contre-bas du sentier, un soldat surgit de derrière un arbre, baïonnette au canon.

Dans le demi-jour, je regardai pour la première fois autour de moi et vis plusieurs cadavres de soldats dont le sang avait coulé dans la neige.

— Halte, qui vive ? dit un autre soldat à voix basse juste à côté de moi.

— Ne tirez pas ! criai-je en levant les mains.

Il s'ensuivit un interminable silence tandis que le soldat m'observait en clignant des yeux, le canon de son fusil à quelques centimètres de ma poitrine.

Dans la lumière grise qui montait, je compris brusquement que les hommes devant moi étaient marocains et leurs uniformes ceux de la 1re armée.

Avant que j'aie pu placer un mot, un des soldats cracha sur le sol et commença à m'insulter.

— Une espionne allemande ! Qu'est-ce que tu fous là, saleté ? murmura-t-il entre ses dents. On devrait te descendre.

Et comme il avait apparemment épuisé son répertoire d'injures en français, il se lança dans une tirade en arabe aux sonorités déplaisantes dont je n'aurais demandé la traduction pour rien au monde.

Maintenant, des soldats surgissaient d'un peu partout, m'encerclaient et avançaient le fusil pointé sur moi. Je me voyais déjà étendue dans la neige, tenant compagnie aux cadavres de soldats allemands éparpillés çà et là.

— On va t'apprendre, espèce de salope, dit l'un des hommes avec un lourd accent arabe. On va te flanquer une raclée et t'exécuter sur place.

Je me redressai et, adoptant le ton autoritaire que j'utilisais avec les prisonniers de guerre, je déclarai avec le plus grand sang-froid :

— Si vous me touchez, cela vous coûtera cher. Ne m'approchez pas. Allez immédiatement chercher votre officier et amenez-le ici.

Mon langage les arrêta net. Ils se regardèrent, perplexes. Je réitérai ma demande en agitant un index vengeur et après une courte délibération, je vis un soldat s'éloigner dans la forêt et revenir avec un jeune lieutenant. Je lui murmurai que je devais lui parler en privé. On s'éloigna de quelques pas, étroitement surveillés par ses hommes.

— Vous devez immédiatement appeler ce numéro de téléphone, lui dis-je à mi-voix, et je lui donnai le numéro de la ligne directe du colonel.

Il me fixa d'un air ahuri.

— D'où sortez-vous ce numéro ? lança-t-il d'un air méfiant.

— Ne posez pas de questions, je ne peux pas vous donner d'explications.

Il insista, je m'obstinai dans mon refus, le ton monta quand brusquement, il se frappa le front.

— Nom de Dieu, vous êtes « l'ombre » que nous devions surveiller ! Ils n'ont jamais dit que vous étiez une femme, sans compter que vous deviez arriver sur la piste qui se trouve un peu plus haut. On ne vous aurait jamais arrêtée si vous aviez suivi la piste prévue !

Je le fixai d'un air horrifié. Je venais de comprendre qu'il appartenait au groupe chargé de me protéger. Les soldats allemands morts autour de moi avaient été tués pour mes beaux yeux par les Commandos qui les avaient surpris en arrivant avant l'aube.

— Non, j'étais sur la bonne piste et il faut que je continue ! Je suis venue jusqu'ici pour accomplir une mission. Je dois être à une centaine de mètres de ma destination, laissez-moi partir.

Le lieutenant m'attrapa par le bras et secoua la tête avec tristesse.

— C'est impossible, mademoiselle. Les Allemands ont sûrement tout vu. Si on ne vous arrête pas, ils sauront que vous êtes avec nous et vous n'irez pas très loin.

Puis il appela le colonel Bouvet pour le mettre au courant de la situation et ordonna à deux de ses hommes de m'escorter jusqu'au QG. A ma demande, je lui demandai de ne pas révéler que j'étais « l'ombre ». Plus tôt dans la matinée, notre division avait progressé en direction de l'Amselkopf, la ligne de front avait bougé et mes deux gardes me ramenèrent à Thann en prenant un chemin plus court. On passa devant des centaines de soldats nord-africains qui étaient arrivés dans cette zone à l'aube pour renforcer les nouvelles positions. Voyant une jeune femme en civil conduite au QG, ils imaginèrent, tout comme leurs prédécesseurs, que j'étais une espionne allemande.

Encouragés par mes gardes marocains, ils m'abreuvèrent d'insultes et me crachèrent dessus en m'annonçant avec un malin plaisir que je serais fusillée. Il faut dire que depuis quatre mois ils menaient une lutte acharnée et avaient subi de très lourdes pertes. D'autre part, les Africains haïssaient les Allemands pour leur racisme et leur bellicisme qui les avaient amenés dans ces contrées glacées, autant dire l'enfer. Je baissai la tête afin que plus tard, personne ne puisse me reconnaître, et avançai maladroitement entre mes deux gardes, l'air coupable et abattu.

De retour au QG, Bouvet, qui était enchanté de me revoir, m'embrassa chaleureusement. Le lendemain, il reçut un communiqué annonçant que la nuit suivant ma mission avortée, les Allemands avaient mené une importante opération et emprunté l'itinéraire que j'avais parcouru avec mon escorte. Les Allemands avaient sans aucun doute découvert mes petites empreintes à côté de celles des soldats et aussitôt déduit que j'étais une espionne. En admettant que je sois parvenue à traverser les lignes ennemies, ils m'auraient fusillée sans autre forme de procès.

De plus, quand le lieutenant Neu reprit ce chemin quelques jours plus tard avec une patrouille, il s'aperçut que la piste « erronée » que j'avais empruntée était minée. La profondeur de la neige associée à mon poids léger — 43 kilos — m'avaient sauvé la vie.

Quand je me fus reposée, le capitaine Mollat me convoqua pour que je fasse mon rapport devant le colonel Bouvet, le commandant Ruyssen, le lieutenant Neu et le capitaine Ligouzat. Mollat était non seulement un excellent officier mais aussi un perfectionniste qui ne supportait pas l'idée que sa mission ait échoué.

— Je pense que vous avez manqué de cran, déclara-t-il devant ses supérieurs. Cela explique que vous n'ayez pas mené à bien votre mission.

Je m'étouffai d'indignation.

— Comment osez-vous dire une chose pareille ? J'ai fait tout ce que j'ai pu pour traverser les lignes. J'ai même dit à l'officier qui m'a arrêtée que je voulais poursuivre.

Mollat s'esclaffa.

— Cela m'étonnerait beaucoup.

— Eh bien demandez-le-lui. Bien sûr que j'avais peur, c'était normal vu les circonstances, mais pas au point de reculer. Ma mission a échoué parce que votre guide m'a indiqué la mauvaise piste.

Mollat le prit de haut.

— Sergent, je maintiens que vous vous êtes trompée de piste ou que vous avez volontairement fait avorter la mission.

Le colonel Bouvet me força à me rasseoir.

— Nous allons vérifier cela, capitaine, déclara-t-il. Appelez Sautier.

On alla cherche le guide et Bouvet, qui nous avait ordonné, à Mollat et à moi, de rester silencieux, lui demanda de nous montrer la piste qu'il m'avait indiquée. Sautier examina attentivement la carte dépliée sur la table.

— Celle-là, dit-il enfin en montrant la piste que j'avais empruntée.

— Et à votre avis, est-ce que c'est le bon itinéraire, celui sur lequel nous étions tombés d'accord quand nous avons mis au point cette mission ?

Sautier fronça les sourcils, se pencha à nouveau sur la carte et regarda Bouvet d'un air contrit.

— Non, mon colonel, dit-il en baissant la tête. Je crois que je me suis trompé. La bonne piste était la troisième et non la seconde, n'est-ce pas ?

Mollat était mortifié par ma contestation publique de sa version des faits et par la tragique erreur de son guide. Fou de rage, il sortit de la pièce. A partir de ce jour, il me manifesta une hostilité déclarée.

Plus tard, Bouvet me dit que j'avais eu raison de me défendre.

— Ne vous laissez jamais accuser à tort, Chichinette. Mais à mon avis, celui qui y arrivera n'est pas encore né, ajouta-t-il avec un sourire malicieux.

Au cours des mois qui suivirent, je jouai de malchance et accumulai les expériences du même genre. Je fis pas moins de treize tentatives pour traverser les lignes ennemies, la nuit, dans la neige, avec une prise de risques à chaque fois plus importante. J'avais toujours souscrit à toutes les propositions jusqu'au jour où on me proposa un plan tellement hasardeux que je protestai. Il avait été imaginé par le chef de notre antenne, le capitaine Zimmerman, un Alsacien qui semblait ne s'intéresser qu'à sa gloire personnelle. Peu importait si ça devait me coûter la vie. Selon Zimmerman, je devais traverser le Rhin à la nage et tout habillée. Je fis part de mes doutes aux lieutenants Vérin et Latour, qui firent remarquer fort à propos que je mourrais d'hypothermie avant même d'avoir atteint l'autre rive.

— Et même si elle parvenait à s'en sortir, conclurent-ils, personne ne croirait qu'elle a accompli un tel exploit juste pour retrouver son fiancé.

Le plan fut abandonné.

Mes missions échouaient parce que la ligne de front n'arrêtait pas de bouger et, dans un contexte aussi fluctuant, nous avions toutes les peines du monde à interpréter les rapports des services de renseignement. Les soldats allemands s'étaient enfuis des villages que j'avais rejoints avec des ruses de Sioux, ou alors ils étaient en si grand nombre qu'il fallait renoncer, de crainte que je me fasse repérer. A chaque fois je me préparais fiévreusement, on me conduisait en pleine nuit dans un lieu donné et puis la mission était annulée pour une raison ou pour une autre.

Lors d'une expédition de ce genre, c'était le 4 février, le capitaine Ligouzat et moi avions rejoint un escadron de spahis marocains à la lisière d'une forêt qui débouchait sur une vaste prairie couverte de neige. Au-delà, on apercevait le village de Gundolsheim, occupé par l'armée allemande. Les bâtiments étaient plongés dans l'obscurité à cause du black-out mais pour empêcher nos troupes d'avancer, les Allemands avaient mis en place un barrage de balles et de feux traçants. Cela ressemblait à un joli feu d'artifice allumé dans les bois, derrière Gundolsheim.

Je devais traverser le champ dans l'obscurité, pénétrer dans le village, me mêler aux Allemands, évaluer leurs forces et les suivre dans leur éventuelle retraite. Cette fois, la neige ne m'arrivait qu'aux chevilles et avec les feux traçants, j'étais convaincue que j'avais de bonnes chances de parvenir à mes fins.

A minuit, je me mis en route et me dirigeai vers le bruit et les illuminations. J'entendais les balles qui sifflaient bien au-dessus de ma tête. Maintenant que j'étais passée à l'action, je n'avais plus peur et je ne pus m'empêcher d'admirer les belles fusées multicolores. Je n'avais pas de carte, pas de boussole et la lune s'était cachée. Selon les instructions que j'avais reçues, je devais me diriger droit sur Gundolsheim mais une fois dans le champ et à cause de la configuration du terrain, je ne voyais pas plus loin que le bout de mon nez.

Pour comble de malchance, je n'étais pas partie depuis plus de quelques minutes qu'après quelques illuminations sporadiques les feux traçants s'arrêtèrent brusquement. Mes balises lumineuses avaient disparu. Je continuai d'avancer, trébuchant dans l'obscurité jusqu'à ce que j'entende des voix allemandes et les aboiements de chiens au loin. Parfait, me dis-je, il te suffit d'avancer dans cette direction. Je progressais très lentement au cas où on me tirerait dessus. Au bout d'un moment, je n'entendis plus rien. Bizarrement, les bruits semblaient s'être éloignés. Perplexe, je continuai d'avancer en trébuchant, tendant l'oreille et scrutant l'obscurité. Je marchai longtemps, m'attendant à chaque instant à arriver dans Gundolsheim endormie, mais l'expédition semblait interminable.

C'est alors que le sol s'effondra sous moi. Je m'étais avancée sur un canal gelé et la fine couche de glace avait aussitôt cédé. Elle était recouverte de neige et ne se distinguait pas de la terre ferme. Plongeant dans l'eau glacée, je remontai à la surface en suffoquant. Ce fut un des plus grands chocs de ma vie.

Je savais qu'il fallait que je me sorte rapidement de là, sinon j'allais mourir d'hydrocution. Il n'y avait personne alentour et de toute façon, je ne pouvais pas me permettre d'appeler au secours. Mes vêtements m'alourdissaient. J'essayai de continuer à faire bouger mes jambes et me rapprochai maladroitement de la berge. Les rives du canal consistaient en un mince rebord en béton et quelques mottes de terre gelées. A chaque fois que j'essayais de me hisser hors de l'eau, mes vêtements trop lourds me tiraient en arrière.

Allons, Marthe, continue, me disais-je avec l'énergie du désespoir, accroche-toi. La tentation de lâcher prise et d'en finir une bonne fois pour toutes était de plus en plus forte. Mes doigts saignaient et je m'épuisais rapidement. En progressant le long de la berge, je trouvai de grosses mottes de terre et un rebord un peu plus large. Au prix d'un effort surhumain, je parvins à prendre appui sur mes coudes et je me retrouvai le nez dans la neige. Je toussai et faillis lâcher prise.

Fermant les yeux et baissant la tête, je donnai un dernier coup de reins et m'effondrai sur le sol.

Pendant un instant, je restai sur le dos, haletant et fixant les étoiles. Claquant des dents, jambes repliées, je serrai mes genoux contre moi et pressai l'eau qui dégoulinait de mes cheveux et de mes vêtements. Puis je me redressai maladroitement et sautai sur place dans une tentative désespérée pour me réchauffer. L'eau faisait flic flac dans mes bottines.

Totalement désorientée, je me remis en route, prenant cependant bien soin d'éviter ce fichu canal qu'on ne m'avait pas signalé. Je ne désespérais pas d'atteindre le village mais je n'entendais plus aucun bruit. J'étais dans un tel état de tension nerveuse qu'au bout d'un moment, je ne sentais même plus le froid.

Quand l'aube se leva, je vis mes empreintes dans la neige et compris, à ma grande honte, que je n'avais cessé de tourner en rond, parcourant de grands cercles. Je grelottais et j'étais fatiguée au-delà de toute expression. Tout ce que je voulais c'était me sécher, me réchauffer et dormir. Je m'obligeai à avancer, me gardant bien de me reposer car je savais que si je cédais à la tentation, je risquais de ne jamais repartir. Maintenant j'avais compris, et cela me fut confirmé plus tard, que si les Allemands avaient arrêté de tirer, c'était pour partir vers l'est. Voilà pourquoi je ne pouvais plus les entendre. Si j'avais su, j'aurais essayé de les suivre afin de faire un rapport sur la direction qu'ils prenaient mais il était trop tard. Le jour se levait, je retrouvai la route et chemin faisant, j'imaginais déjà les réflexions désagréables de Mollat sur mon compte. Quand on lui annoncerait que j'avais encore échoué, il ne manquerait pas de s'écrier :

— Vous voyez bien qu'elle n'a pas les tripes pour aller jusqu'au bout.

Je savais que les spahis et le capitaine Ligouzat ne seraient pas de retour avant un bout de temps. J'espérais seulement que quelqu'un patrouillerait dans le coin et me ramènerait au QG. Quand les premiers rayons du soleil illuminèrent la vallée, je vis toute une unité de chars entourée par de l'infanterie qui avançait le long de la route. Aussitôt, j'essayai de distinguer les uniformes.

Des Allemands.

Tout compte fait, ma mission n'était peut-être pas perdue.

Je relevai la tête et m'avançai droit sur eux tout en me répétant ma petite histoire dans ma tête, impatiente d'accomplir mon devoir. Mais en m'approchant de plus près, je m'aperçus de ma méprise en me retrouvant devant une longue file de prisonniers de guerre. Je ressentis un intense soulagement mêlé d'une pointe de regret. Une fois de plus, je me retrouvai entourée de Marocains. Toute une unité de blindés. Quand ils me virent, il se reproduisit le même cirque que dans la montagne.

— Qu'est-ce que tu fous là, nazie? aboya l'un d'eux. Tu sais ce qu'on leur fait, aux femmes dans ton genre?

Cette fois-ci, j'étais non seulement effrayée et épuisée mais complètement gelée et je n'avais qu'une seule idée en tête : me réchauffer.

Une fois de plus, je refusai de répondre à leurs questions et d'un ton que j'aurais voulu cinglant mais qui devait singulièrement manquer de mordant, je leur interdis de toucher à un seul de mes cheveux et exigeai de parler à un officier supérieur. Quand l'officier me vit, il éclata de rire.

— Qu'est-ce que c'est que ce rat mouillé!

Tout le monde s'esclaffa.

— Il faut que je vous parle seule à seul, lui dis-je avec colère.

A quelques mètres de ses hommes, je lui expliquai que j'appartenais à la 1re armée et que je voulais rejoindre le QG.

L'officier me crut volontiers mais il ne pouvait rien faire pour moi. Il avait reçu des ordres et devait s'y tenir. Et il ne disposait d'aucun véhicule supplémentaire pour me ramener. Il me garderait en attendant qu'on envoie quelqu'un me chercher.

— Trouvez des vêtements pour cette dame, lança-t-il à ses hommes qui continuaient de rigoler. Prenez-les sur un des prisonniers.

Puis, se tournant vers moi, il ajouta d'un ton très pince-sans-rire :

— Choisissez-vous le plus petit Allemand que vous trouverez.

L'uniforme qu'ils m'apportèrent était évidemment dix fois trop grand. Sur moi, les manches de la veste touchaient le sol et le pantalon ne ressemblait plus à rien. On aurait dit un clown. Après avoir été prise pour une espionne allemande, j'étais maintenant revêtue d'un uniforme de la Wehrmacht mais j'avais bien chaud, j'étais au sec et cela m'était bien égal. Je retroussai les manches de la veste et les jambes du pantalon et m'enveloppai du mieux que je pus dans cette étrange tenue.

— Vous parlez allemand ? me demanda l'officier une fois qu'il eut compris que je devais appartenir aux services secrets.

— Bien sûr, répliquai-je en claquant des dents car je n'étais pas encore remise de ma peur et de mon séjour dans l'eau glacée, tout en buvant avec reconnaissance le thé à la menthe qu'on m'avait servi dans un godet en fer blanc.

— Alors en attendant qu'on vienne vous récupérer, cela m'arrangerait que vous interrogiez quelques-uns de ces prisonniers pour moi, me dit-il en souriant. Et venez me raconter ce que vous aurez pu en tirer.

On m'emmena dans une maison isolée. Je m'assis derrière une table basse et on m'amena un groupe d'environ onze officiers dont plusieurs hauts gradés — des colonels, des commandants et des capitaines. Quand ils virent cette petite blonde noyée dans un uniforme allemand — ils en restèrent la bouche ouverte. Leur stupéfaction était tellement flagrante que je me retint d'éclater de rire. Les officiers s'adressaient à moi avec hauteur, comme si j'étais le dernier des deuxième classe. Ils ne parvenaient tout simplement pas à se mettre dans la tête que j'avais le droit de les interroger.

D'une voix aussi stridente que possible, je cognai du poing sur la table et leur aboyai des ordres en allemand sur le ton parfaitement imité d'un officier supérieur. Leurs sourires ironiques s'effacèrent aussitôt. Maintenant plus déférents, ils répondirent sans difficultés à mes questions préliminaires, donnant leur nom, leur rang et leur régiment. Puis je les interrogeai un par un et leur arrogance s'évanouit. Quand ils se montraient peu coopératifs, je leur rappelais les brutalités perpétrées par l'armée allemande en France et ailleurs.

Malgré mon apparence tout à fait saugrenue, ils comprirent assez vite qu'il ne fallait pas plaisanter avec moi. Sous le feu roulant de mes questions, plusieurs craquèrent et me donnèrent des informations très précieuses.

En retraversant les lignes

Très tôt par un matin de février, le capitaine Ligouzat m'escorta jusqu'aux abords d'une petite ville alsacienne au nord-est de Thann et me remit aux bons soins d'une unité française de blindés. Là, on me donna rapidement des instructions pour ma prochaine mission, puis je grimpai dans un véhicule.

Je n'avais jamais souffert de claustrophobie auparavant, mais à l'intérieur, il faisait sombre, l'espace était confiné et ça sentait la sueur et l'essence. Pas de quoi être très rassurée. Je me retrouvai avec deux soldats : le chauffeur et un tireur. Dans la pénombre, je m'assis près du chauffeur. Devant nous se trouvaient deux tanks Sherman et derrière nous, un certain nombre de véhicules blindés dont certains transportaient des troupes. Nous étions serrés comme des sardines dans une boîte.

Le plan était de pénétrer, à l'aube, dans la ville occupée et de passer à l'attaque. Au cœur de la bataille, j'étais censée m'échapper, me cacher quelque part et infiltrer l'ennemi. Aussi simple que ça. Les services de renseignement, qui avaient repéré un important contingent d'infanterie allemande dans cette ville, étaient partis de l'hypothèse que nos chars d'assaut et nos blindés, appuyés par l'infanterie, jetteraient un tel désarroi dans ses rangs que l'ennemi s'enfuirait avec moi dans ses bagages.

Au bout de quelques minutes, on reçut l'ordre d'avancer et le chauffeur mit le moteur en route. Le cortège s'ébranla dans un bruit de tonnerre. Dans la lumière grise de ce matin brumeux, on percevait le monde extérieur à travers les fentes de vision dont les volets blindés étaient ouverts pour qu'on puisse se guider. A l'intérieur, moi et mes deux compagnons étions muets comme des carpes. On suivit les deux chars qui ouvraient la voie et roulaient vers la rue principale de la ville. J'avais les mains tellement moites que je finis par m'asseoir dessus.

A peine étions-nous arrivés en vue des premières maisons que les Allemands ouvraient le feu. Un vrai déluge. Les soldats ennemis étaient partout. A travers les fentes j'entrevis des éclairs d'uniformes gris, de casques et d'insignes de la Wehrmacht. Des hommes couraient de droite et de gauche, tirant sur l'infanterie française qui nous entourait. Derrière moi, le tireur se mit à cracher des rafales de mitrailleuse. Des balles ricochaient sur notre véhicule avec une régularité alarmante. Leur petit bruit métallique portait sur les nerfs.

A trente mètres devant nous, le premier char s'apprêtait à pénétrer sur la place principale. A cet instant, on entendit un vacarme infernal suivi d'une énorme explosion dont le souffle nous fit tanguer. Un obus venait de frapper le char de plein fouet. Une fumée noire et âcre s'élevait de la tourelle. Il pleuvait des morceaux de métal brûlant. Le chauffeur lâcha un juron. Le tireur cessa le feu et se pencha pour voir ce qui se passait. Au-delà du char juste devant nous on voyait les flammes qui montaient vers le ciel et on pouvait facilement imaginer le sort des occupants de l'engin.

Une petite voix dans ma tête n'arrêtait pas de répéter : *C'est ici que tu vas mourir. Coincée entre deux inconnus. Tu vas être brûlée vive.*

Prise d'une impulsion subite, j'abaissai tous les petits volets autour de moi afin de ne plus voir les vagues de fumée noire. Maintenant, j'étais privée de lumière, et l'angoisse d'être prise au piège me plongea dans un état de panique indescriptible. Je fixai la porte d'accès maintenant scellée par laquelle j'étais entrée quelques minutes auparavant mais malgré mon désir de l'ouvrir, je restais paralysée. J'aurais aimé disparaître. Je fermai les yeux et essayai d'imaginer que je n'étais plus qu'un flocon invisible, miraculeusement hors d'atteinte de ce qui avait frappé le char.

Cependant, ma fierté fut la plus forte. Je résistai au désir de m'échapper, car je voulais à tout prix cacher à mes camarades à quel point j'avais peur. Je me tournai vers eux. Ils étaient blêmes. Apparemment, eux aussi n'en menaient pas large. Je résolus de ne plus jamais porter de jugement sur aucun de mes semblables confronté à la peur. A cet instant, je compris que le courage ou la lâcheté dépendaient des circonstances et de l'état d'esprit de chacun à un moment précis.

Le char s'était embrasé. Les soldats français qu'il contenait avaient péri, incinérés dans cette fournaise. On restait là, immobiles et silencieux comme des canards à la foire. Le deuxième tank ne pouvait ni avancer ni reculer. Derrière nous, il y avait toute une file de camions et de blindés. Pelotonnée sur mon siège, j'étais trempée de sueur. Je savais maintenant que je ne pourrais pas accomplir ma mission. Tout ce que j'espérais, c'est qu'on parvienne à sortir vivants de cette ville.

A mon grand soulagement, la radio du chauffeur se mit à grésiller et j'entendis qu'on nous donnait l'ordre de nous replier. Aussitôt, tout le monde sembla se réveiller, l'infanterie parvint à neutraliser le char qui avait frappé le premier Sherman. Une fois encore, il s'ensuivit une bataille féroce au cours de laquelle on fut ballottés, heurtés, les balles pleuvaient, mais après un moment de confusion, on parvint enfin à se dégager et à s'en sortir entiers. Une fois de plus, je remerciai le ciel et me dis que je méritais bien mon nom d'Hoffnung Gutglück, qui signifiait espoir et bonne chance.

Bouvet était un excellent chef et un homme formidable, je le respectais infiniment. En vivant auprès de lui et de ses meilleurs officiers au QG, j'appris énormément de choses. Le colonel me faisait confiance et au cours de nos repas, il me présenta à toutes sortes de gens.

Je fus néanmoins attristée de constater que Bouvet n'était pas immunisé contre les préjugés de l'armée. Le lieutenant Neu, mon « compagnon de matelas », fut chargé d'une mission de reconnaissance périlleuse, près des lignes ennemies. Il disparut pendant une journée et une nuit et je me faisais beaucoup de souci pour lui mais en professionnel accompli, il nous revint sain et sauf avec toute une série d'informations très précieuses. J'assistais à son debriefing et ressentis une grande fierté pour ce qu'il avait réalisé.

— Et maintenant, allez vous reposer, lui dit le colonel avec chaleur en lui donnant une petite tape dans le dos. Et encore bravo.

Neu n'avait pas quitté la pièce que le colonel se tournait vers le commandant Ruyssen et le capitaine Ligouzat :

— Neu s'en est sacrément bien tiré pour un juif, vous ne trouvez pas ?

Pour le colonel c'était une remarque anodine, sans doute n'y attachait-il pas grande importance, mais je fus choquée au-delà de toute expression. Je trouvai une excuse pour quitter la pièce et allai marcher un peu pour me calmer. Je me félicitai de n'avoir jamais révélé ma religion au colonel ou à mes autres camarades de l'unité.

Quelques jours plus tard, on m'envoya avec le capitaine Ligouzat en mission de repérage sur un barrage situé sur le bras occidental du Rhin, à Kembs, au sud de Mulhouse. Nous avions reçu l'ordre d'étudier comment les Commandos pourraient traverser le fleuve sans alerter les Allemands, qui se tenaient sur l'autre rive, près du village d'Istein. Avec Ligouzat, nous étions sensés appartenir aux services logistiques de l'armée, en charge de la sécurité.

En arrivant au barrage puissamment défendu, on demanda à être présentés à l'officier responsable. On nous conduisit par un couloir jusqu'à une porte avec un écriteau : « Capitaine Grandidier ». Le même nom que l'adolescent qui m'avait poursuivie de ses assiduités à Metz — et m'avait envoyé une carte postale ayant déclenché les foudres de mon père. Quand on pénétra dans la pièce, je me figeai. Le jeune homme qui se leva pour nous accueillir était bien le Grandidier d'autrefois. Et pour tout arranger, il me reconnut aussitôt.

— Marthe! s'écria-t-il. Marthe Hoffnung!

Si mon secret était éventé, je savais que cela me desservirait à la fois sur un plan personnel et professionnel. Je le fixai donc d'un air perplexe.

— Excusez-moi mais mon nom est Lenôtre.

Grandidier ne me crut pas une seul instant. Il rit et agita un doigt dans ma direction :

— Je vous reconnaîtrais n'importe où. Je me souviens même de votre adresse : 4, rue du Maréchal-Pétain, à Metz. Quand j'étais gamin, j'étais fou amoureux de vous. Vous ne pouvez pas m'avoir oublié!

Le capitaine Ligouzat parut troublé et je m'obstinai à nier.

— Je m'appelle Lenôtre et je vivais avenue de Nancy.

— Elle s'appelle Lenôtre, sergent Lenôtre, intervint Ligouzat qui était pressé d'en finir.

— Pas du tout, c'est Hoffnung, protesta Grandidier, je la suivais partout, même à la synagogue.

Je rougis et avalai ma salive.

— Vous vous trompez, je ne vous ai jamais rencontré de ma vie.

Grandidier se tut quelques secondes et me jeta un regard en biais.

— J'aurais pourtant juré... vous lui ressemblez tellement, dit-il enfin.

— Désolée de vous décevoir.

Je me forçai à sourire.

— Et maintenant, on pourrait peut-être se mettre au travail ?

On passa une heure au barrage, pilotés par mon ancien soupirant. Avec Ligouzat, on étudia tous les points de passage les plus favorables pour les Commandos. J'observais Grandidier du coin de l'œil et m'émerveillais devant sa métamorphose. En ce qui me concerne, j'aurais eu du mal à reconnaître dans ce fringant capitaine le gamin dépenaillé dont je ne savais plus comment me débarrasser. En d'autres circonstances, cela ne m'aurait pas déplu de renouer avec lui.

Alors que nous allions partir, il m'attrapa par le bras et me prit à part.

— Je me fiche de ce que vous racontez. J'ai été ravi de vous revoir, Marthe, murmura-t-il. J'étais dans un séminaire catholique mais je l'ai quitté à cause de vous.

— Je vous ai déjà dit que je ne suis pas celle que vous croyez, répliquai-je en me dégageant. Au revoir.

— Au revoir, lança-t-il en m'envoyant un baiser.

Quelques jours plus tard, par l'intermédiaire du capitaine Zimmerman dont l'antenne était basée à Saint-Louis — le même capitaine qui voulait me faire traverser le Rhin à la nage en plein hiver —, je rencontrai des officiers hauts placés des services secrets suisses. Le capitaine s'était lié d'amitié avec eux. Les Suisses, qui se targuaient d'être neutres, trouvaient souvent des accommodements avec leur neutralité — d'abord avec les Allemands, puis avec les Alliés. Un beau jour, l'impétueux Zimmerman m'invita à dîner et me présenta à trois officiers basés à Bâle qui appartenaient aux services secrets helvétiques.

Leur chef s'appelait Reinhart, le colonel Reinhart, un homme très impressionnant, grand, blond, d'une cinquantaine d'années, qui s'enticha aussitôt de moi.

— Ravi de vous rencontrer, me dit-il en me baisant la main. Le capitaine Zimmerman ne tarit pas de compliments à votre égard, mademoiselle, et si jamais je puis vous être utile, je suis à votre disposition.

Il s'inclina profondément.

Zimmerman décida de le prendre au mot et quelques semaines plus tard, il m'envoya en Suisse avec le lieutenant Tallichet afin de me faire pénétrer en Allemagne, via la Suisse. Ce serait ma quinzième tentative d'infiltrer l'ennemi mais ma première de pénétrer directement en Allemagne. Nous étions le 11 avril 1945.

Pour moi, Bâle fut un choc. Le lieutenant Tallichet m'emmena déjeuner dans un merveilleux restaurant où le choix des plats sur la carte me laissa sans voix. Je finis par choisir la fondue. Je n'en avais jamais mangée. Tout semblait tellement normal que cela en était surréaliste. Les gens portaient des vêtements qui me ramenaient à avant la guerre. Les vitrines des magasins étaient pleines d'articles de luxe comme des chocolats ou des fourrures. On ignorait le black-out et les voitures circulaient dans les rues comme si les restrictions d'essence n'existaient pas. Après le déjeuner, Tallichet m'emmena dans une pâtisserie.

— Choisissez ce que vous voulez, me dit-il en souriant.

Eblouie, je restai un moment plantée devant la vitrine.

Rassasiée comme je ne l'avais pas été depuis des années, grisée par les lumières, les bruits, les odeurs d'un pays qui vivait en paix, je m'assis sur un banc sous un arbre en fleurs et mangeai un gâteau avec plein de crème. Rien ne trahissait la guerre qui faisait rage en Europe et les gens qui mouraient dans les rues des pays avoisinants. Les restrictions étaient inconnues et la vie en Suisse semblait s'être arrêtée à une époque dont j'avais perdu le souvenir.

— Il est grand temps d'aller voir ces gens des services secrets, dis-je à Tallichet. Ça me remettra les pieds sur terre.

Il m'emmena à leur QG où le colonel Reinhart me reçut chaleureusement.

— Il paraît que vous voulez vous rendre en Allemagne ? je crois que nous pouvons arranger ça. Appelez-moi Georges Lemaire.

Lemaire, un homme d'une cinquantaine d'années, grand, élancé, avec une petite moustache et des yeux bruns perçants, était un officier des services secrets. Quand on lui demanda de me conduire à Schaffhausen, une enclave de la Suisse qui s'avançait en Allemagne, à l'ouest de Bodensee, il m'examina avec attention. De Schaffhausen, je pourrais rejoindre Singen, une ville frontalière industrielle d'une certaine importance stratégique.

Il consulta sa montre.

— On part tout de suite, comme ça vous pourrez traverser avant la nuit.

Un peu barbouillée par tout ce que j'avais avalé, je fis mes adieux au colonel Reinhart et au lieutenant Tallichet, pris la petite valise qui contenait mes affaires, quittai le bâtiment avec mon guide et montai dans sa voiture.

Notre voyage prit moins de deux heures. Lemaire demeurait silencieux et quant à moi, je me préparais mentalement à ce que j'étais sur le point d'entreprendre. L'idée de me retrouver en Allemagne m'angoissait. Jusqu'à présent, il n'avait jamais été question que je quitte le territoire français. Je me repassais mon histoire dans ma tête, qui avait été un peu modifiée grâce aux suggestions inattendues d'un médecin alsacien récemment évadé d'Allemagne, Christophe Mueller. J'étais supposée avoir travaillé pour lui. Il avait été enrôlé de force dans l'armée allemande et il se trouvait qu'il avait des amis allemands à Singen et Fribourg-en-Brisgau, « capitale » de la Forêt-Noire. Blessé sur le front russe, on l'avait envoyé travailler dans une clinique à Constance d'où il avait réussi à regagner l'Alsace après sa libération. Ses amis allemands le croyaient encore à Constance.

Je ne l'avais jamais rencontré. On m'avait montré une photo de lui, donné une description détaillée de sa personnalité et de son histoire, de ses relations avec chaque famille allemande, et de celles que j'étais supposée entretenir avec lui. Cet homme, très apprécié de ses patients et de ses collaborateurs, se trouvait maintenant en France où il travaillait pour l'armée française. Il m'avait fait dire par le biais des services secrets que si je me présentais de sa part chez les personnes qu'il avait connues, elles se montreraient sûrement amicales. Je le souhaitais vivement, sinon, je me retrouverais dans de sales draps.

Martha Ulrich, Martha Ulrich, je suis une infirmière qui travaille à Constance et je cherche mon fiancé. Tout va bien se passer.

On arriva à Schaffhausen bien trop vite à mon goût. Lemaire laissa la voiture à l'orée d'un bois où l'on marcha en silence pendant une bonne demi-heure. Les oiseaux chantaient et le soleil brillait à travers les arbres. A un moment donné, Lemaire me fit signe de marcher en me tenant courbée et il ouvrit le chemin tandis que nous approchions de la route qui marquait la frontière.

Je clignai des yeux et fixai la route étroite qui séparait la Suisse neutre de l'Allemagne nazie, regardai deux gardes-frontière se croiser, parcourir plusieurs centaines de mètres dans des directions opposées et faire demi-tour pour se croiser à nouveau.

— Et maintenant, dit Lemaire en se laissant glisser sur le sol et en s'appuyant à un arbre, on attend.

J'attendais le cœur battant, surprise par des grincements sourds et continus qui emplissaient l'air, un peu comme des tanks fonçant droit devant eux.

— Des roulements à billes, m'expliqua Lemaire. Il y a sous terre d'immenses usines d'armement où des prisonniers triment pour le Troisième Reich.

J'imaginai Stéphanie travaillant à la chaîne là en-dessous, ignorant ma présence tout près d'elle. Ça n'était pas totalement invraisemblable.

Lemaire alluma une cigarette et se tourna vers moi en souriant.

— Ce soir, murmura-t-il en expulsant un rond de fumée dans l'air humide de la forêt, vous serez peut-être morte.

Je lui jetai un regard noir. Qu'est-ce qu'il lui prenait de me raconter des histoires pareilles ?

— Et donc, ajouta-t-il les yeux brillants en se penchant vers moi avec un air de conspirateur, pourquoi ne pas se payer un peu de bon temps ?

Je n'avais pas du tout l'intention de mourir, et encore moins de faire l'amour avec un homme aussi froid et calculateur.

— Je vous remercie de votre proposition mais je vous rappelle que vous êtes marié, répliquai-je d'un ton sec en vérifiant une fois de plus mon petit attirail.

On m'avait fourni des papiers, des tickets de rationnement allemands pour la nourriture et l'habillement, un carnet spécial, obligatoire pour voyager, ainsi qu'une photographie et des lettres de mon « fiancé » Hans.

Puis je cherchai une paire de chaussettes blanches dans ma valise et les enfilai sur mes bas de soie pour les protéger du terrain accidenté. Prête pour ma mission, j'attendis en silence que le soir tombe.

— Maintenant ! me dit brusquement Lemaire en écrasant sa cigarette.

Je sursautai.

— Allez-y, les gardes viennent de se séparer.

Je me mis à genoux et pris une profonde inspiration.

— Souvenez-vous, me dit Lemaire à l'oreille, j'attendrai jusqu'à ce que vous soyez passée.

M'approcher de la route en rampant sur le sol me prit plus de vingt minutes. Sans jamais quitter les sentinelles des yeux, j'atteignis le point indiqué par Lemaire, près d'un buisson peu fourni.

— Attendez qu'ils se croisent et vous tournent le dos, levez-vous et marchez vers la route le plus vite possible, m'avait dit Lemaire. Dirigez-vous vers l'est et là, vous rencontrerez le garde-frontière sur la droite quand il fera demitour. Continuez de marcher comme si vous veniez de l'ouest.

Il s'arrêtera et vous demandera vos papiers. Conduisez-vous naturellement, souriez, le plus important c'est d'avoir disparu avant qu'il croise l'autre sentinelle.

Je regardai, attendis, vis les soldats s'approcher et sus que le moment était venu. Je connaissais leurs déplacements par cœur, j'avais eu suffisamment de temps pour les étudier. Dès qu'ils se croiseraient, je me lèverais et m'avancerais d'un air détendu et d'un pas léger vers l'Allemagne nazie. Mais quand mon cerveau ordonna à mes jambes de se mettre en marche, elles refusèrent catégoriquement d'obéir.

Visage contre terre, clouée par la peur, je m'aplatis sur le sol tandis que les sentinelles s'éloignaient après être passées à quelques mètres de moi. Je me maudissais pour mes chaussettes blanches dont je craignais maintenant qu'elles ne me fassent repérer par toute l'armée allemande. Je relevai la tête de quelques centimètres et regardai une fois de plus à travers les broussailles les soldats se croiser et s'éloigner. J'étais paralysée.

Personne n'avait le droit d'exiger ça de moi, me raisonnais-je en silence. N'en avais-je pas fait assez ? Pourquoi ne pas retourner auprès de Lemaire pour lui dire que j'avais changé d'avis ?

Il m'avait bien promis d'utiliser son revolver si jamais les choses tournaient mal mais j'en doutais fort. Il n'allait pas risquer un incident diplomatique dans un moment pareil alors que la Suisse était officiellement neutre. Mon antenne m'avait assuré en termes très clairs que je ne pourrais compter sur personne.

Tout mon corps me faisait mal, j'avais la bouche sèche. Je vis les soldats qui revenaient une fois de plus, dans quelques minutes ils se croiseraient et se tourneraient le dos. La lumière baissait et je savais que plus je m'attardais, plus ce serait dangereux pour moi d'arriver à Singen à la nuit tombée.

Une heure s'écoula. Que pensait Lemaire? Il avait certainement compris que j'étais terrorisée. Je pâlis en songeant à la réaction du capitaine Mollat. J'imaginais ses ricanements. Et comment affronter Lemaire qui avait été le témoin de ma lâcheté ?

Je levai les yeux et vis que les gardes-frontière étaient à mi-chemin de leur trajet.

« Certaines fois, vous devrez aller chercher le courage au plus profond de vous-même », m'avait dit une fois le colonel Bouvet. Je songeai à Jacques et au courage qu'il avait montré face à la torture, au cours de son procès et au moment de son exécution. Je me rappelai Stéphanie et son refus obstiné de trahir les fermiers, sa détermination de rester dans le camp pour aider les autres, et sa dernière lettre à Dédé où elle écrivait : « Tu sais bien que dans les grandes épreuves, je suis toujours forte. » Eh bien c'était ma grande épreuve, mon baptême du feu et j'étais une fille faible.

C'est alors que sans réfléchir, je saisis ma valise, me levai, époussetai ma jupe et m'avançai sur la route en ne songeant à rien d'autre qu'à mettre un pied l'un devant l'autre. Trop tard pour faire demi-tour. Je m'avançai vers la sentinelle dans la lumière du soir, tenant fermement ma valise.

Je le regardai se retourner, remarquer ma présence et s'avancer vers moi. Il devait avoir une soixantaine d'années et boitait légèrement.

— Heil Hitler! dis-je en levant le bras droit.

— Heil Hitler! répondit-il sur le même mode. D'où venez-vous ?

— Gottmadingen, lui dis-je avec le sourire.

C'était le nom d'un village à l'ouest.

— Où allez-vous ?

Il était visiblement surpris de voir une jeune femme dans cet endroit isolé à une heure pareille.

— Singen. Je me rends chez des amis.

— Vos papiers, aboya-t-il pour se donner l'air efficace.

Il les examina attentivement mais ne voyait pas très bien à cause du jour qui tombait. J'espérais de tout mon cœur que mes papiers vieux d'un mois à peine avec leurs dates tamponnées un peu partout avec des encres de différentes couleurs volontairement pâlies réussiraient à le tromper.

Il les étudia un instant, se mordant la lèvre tout en se demandant s'il devait m'interroger plus longuement et vérifier mon histoire auprès de son collègue. Mais il était tard, il allait probablement être relevé d'un moment à l'autre et je compris qu'il n'avait qu'une envie : finir sa journée et se surélever les pieds pour soulager sa jambe.

— Allez-y, dit-il enfin en me rendant mes papiers.

Je les remis dans ma poche en remerciant le ciel qu'il n'ait pas l'énergie et la foi de certains de ses plus jeunes collègues, puis je m'éloignai avec un hochement de tête et un grand sourire, marchant juste assez vite pour avoir disparu quand il croiserait l'autre sentinelle. Je dois cependant avouer que ma nuque me brûlait et que je résistai au désir de me retourner.

Je marchais vers l'est, parallèlement au champ où j'avais attendu si longtemps, et après avoir parcouru quelques centaines de mètres je me retrouvai tout près de l'endroit où Lemaire m'avait promis d'attendre. Je me demandais s'il était toujours là.

Soudain, depuis l'enclave suisse, derrière la clôture en fer forgé qui bordait la route, j'entendis un air très connu chanté à mi-voix par mon guide. Une chanson à boire dont il avait changé les paroles. « Gruezi Gott » (Dieu vous garde) fredonnait-il gaiement, ce qui est une manière de se saluer en *Schwitzerdütsch*, le dialecte suisse-allemand. Quand j'arrivai au point où je savais qu'il était le plus proche de moi, je fredonnai « Grus Gott » à mon tour.

Le rire de Lemaire flotta dans l'air du soir et avant de retourner en Suisse pour rapporter que tout s'était bien passé, il fredonna sur le même air « Je n'aurais jamais cru que vous le feriez ».

Je rougis sans oser répondre. J'étais incroyablement soulagée et fière d'avoir surmonté ma peur. J'avais passé de sales moments étendue dans ce sous-bois mais maintenant, j'étais un jeune soldat français de confession juive qui s'avançait d'un pas léger dans la gueule du loup. Je ne m'étais jamais sentie aussi libre.

La gueule du loup

Cela ne faisait pas dix minutes que j'étais en Allemagne que j'entendis des pas derrière moi.

— Hé vous !

Je me retournai et vis un soldat allemand. Au cours des quelques secondes qu'il mit à parcourir la distance qui nous séparait, j'eus le temps de me raconter tout un scénario. Au moment où les gardes-frontière se croisaient, celui qui avait vérifié mes papiers disait : « Pas mal, la petite blonde » et l'autre répliquait : « De qui parles-tu ? » Eclat de rire de ma sentinelle. « Celle de Gottmadingen », et c'est à ce moment-là que l'autre répondait qu'il n'avait pas vu passer de petite blonde.

Un rapide coup de fil à Singen grâce à leur téléphone de campagne pour les alerter de mon arrivée, et la Gestapo n'avait plus qu'à me cueillir. A moins qu'ils n'aient envoyé ce soldat à ma poursuite. Pendant que j'attendais, suant sang et eau dans mon sous-bois, j'avais eu le temps de me rendre compte qu'il y avait plein de trous dans mon histoire. Me démasquer n'aurait pas été long. Par exemple, j'ignorais tout de Constance, située sur la frontière suisse-allemande, et pourtant j'étais supposée y avoir travaillé pour un médecin qui lui-même collaborait maintenant avec les services secrets français.

Je devrais me débrouiller toute seule. Si j'étais capturée, mon antenne n'en saurait probablement jamais rien. Rien ne pourrait m'identifier comme étant Marthe Lenôtre ou Marthe Hoffnung. Je priais avec ferveur pour n'être jamais arrêtée. J'aurais préféré me suicider plutôt que de connaître l'horreur des interrogatoires et de la torture. Malheureusement, on ne m'avait pas donné de pilule de cyanure, au cas où. Le QG ne l'avait pas estimé nécessaire.

Je n'avais qu'un seul moyen de communiquer avec mon service : par des fermiers du petit village de Laufenburg, le long de la frontière suisse, entre Schaffhausen et Bâle, non loin du Rhin. J'avais appris leur adresse par cœur. Ces fermiers catholiques étaient des opposants à Hitler. Une de leurs filles, mariée à un Alsacien des services de renseignement français, rencontrait secrètement son mari à la frontière, à intervalles réguliers. On m'avait indiqué les jours où il venait — deux fois par semaine — afin que je puisse lui remettre des lettres. En cas de problèmes, je devais retourner en Suisse. Si jamais j'avais besoin d'aide, il fallait que je m'adresse aux gardes-frontière pour leur dire que j'étais un des agents du colonel Reinhart. Mes instructions s'arrêtaient là.

Inutile de partir en courant maintenant que j'avais été repérée. Le soldat qui me suivait aurait tôt fait de me rattraper. Le sang me battait aux tempes, dominant le grondement continu des usines souterraines. Je baissai les yeux sur mes jambes. J'avais ôté mes chaussettes blanches peu de temps après avoir traversé la frontière. Dans ma tête, elles étaient devenues synonymes de danger.

— *Guten Abend*, me dit le soldat en souriant. Vu l'heure tardive, j'ai pensé que cela ne vous déplairait pas d'avoir un peu de compagnie. Vous allez où ?

— Singen.

— Pour y faire quoi ?

En le regardant de plus près, je vis qu'il était presque aussi vieux que le garde-frontière, ce qui me rassura.

— Je vais rendre visite à des amis, dis-je avec un petit sourire.

Il sembla me croire. On poursuivit notre route en bavardant sur le cours de la guerre et pour mon plus grand soulagement, quand on arriva aux abords de la ville il prit un chemin et moi un autre.

Afin de trouver l'adresse que Christophe Mueller, le médecin alsacien, m'avait communiquée, je me dirigeai vers le centre ville. Singen, une petite ville au fond d'une vallée avec une forte population ouvrière, avait été la cible de fréquents bombardements à cause de la proximité d'usines d'armement. De nombreux bâtiments avaient été détruits et les routes étaient parsemées de cratères. Quand je pénétrai sur la place principale, la carcasse noircie d'un bâtiment aux fenêtres béantes me serra le cœur. J'étais arrivée pendant un black-out, je voyais à peine où je mettais les pieds, et je n'avais même pas songé à emporter une lampe de poche.

Après avoir trébuché dans l'obscurité en essayant de me repérer, je débouchai sur une grande place où deux hommes armés de fusils parlaient à voix basse au bord d'un énorme cratère. Je les observai un certain temps en me demandant s'il était raisonnable de leur adresser la parole. Je savais qu'il était risqué de se promener seul la nuit. Je pouvais facilement être arrêtée et interrogée par la police. Cependant, il fallait absolument que je me rende à l'adresse qu'on m'avait indiquée.

D'un autre côté, je rechignais à donner au premier venu une adresse qui permettrait de me repérer.

Après quelques instants d'hésitation, je décidai que l'option la plus sûre était d'atteindre rapidement ma destination. Craignant de surprendre les deux hommes, je m'en m'approchai en toussant un peu afin qu'ils ne me tirent pas dessus. Ils braquèrent aussitôt leurs lampes de poche sur mon visage et criant : « Qui va là ? »

Je réalisai très vite au brassard sur leurs manches qu'ils appartenaient à la Défense civile et surveillaient le ciel dans l'éventualité d'une attaque aérienne. Je leur demandai dans mon meilleur allemand de m'indiquer la rue que je cherchais.

— Ce n'est pas loin, *Mädchen*, me dirent-ils avec un grand sourire, et ils m'indiquèrent obligeamment le chemin.

Il était environ dix heures. Quand je trouvai l'immeuble, je remerciai le ciel qu'il n'ait pas été bombardé et grimpai jusqu'au deuxième étage en traînant les pieds. J'étais nerveusement épuisée. La gorge sèche, je sonnai à la porte.

Elle s'entrouvrit sur une grande femme mince d'une trentaine d'années, vêtue d'une robe de chambre, et qui me regarda d'un air peu amène.

— *Ja ?* Qu'est-ce que vous voulez ?

— *Guten Abend.* Excusez-moi de vous déranger, *Frau* Schmidt. C'est le Dr Mueller qui m'envoie. Il m'a dit que vous ne refuseriez pas de m'héberger si jamais j'avais besoin d'une chambre pour la nuit.

En entendant le nom du docteur, le visage de la femme s'éclaira et elle me fit entrer avec empressement. Je lui montrai la lettre de recommandation du médecin et lui donnai de ses nouvelles. Sans me poser davantage de questions, cette brave femme me donna à manger et me prépara un lit. Elle s'appelait Ilse Schmidt et son mari se battait quelque part sur le front russe. Sans nouvelles de lui depuis bien longtemps, elle vivait avec son père et un enfant d'environ un an. Ils ne disposaient pas de beaucoup de nourriture mais ils ne mourraient pas de faim, et ils partagèrent généreusement leurs provisions avec moi : un délicieux ragoût avec du pain. Epuisée et infiniment soulagée d'avoir réussi à rentrer en Allemagne et d'avoir survécu à mes premières heures sur le territoire, je dormis cette nuit-là du sommeil du juste.

Le lendemain matin, je me réveillai tôt, fis ma toilette, m'habillai et me rendis dans la cuisine. Ilse coupait des légumes sur une planche, l'air contrarié. En me voyant, elle agita son couteau dans ma direction et lança d'un ton sec :

— La nuit dernière, j'ai remarqué que vos bas étaient tout déchirés.

Elle essuya ses mains à son tablier.

— On entend toutes sortes d'histoires sur des agents ennemis arrêtés dans les environs de Singen qui est tout près de la frontière suisse. Je n'ai pas pu m'empêcher de penser que vous aviez peut-être déchiré vos bas en franchissant la frontière suisse. Dites-moi, mademoiselle, êtes-vous une espionne ?

J'éclatai de rire.

— Regardez-moi bien, *Frau* Schmidt ! Ai-je vraiment l'air d'une espionne ?

Ilse me dévisagea un instant et rit à son tour en rejetant la tête en arrière, les mains posées sur ses hanches.

— Non, pas vraiment, je dois l'admettre.

Et on n'aborda plus jamais le sujet.

Au cours des deux jours que je passai avec eux, Ilse et son père se montrèrent on ne peut plus secourables. Je leur racontai que j'étais en route pour Fribourg et que je recherchais mon fiancé Hans. Je montrai sa photo et ses lettres à

Ilse qui compatit d'autant plus volontiers que son mari se trouvait quelque part sur le front.

— Dieu veuille qu'ils nous reviennent sains et saufs, soupira-t-elle en faisant le signe de croix.

Elle était très gentille, elle m'emmena faire des courses et en retour, je l'aidai à s'occuper du bébé. Elle m'accompagna aussi à la gare où elle m'aida à réserver un billet pour Fribourg pour la nuit suivante : les trains ne circulaient pas pendant la journée à cause des bombardements alliés. Heureusement qu'elle était là parce que je n'avais pas la moindre idée de la façon dont il fallait s'y prendre. Décidément, ma formation comportait de sérieuses lacunes. Je devais sans arrêt improviser, sinon j'aurais été très vite repérée.

Bien sûr, je me sentais assez mal à l'aise de tromper ces gens en leur faisant croire que j'étais une bonne patriote alors que j'espionnais leurs concitoyens. Mais je considérais cette culpabilité comme faisant partie intégrante de mon travail et n'y attachais pas plus d'importance que ça. Je savais que j'étais du bon côté. Je l'avais payé assez cher. A mes yeux, le seul souvenir de Wilhelm Hipp justifiait parfaitement ma démarche.

J'étais obsédée par ma mission. Tant qu'à risquer ma vie, autant que ça en vaille la peine. Je ne supportais pas l'idée de retourner les mains vides auprès du colonel Bouvet et du capitaine Mollat. Il fallait absolument que je me procure des informations utiles.

Le lendemain soir, Ilse m'accompagna à la gare et m'installa dans le train.

— *Auf Wiedersehen*, Martha, me dit-elle en me tendant un petit paquet de provisions. Bonne chance. J'espère que vous retrouverez votre Hans.

A la fenêtre du train, j'agitai la main, le cœur gros. Maintenant, j'étais vraiment livrée à moi-même.

Le train était bondé. La plupart des soldats et des civils essayaient de dormir. Dans la faible lumière, je m'arrangeai pour trouver un coin où m'asseoir. Les couloirs étaient pleins de gens qui fumaient et toussaient. A chaque fois que les avions alliés volaient très bas au-dessus de nous, le train se rangeait sur une voie de garage. Des dizaines de policiers armés jusqu'aux dents en quête d'espions, de prisonniers évadés ou de travailleurs étrangers circulaient au milieu des gens entassés.

— *Papiere bitte!* lançaient-ils en ouvrant la porte du compartiment et en examinant attentivement le visage de chacun d'entre nous.

Un par un on cherchait nos papiers dans nos affaires et on les leur tendait pour un examen minutieux. Ceux qui dormaient étaient réveillés sans ménagements. Je me demandai si certains de mes compagnons de voyage avaient autant de raisons que moi d'être effrayés. Les *Polizisten* vérifièrent mes papiers à plusieurs reprises, et le faisceau lumineux de leurs lampes de poche s'attardait sur les inscriptions et les cachets. Je restais là, apparemment détendue mais en réalité, je n'en menais pas large. Je me dis que plus jamais je ne prendrais le train si je pouvais l'éviter.

Il s'agissait d'un voyage de 250 kilomètres environ. Nous devions passer par une grande forêt et par la célèbre *Höllental*, la vallée de l'enfer où quatre-vingts ans plus tôt on avait construit un réseau spectaculaire de viaducs et de tunnels creusés à même le roc. Malgré les vagues d'avions alliés qui se succédaient au-dessus de nos têtes, on atteignit sans encombre *l'Hauptbahnhof*, la gare située au centre de Fribourg, une ville autrefois très belle et impressionnante sur le versant ouest de la vallée du Rhin, avec une magnifique cathédrale du XIIIe siècle. Dans le petit matin, je tentai de me repérer dans les rues étroites et les canaux de drainage datant du Moyen Age et finis par trouver l'adresse que je cherchais.

Tout comme Ilse avant elle, Gertrud Schröder, au seul nom du Dr Mueller, m'invita aussitôt à entrer et m'accueillit à bras ouverts. Elle vivait avec son fiancé, un ouvrier. Je restai plusieurs jours dans leur petit appartement et un après-midi, Gertrud m'emmena même voir un film sur Leni Riefenstahl, la réalisatrice préférée de Hitler qui avait mis son talent au service du Führer. Gertrud était très excitée à l'idée de voir ce film et naturellement, je prétendis partager son enthousiasme. Je n'étais pas particulièrement intéressée par cette dame ni par les relations qu'elle entretenait avec Hitler mais me retrouver au cinéma, en Allemagne et en pleine guerre, me divertit beaucoup.

Plus tard dans l'après-midi, alors que je me trouvais avec Gertrud dans son petit appartement, une amie lui rendit visite.

— Gertrud m'a dit que vous étiez infirmière à Constance, me dit cette femme d'un air aimable en me regardant droit dans les yeux. Je connais très bien cette ville. Quel est le nom de la clinique où vous travaillez ?

Je n'en avais pas la moindre idée et je dis la première chose qui me vint à l'esprit.

— La clinique Bodensee.

— Cela ressemble plus à un nom d'hôtel ou de restaurant, répliqua-t-elle en plissant les yeux.

Je ne me démontai pas.

— Il s'agit justement d'un ancien hôtel qui a été transformé en clinique. Une procédure assez courante avec ces vieilles bâtisses. Encore un peu de thé ?

Cette femme, que mes explications n'avaient visiblement pas convaincue, me mettait mal à l'aise mais Gertrud, choquée par cette intrusion, changea aussitôt de sujet et me sauva la mise.

Fribourg grouillait d'hommes en armes et de policiers, mais je tentai d'oublier ma peur pour accomplir ma mission. On m'avait donné le nom et l'adresse d'un certain Dr Charles Schaeffer, domicilié dans les environs de la ville. C'était un Alsacien dont les parents vivaient en Alsace. Avant la guerre, il avait épousé une doctoresse allemande et emménagé à Fribourg. Ses parents avaient contacté l'armée française parce qu'ils voulaient que leur fils rentre à la maison. Ils avaient supplié qu'on l'aide à sortir d'Allemagne.

Vu qu'il y était volontairement resté pendant toute la guerre, la seule façon pour lui d'être autorisé à retourner en France était de collaborer avec moi.

J'étais persuadée qu'il n'hésiterait pas. Ses parents m'avaient chargée d'une lettre dans laquelle ils lui demandaient de m'offrir « toute l'assistance nécessaire ». En arrivant à son cabinet, situé dans la banlieue de Fribourg, je dis à la secrétaire qu'il fallait que je voie le médecin immédiatement. J'ajoutai « c'est personnel » et refusai de donner davantage d'informations.

Elle me fit entrer et je pris place en face du médecin.

— Que puis-je faire pour vous, *Fräulein* Ulrich ?

Je lui tendis la lettre que j'avais gardée en permanence sur moi, ce qui représentait un énorme risque.

— Voici un message de vos parents, Dr Schaeffer, lui dis-je en français.

Il lut la lettre et m'étudia un instant.

— Et que voulez que je fasse exactement ? me demanda-t-il d'un air perplexe.

— J'appartiens aux services secrets français, lui dis-je de but en blanc. Ici, vous connaissez beaucoup de gens et vous avez accès à toutes sortes d'informations qui me seraient très utiles. Par exemple les mouvements de troupes et les plans de défense. Si vous acceptez de m'aider, l'armée française vous procurera les laissez-passer dont vous aurez besoin pour revenir en France avec votre famille quand la guerre sera terminée.

Au lieu d'accepter ma proposition avec gratitude, le médecin sauta sur ses pieds.

— Comment osez-vous me demander une chose pareille ! s'exclama-t-il, rouge de colère. Ma femme est allemande !

Comprenant le danger, je me levai précipitamment et lui fis signe de se calmer. Il n'aurait plus manqué que la secrétaire entre dans la pièce.

— Désolée de vous avoir dérangé, lui dis-je à voix basse. Je regrette mais je comprends votre point de vue.

Je pris mon sac et me dirigeai vers la porte.

— C'est franchement scandaleux d'oser me faire une telle proposition ! continuait de s'indigner le docteur. Je vis ici depuis des années. Mes patients sont allemands. La famille de ma femme vit ici. Comment pourrais-je les trahir ?

Je n'avais plus qu'une envie : m'éloigner de ce bureau au plus vite. Je m'employai à calmer l'irascible Alsacien. Apparemment, ses parents s'étaient portés garants de son patriotisme sans avoir mesuré à quel point il était devenu pro-allemand. Du coup, je lui avais révélé mon identité et il semblait maintenant tellement bouleversé que je craignais qu'il ne me livre aux autorités. En m'attardant, je courais les plus graves dangers.

— Où habitez-vous ? me demanda-t-il brusquement avec un regard inquisiteur.

— Je m'en vais aujourd'hui.

— Mais où puis-je vous joindre ?

— Vous ne le pouvez pas.

J'ouvris la porte.

— *Auf Wiedersehen, Herr Doktor.*

J'étais dehors avant qu'il n'ait eu le temps de me poser davantage de questions.

Je passai le reste de la journée à errer dans les rues et à jeter de fréquents coups d'œil par-dessus mon épaule, de crainte d'être suivie. Je ne retournai chez *Frau* Schröder que tard dans la soirée. Quand je me glissai dans mon lit, ma tête avait à peine touché l'oreiller que je dormais déjà.

Les deux jours suivants, je les passai à me promener dans la ville tout en me demandant comment je pourrais trouver des gens qui me fourniraient des informations. Alors que je passais devant deux jeunes femmes en uniforme de l'armée, je les entendis qui se parlaient très bas en français.

— Vous êtes françaises ? demandai-je en allemand.

— Oui, dit l'une d'elles d'un air méfiant.

Son amie venait visiblement de pleurer.

— Que faites-vous ici ? dis-je en passant au français.

— On a été enrôlées de force dans l'armée allemande.

Celle qui avait les yeux rouges se mit à sangloter.

— Notre pays et nos familles nous manquent terriblement.

Je les réconfortai du mieux que je pus.

— Vous serez rentrées chez vous plus tôt que vous ne le pensez. J'appartiens aux services de renseignements français. Que pouvez-vous me dire sur votre unité ?

Stupéfaites, les deux jeunes filles me fixaient, bouche bée, se demandant s'il fallait me prendre au sérieux.

— C'est vrai ? me demanda l'une d'elles avec de grands yeux.

— Oui c'est vrai. Et maintenant, dites-moi tout ce que vous savez.

A elles deux, tandis que nous bavardions d'un air innocent sur le bord de la route, elles me donnèrent plein de renseignements sur les mouvements de troupes dans la région, le nombre de soldats, leurs armements et leur localisation.

— Nous sommes basés dans des casernes à l'extérieur de la ville, expliqua l'une d'elles en dessinant une carte dans la poussière. Il y a un bataillon d'hommes, une compagnie d'infanterie et environ une centaine de prisonniers de guerre.

Je pris bien note de leurs indications et on convint d'un rendez-vous le lendemain au même endroit, car elles étaient tout à fait disposées à m'en apprendre davantage.

— On est tellement contentes de vous aider, me dirent-elles avec enthousiasme. Enfin, on peut servir la France.

A leur insu, les civils allemands se montraient souvent d'un grand secours. En discutant avec eux, j'évaluais le moral des troupes et de la population. D'une manière générale, ils étaient découragés, ils savaient que le vent avait tourné et que leur armée était en déroute. Cependant, certains demeuraient très combatifs.

— Le *Führer* a une *Wunderwaffe*, une arme secrète, me disaient-ils avec des airs de conspirateurs. Il attend que les armées alliées soient bien avancées dans le pays avant de s'en servir. Vous savez, c'est une arme qui peut détruire des villes entières.

Et s'ils avaient raison ? me demandais-je avec un certain malaise.

Pour l'étape suivante de mon programme, je décidai de contacter un ami du capitaine Ligouzat, un Allemand avec qui il avait étudié à la Sorbonne. Bien que très échaudée par ma malheureuse expérience avec le Dr Schaeffer, je me rendis chez *Herr* Greenwald et sa femme, dans un village au nord de la ville. Ils n'habitaient pas loin de la ligne Siegfried ou Mur de l'ouest, une série de fortifications quasiment imprenables le long de la frontière occidentale de l'Allemagne, et qui allait de la Hollande à la Suisse, en passant par la Belgique, le Luxembourg et les frontières françaises. Hitler avait donné l'ordre de défendre la ligne Siegfried à tout prix. A certains endroits, la ligne faisait cinq kilomètres de largeur et elle contenait des milliers d'obstacles en béton de forme pyramidale, connus sous le nom de « dents du dragon ». Il fallait aussi compter avec plus de neuf mille blockhaus enfoncés dans le sol et reliés entre eux par des tranchées. D'énormes bunkers profondément enterrés servaient à loger les troupes et les armements. Ils étaient desservis par des ascenseurs hydrauliques.

Quelques mois auparavant, après la plus importante attaque aérienne de la guerre qui avait vu deux mille bombardiers pilonner la ligne Siegfried plus au nord, l'armée américaine avait réussi à pénétrer dans certaines des villes forteresses les mieux défendues d'Allemagne. Fribourg n'était qu'à dix kilomètres de la partie occidentale du mur encore intacte.

En Allemagne, tout comme en France, les civils n'avaient jamais cessé de se déplacer d'une ville à l'autre à pied. Les moyens de transport se réduisaient aux véhicules militaires, qui la plupart du temps étaient remplis de soldats et s'arrêtaient rarement. Je finis par me retrouver dans un groupe de sept personnes, en majorité des femmes, qui quittaient Fribourg pour rendre visite à des amis ou des membres de leur famille. Il y avait une femme qui poussait une brouette vide et aussi un sous-officier SS qui me rappelait Hipp — petit, laid et cinglé. Je serrai les dents en voyant le trop célèbre sigle argent sur le col de sa tunique.

Il s'agissait du sergent major Helmut Werner. C'était une brute et un braillard, qui passait son temps à beugler et à se vanter du nombre de gens qu'il avait tués.

— J'étais en Pologne quand ils ont nettoyé les ghettos, dit-il à un moment donné avec un large sourire qui découvrit ses dents jaunes. Si vous aviez entendu couiner tous ces juifs !

Les femmes autour de lui se mirent à rire, ce qui le poussa à continuer.

— Je peux renifler un juif à des kilomètres. Ils me dégoûtent.

Pour changer de sujet car je commençais à trouver la conversation pénible, je lui demandai pourquoi il marchait avec difficultés.

— Blessé au ventre. Passé quatre semaines à l'hôpital et maintenant je vais reprendre du service au Mur de l'ouest.

Je dressai l'oreille.

— Vous avez été blessé par balle ? lui demanda une femme.

— Oui, sur le front russe. Un éclat d'obus. Saletés de bolcheviques !

Par cette belle journée de printemps, il faisait chaud et notre petit groupe avançait d'un pas rapide. On n'entendait plus le sergent-major. Et puis brusquement, il s'effondra sans connaissance sur la brouette de la femme à côté de lui.

Aussitôt, je me précipitai.

— Je suis infirmière, je vais m'occuper de lui.

On l'étendit sur la route. Je desserrai sa ceinture, déboutonnai le col de sa tunique, le col de sa chemise, et éventai son visage avec ma main jusqu'à ce qu'il revienne à lui.

— Que s'est-il passé ? demanda-t-il d'une voix faible en posant les yeux sur moi.

— Vous vous êtes évanoui. Reposez-vous un instant, juste le temps de récupérer. Je suis infirmière.

— Comment vous appelez-vous ?

— Martha Ulrich.

— Merci, *Fräulein* Ulrich.

Il sourit.

Je restai auprès de lui. Les autres ne tardèrent pas à s'en aller. Dès qu'il se sentit mieux, je l'aidai à se remettre debout et lui dis de s'appuyer sur moi tandis que nous avancions à une allure plus raisonnable.

— Où allez-vous, Martha Ulrich ? me demanda-t-il.

— Je vais voir des amis. En réalité, je suis à la recherche de mon fiancé. Il s'appelle Hans, il est dans la Wehrmacht et on m'a affirmé qu'il se trouvait dans cette zone. Peut-être pourriez-vous m'aider ?

Je sortis une photo de Hans de ma poche.

— Voilà un homme heureux, soupira le SS. Bien sûr que je vais vous aider après ce que vous avez fait pour moi. Venez donc me voir dans quelques jours au Mur de l'ouest, le temps que je prenne mes quartiers, peut-être qu'un de mes hommes connaît votre Hans. Et si ça vous intéresse, vous aurez même droit à une visite guidée.

Son fameux sens de l'odorat l'avait visiblement trahi.

Après l'avoir laissé à l'entrée du Mur de l'ouest, je jetai un coup d'œil autour de moi. Les bunkers souterrains étaient peu visibles de l'extérieur et les « dents du dragon », ou barrages antichars, étaient situées à quelques kilomètres plus à l'ouest. Je m'attendais vaguement à entendre les bruits grinçants qui m'avaient accueillie à Schaffhausen mais tout était tranquille. Je ne voyais que des soldats allemands et des blockhaus en béton.

Après une petite opération de reconnaissance, je me rendis chez *Herr* Greenwald où je fus accueillie par sa bonne qui m'annonça qu'il était parti avec sa femme pour la journée. Comme c'était l'heure du déjeuner, elle m'offrit très gentiment à manger avant que je reparte pour Fribourg. Sur le chemin du retour, je décidai de rejoindre tout de suite la frontière suisse, afin de laisser un message codé pour mon antenne sur mes récentes découvertes. J'aurais tout le temps de retourner plus tard au Mur de l'ouest pour y rencontrer le sergent-major Werner.

Peu désireuse de reprendre le train, j'optai pour l'autostop. Cette nuit-là, il faisait très froid et je n'étais pas assez couverte. Une camionnette s'arrêta. Je grimpai avec ma valise sur la plate-forme arrière où se pressaient des soldats et quelques civils. Le chauffeur me dit qu'il se dirigeait vers le sud de la Forêt-Noire. La camionnette offrait peu de protection contre le vent et les gens se poussèrent pour me faire une place.

— D'où venez-vous, *Fräulein*? me demanda une jeune femme au nez retroussé. Vous n'êtes pas d'ici.

— Je suis lorraine, dis-je en soufflant sur mes doigts. J'ai perdu toute ma famille dans un bombardement US. Il ne me reste plus que mon fiancé, Hans. Il appartient à une unité d'infanterie qui serait basée dans cette région. Voilà sa photo. Vous ne l'auriez pas rencontré, par hasard?

Non ils ne le connaissaient pas mais ils se montrèrent pleins de compassion et me souhaitèrent bonne chance. Dans le vacarme du moteur du véhicule, tandis que nous étions ballottés par la route défoncée, chacun raconta son histoire pleine de deuils et de chagrin. Des fils, des frères, des maris avaient disparu depuis des années et avec la guerre, tous ces gens avaient traversé bien des épreuves.

— Ma famille aussi a trouvé la mort dans un bombardement, dit une femme d'une cinquantaine d'années en baissant la tête. Ma petite-fille n'avait que deux ans.

Je lui pressai la main et lui dis combien j'étais désolée.

A l'aube, le chauffeur s'arrêta et nous fit descendre à un croisement.

— D'ici, vous trouverez bien un autre véhicule.

Quand je sautai de la plate-forme, je fus très désappointée de découvrir sur un panneau de signalisation que je me trouvais dans le Wurtemberg, au nord-est de Baden, et plus loin de la frontière suisse qu'à Fribourg. Apparemment, le chauffeur n'avait rien compris à mes explications mais je n'étais pas en position de me plaindre. Gelée, épuisée et découragée, j'allai m'asseoir sous un arbre avec les autres, et on se serra pour se réchauffer car nous n'avions pas de couvertures. Il ne me restait plus qu'à attendre qu'un autre véhicule veuille bien m'emmener dans la bonne direction.

Je n'avais pas dormi de la nuit et sombrai dans un sommeil agité. Mon cou et mes épaules me faisaient un mal de chien. Je fis des cauchemars. Soudain, quelqu'un me secoua violemment.

— *Fräulein ! Fräulein ! Volle Deckung !*

Très contrariée d'être ainsi réveillée, je me détournai en ronchonnant. La main qui m'avait attrapée par l'épaule recommença à me secouer avec énergie.

— *Aufwachen ! Volle Deckung !*

Je clignai des yeux dans la lumière du matin, bâillai et demandai :

— Pourquoi ? Que se passe-t-il ?*

Il n'y eut pas de réponse. Je soupirai, me redressai à moitié et m'affalai à nouveau quand le brusque silence autour de moi me réveilla tout à fait. Mes compagnons de voyage m'entouraient et me fixaient avec hostilité. Je restai un instant interloquée et compris brusquement que je venais de m'exprimer en français.

Je me levai avec un tel empressement que la tête me tourna. Puis je brossai ma jupe du plat de la main.

— Excusez-moi, je m'étais endormie. Il y a une alerte ?

Je levai la tête vers le ciel.

— J'entends bien les avions mais je ne les vois pas.

Ils restaient muets et figés. Plus personne ne songeait à aller se mettre à l'abri. Pire, maintenant, ils se rapprochaient de moi d'un air menaçant.

Je souris et dis très vite :

— Raid aérien ou pas, je faut que j'aille me soulager. Ma vessie est sur le point d'éclater.

J'empoignai ma valise et courus me cacher dans des buissons. *Réfléchis Marthe !* Au-delà d'un rideau d'arbres, je vis une route avec une carriole de laitier tirée par un cheval noir et blanc. Je pris une profonde inspiration et, courbée en deux, je courus aussi vite que je pus à travers les broussailles, rejoignis la route, m'avançai à la rencontre de la carriole et levai la main.

— S'il vous plaît, pouvez-vous me conduire jusqu'à la ville la plus proche ? demandai-je hors d'haleine au conducteur.

— *Ja*, dit-il en hochant la tête, et c'est avec un intense soulagement que je grimpai sur le siège auprès de lui.

* En français dans le texte. (*N.d.T.*)

L'art du subterfuge

La ville où le laitier me conduisit fumait encore sous les décombres. C'était la dernière cible des pilotes alliés qui avaient volé si bas au-dessus de nos têtes. Les sirènes hurlaient et les gens erraient, désemparés, évaluant les dégâts. Des bâtiments brûlaient. Les pompiers et les équipes médicales s'affairaient pour évacuer les morts et soigner les blessés.

Fatiguée, gelée et épuisée, j'accordai une attention distraite au triste spectacle qui s'offrait à moi. Tout ce que je savais, c'est qu'il fallait que je m'arrête un moment pour manger quelque chose avant de repartir pour la frontière, mais je n'osais pas entrer dans les restaurants pleins de soldats allemands et de civils inquisiteurs. Même si j'étais en possession des tickets nécessaires, je préférais éviter les endroits publics et me faire héberger chez l'habitant, de préférence des personnes ordinaires. Moins elles me posaient de questions, mieux je me portais. Surtout qu'avec les bombardements, les gens couraient dans tous les sens pour assister les blessés ou retourner chez eux, et ma présence dans un des rares restaurants ouverts aurait soulevé encore plus de curiosité qu'à l'ordinaire.

Tandis que je marchais tout en réfléchissant, une petite vieille maigre comme un clou et courbée par les ans s'avança vers moi.

— *Fräulein !* s'écria-t-elle d'une voix forte. Venez ici tout de suite. Je suis trop fatiguée pour porter ça toute seule et je veux voir si ma maison tient encore debout.

Trop heureuse de cette diversion, je m'emparai des cabas de la dame et l'accompagnai jusqu'à sa maisonnette dans une petite rue avoisinante. Je fus agréablement surprise de la trouver accueillante et pleine de charme. Un feu brûlait gaiement dans la cheminée. L'odeur d'un ragoût qui cuisait sur le fourneau me fit saliver et je lorgnai avec convoitise la miche de pain frais posée sur la table.

— Et maintenant aidez-moi à ranger ce qu'il y a dans mes paniers, dit la vieille dame.

Ils étaient pleins d'articles de première nécessité, comme des bougies et du sel, que je rangeai dans les endroits que la vieille dame m'indiquait tout en m'observant d'un œil vif.

— Et vous, vous êtes qui ? demanda-t-elle brusquement d'un ton peu amène.

— Je m'appelle Martha Ulrich, je suis infirmière et je viens de Lorraine. Je cherche mon fiancé qui est soldat.

Aussitôt, elle s'adoucit.

— J'ai un fils à l'armée, me dit-elle en soupirant. Je ne l'ai pas vu depuis cinq ans. La dernière fois que j'ai entendu parler de lui, il se trouvait en Russie.

Sa lèvre trembla, elle s'essuya les yeux avec un mouchoir bordé de dentelle et se leva brusquement.

— Et maintenant, jeune fille, quand avez-vous mangé pour la dernière fois ?

Après un bon repas, je pris congé de cette énergique vieille dame et repartis en souhaitant de tout cœur que les bombes alliées épargnent sa charmante petite maison.

Dans un bus qui se dirigeait vers la sortie de la ville, je m'installai avec un groupe de femmes et un seul homme, un sous-officier de la Wehrmacht. A ma grande consternation et tout comme le sergent-major Werner, il passa tout le trajet à se vanter du nombre de personnes qu'il avait tuées en Russie et en Pologne.

— On les emmenait dans une clairière à l'extérieur de leurs villages, disait-il avec des yeux fous, les hommes, les femmes et les enfants. On les obligeait à creuser leur tombe, on les alignait et on les descendait à la mitrailleuse. Vous auriez dû les voir courir pendant qu'on les truffait de balles. Ils piaillaient comme des souris prises au piège !

Et il couinait pour illustrer son récit, mimant une course avec ses doigts rougeauds. Toutes les femmes dans le bus riaient ouvertement et l'officier rugissait de plaisir. Cette fois-ci, je me sentis vraiment mal. Le repas que je venais d'avaler menaçait de resurgir mais je m'efforçai bravement de rire à l'unisson.

Je n'avais qu'une hâte : m'éloigner au plus vite de cet homme. Chaque seconde passée en sa compagnie durait une éternité. Il continua de raconter des histoires abominables et les relents infects de son crime me donnaient des haut-le-cœur. Je fus assaillie par des images de Jacques et de Stéphanie que je ne parvenais plus à repousser.

— Vous ne vous sentez pas bien ? demanda une femme d'un air inquiet.

— J'ai un peu mal au cœur. En ce moment, j'ai du mal à digérer mes repas.

Ma maigreur et mon air maladif firent qu'on me crut volontiers.

Dès que l'occasion se présenta, je descendis du bus et me mis en marche vers les montagnes. L'air pur m'aida à prendre de la distance avec les récits abominables du sous-officier de la Wehrmacht. Quelques heures plus tard, j'étais presque parvenue à le bannir de mes pensées.

Il faut dire qu'après une période de froid inhabituel pour la saison, il faisait un temps superbe et la nature est un baume pour les âmes en peine. Je ressentis une exaltation physique à escalader une montagne, puis à redescendre dans la vallée. Malheureusement, depuis l'incarcération de Stéphanie et la mort de Jacques, mes rares moments de détente s'accompagnaient d'un terrible sentiment de culpabilité. Comment pouvais-je encore prendre du plaisir à l'existence après l'exécution de Jacques et avec Steph livrée aux mains de l'ennemi, en admettant qu'elle soit encore en vie. Mais il arrivait que ma jeunesse soit la plus forte, comme ce jour-là.

Alors que j'amorçais ma descente dans la vallée nichée au cœur de la Forêt-Noire, je m'arrêtai brusquement. Je venais de repérer un énorme camp militaire étalé comme une maquette avec ses hommes, ses camions et ses blindés.

— Mon Dieu, murmurai-je avant de courir m'abriter derrière un arbre, au cas où quelqu'un m'aurait repérée.

De ma cachette, j'observai la bouche ouverte cette machine de guerre, là sous mes yeux, prête à passer à l'action.

J'étais seule à savoir et il me revenait, sans carte ni possibilité de noter quoi que ce soit, de transmettre où se situait exactement ce camp d'une importance capitale. Je regardai autour de moi, mémorisant les repères géographiques, les pics, les routes, les arbres et les rochers un peu saillants. Quand je fus certaine d'avoir tout enregistré, je dévalai la pente, poussée par l'adrénaline et le désir d'alerter les Alliés au plus vite.

Il me fallut deux jours pour atteindre Laufenburg, à la frontière suisse. Je devais rejoindre une ferme — la seule adresse de résistants qu'on m'eût donnée — où je pourrais enfin rédiger mon rapport. Dans ma tête, je n'arrêtais pas de récapituler tout ce que j'avais à leur communiquer : le camp militaire, les unités d'infanterie, leur nombre, leurs armements, les horaires de trains depuis Singen, les postes de défense à l'intérieur et autour de Fribourg, et la localisation exacte des accès les plus faciles au Mur de l'ouest.

J'atteignis la petite ferme le lendemain au crépuscule. Je frappai timidement à la porte et une jeune femme m'ouvrit.

— *Ja ?*

— Je suis Martha Ulrich.

Son visage s'illumina, elle m'attrapa par le bras et me tira prestement à l'intérieur.

— *Mutter! Vater!* C'est Martha ! Elle est enfin arrivée !

Jamais je n'avais reçu d'accueil plus chaleureux. Les yeux vert sombre de Susanna, la jeune femme qui m'avait ouvert, pétillaient d'allégresse. Greta, sa sœur aînée, était mariée à un agent alsacien qui travaillait pour mon antenne.

— Nous étions très inquiets, m'expliqua Greta, on craignait que vous n'ayez été arrêtée. On n'avait reçu aucun message et on vous attendait beaucoup plus tôt. Pour tout vous dire, on était déjà en train de faire nos bagages.

Je compris alors que la vie de ces personnes simples et généreuses dépendait de ma liberté. Si j'avais été arrêtée et torturée, leurs noms et leur adresse figuraient parmi les nombreux renseignements que j'aurais pu donner à mes bourreaux. D'où leur intense soulagement en me voyant.

Susanna me conduisit jusqu'à une petite chambre dans le grenier où on m'avait préparé un bon lit avec des draps bien repassés, d'une propreté immaculée, ainsi qu'un broc d'eau et une bassine. Je me lavai et m'étendis quelques minutes avant de me mettre au travail. J'avais une terrible envie de dormir mais je savais qu'une fois ma mission accomplie, je me sentirais soulagée d'un grand poids. Au cours de ma formation, on m'avait appris à écrire en code et à choisir les lettres clés d'un poème familier pour transmettre un message. Pour ma mission, j'avais choisi deux poèmes des Fleurs du mal de Baudelaire, *J'ai plus de souvenirs que si j'avais mille ans* et *Crépuscule du matin*, dont le vers « L'air est plein du frisson des choses qui s'enfuient » m'avait particulièrement frappée. En utilisant un procédé beaucoup plus sophistiqué que celui de Stéphanie dans sa correspondance, je rédigeai mon rapport avec soin.

Greta vint me trouver plus tard dans la soirée.

— J'ai rendez-vous avec mon mari demain à l'aube, me dit-elle, les yeux brillants. Je lui remettrai votre lettre.

— Merci.

J'étais désolée que l'histoire d'amour de cette jeune femme ait été interrompue par la guerre. Elle n'était pas beaucoup plus âgée que moi et involontairement, elle me rappelait mes retrouvailles avec Jacques à Marseille, puis à Vic-sur-Cère. Comme je me languissais de lui. Quel bonheur quand nous étions à nouveau réunis ! Et quel affreux chagrin lorsqu'on se séparait sans savoir quand nous nous reverrions !

— Bientôt, vous pourrez enfin mener une vie normale, lui dis-je en soupirant. L'aide que vous nous apportez va accélérer la fin de la guerre.

Elle sourit.

— J'espère bien. J'aime tellement Pierre. Nous aurons beaucoup d'enfants et on vivra ici, à la ferme.

Je me détournai, pliai mon message et le lui tendis.

— Tenez, lui dis-je d'un ton un peu trop brusque. Je partirai tôt demain matin. On se reverra à mon retour.

— Très bien, répondit Greta, vaguement troublée.

Elle n'imaginait pas à quel point ses paroles m'avaient bouleversée. Puis elle s'avança vers moi et me tendit d'un geste gauche une longue jupe verte avec des broderies dans le bas.

— Euh... j'ai pensé que vous pourriez peut-être essayer ça.

Je pris le vêtement assez grossier et fis la moue.

— Je vous remercie mais...

J'hésitai, cherchant mes mots pour ne pas la blesser.

— Mais je ne pense pas que ce soit mon style.

— Je n'en doute pas mais cela irait parfaitement à Martha Ulrich, répliqua-t-elle avec une lueur amusée dans le regard.

— Ah bon ?

Je baissai les yeux sur la jupe et la veste — un ensemble fort peu seyant, ma tenue la plus ordinaire — que je portais depuis mon arrivée en Allemagne.

— Ce tailleur ne convient pas ?

Greta éclata de rire.

— Une infirmière allemande ne porterait jamais ça. C'est bien trop... enfin...

— Bien trop quoi ?

— Bien trop français, déclara-t-elle en croisant les bras d'un air satisfait.

Je détestais cette jupe. Sur mon trajet de retour à Fribourg, son tissu rêche m'irritait la peau à chaque pas. Greta avait sûrement raison mais cela me contrariait d'être aussi mal habillée.

Sur le chemin, je croisai des Français, des hommes et des femmes enrôlés de force en 1943 dans le cadre du STO, le service du travail obligatoire, et envoyés dans des fermes pour y remplacer les hommes partis à la guerre. Comme les deux jeunes femmes que j'avais rencontrées à Fribourg, ils avaient le mal du pays et ne demandaient qu'à m'aider. Grâce à eux, je pus assez rapidement mettre en place un réseau de civils français capables de me donner des informations vitales sur l'activité fiévreuse qu'entraînait la défense de Fribourg.

A chaque fois que je tombais sur un groupe appartenant au STO, je ne pouvais m'empêcher de chercher Stéphanie. Dans sa lettre, elle disait qu'elle avait été envoyée à Metz, mais je continuais d'espérer qu'elle avait été déplacée dans une autre région. Malheureusement, jamais son visage, qui hantait mes rêves, ne se matérialisa.

Gertrud Schroëder m'accueillit à nouveau chez elle à bras ouverts, et je m'efforçai d'obtenir le maximum de renseignements des Français qui vivaient et travaillaient aux alentours de la ville. Ils m'apprirent que pendant mon absence, dans cette partie de l'Allemagne pratiquement encerclée, on s'était beaucoup agité. Les Français, les Américains et les Anglais se rapprochaient et les gens ordinaires commençaient à avoir peur. Le nombre de soldats ne cessait d'augmenter et les résidents de Fribourg s'employaient à faire des provisions et à protéger leurs maisons et leurs boutiques par des plaques de métal ou des planches de bois.

Puis j'entendis à la radio allemande que la 1re armée française, sous les ordres du général de Lattre de Tassigny, avait traversé la frontière à 27 kilomètres d'ici.

Je me dis que c'était le moment d'aller rendre une petite visite à mon « ami » le SS, le sergent-major Werner que j'avais soigné sur la route après qu'il eut perdu connaissance. Il me fallut deux heures pour rejoindre le Mur de l'ouest et quand j'arrivai là-bas, je fus tout de suite frappée par le changement. Cet endroit qui grouillait de soldats était maintenant pratiquement désert. Près de l'endroit où j'avais laissé Werner, je tombai sur deux jeunes soldats qui s'avancèrent à ma rencontre, chargés de gros sacs à dos. Ils sortaient d'un blockhaus.

— *Entschuldigung*, dis-je en les interpellant. Pouvez-vous me dire où je pourrais trouver *Hauptfeldwebel* Helmut Werner qui a été récemment blessé ? C'est un ami à moi. Voilà son numéro de téléphone. Je devais le donner à un standardiste pour qu'il m'aide à le localiser.

— Il est parti, m'informa un des deux soldats tandis que quatre hommes en uniforme émergeaient du blockhaus, accompagnés de tous les standardistes. Nous sommes parmi les derniers à quitter le Mur.

— Excusez-moi mais je ne comprends pas, m'écriai-je d'un air affolé. Il vit ici. Je ne me suis pas trompée, je suis bien à l'entrée du Mur de l'ouest ?

— Oui, *Fräulein*, intervint l'autre soldat. Mais comme mon collègue vient de vous l'expliquer, nous avons reçu l'ordre de quitter cette partie du Mur de l'ouest. Votre petit ami a été un des premiers à partir, avec les officiers et les sous-officiers.

Je me gardais bien de les détromper quant aux relations qu'ils me prêtaient avec le SS et feignis un grand désarroi.

— Mais il m'avait affirmé que le Führer avait donné des ordres pour que le Mur de l'ouest soit défendu jusqu'à la mort ! Ce n'est pas possible qu'il soit parti comme ça... il m'aurait dit au revoir.

Sur le point d'éclater en sanglots, je cherchai un mouchoir dans ma poche.

— Les ordres sont arrivés ce matin, me confia le premier soldat d'un air désolé. Il n'a pas eu le temps de vous prévenir. Maintenant, cette zone du Mur est déserte.

Je les remerciai et les regardai s'éloigner. Puis je m'approchai du blockhaus. Devant l'entrée, deux petits groupes de soldats s'apprêtaient à lever le camp, chargés de leurs sacs à dos. Ils me répétèrent point par point le même discours. Cette information était cruciale pour l'armée française qui approchait et je retournai précipitamment à Fribourg, le cœur battant.

Tout le long du chemin, je tombai sur de petits groupes de soldats postés devant des mitrailleuses et des bazookas. Ils avaient reçu l'ordre de rester sur place pour arrêter les tanks alliés. A chaque fois je m'arrêtais.

— Comme vous êtes courageux! leur disais-je avec des trémolos d'admiration dans la voix. Je viens du Mur de l'ouest. Les officiers et les hommes ont fui vers le sud-est, il n'y a plus que vous entre l'armée française et le reste de l'Allemagne. Défendez-nous, je vous en supplie, sinon tout est perdu.

Quand je me retournais quelques mètres plus loin, je les voyais abandonner un par un leur poste et prendre leurs jambes à leur cou.

A Fribourg, c'était l'affolement. Les civils couraient dans tous les sens en criant :

— Les Français arrivent! les Français arrivent!

Chargés de paquets, ils tiraient leurs enfants par la main et couraient se réfugier chez eux.

En les croisant, je hochais la tête et poursuivais mon chemin.

Quand j'atteignis la rue principale, les volets et les portes étaient verrouillés et on ne voyait pas âme qui vive à l'horizon. Le vent balaya des détritus dans ma direction et j'entendis le grincement caractéristique des blindés. A quelques dizaines de mètres devant moi, un char français déboucha brusquement dans l'avenue. Il roulait droit sur moi. Des prisonniers allemands se pressaient sur le char, tout autour de la tourelle, placés là par les Français pour empêcher les Allemands de tirer.

Je pris une profonde inspiration et je me positionnai au centre de l'avenue. Les prisonniers, qui me prenaient pour une Allemande téméraire, me firent signe avec insistance de dégager le chemin. Le char se rapprochait, ses chenilles grinçaient sur l'asphalte et je n'en menais pas large. Je levai la main droite et fit le V de la Victoire. Le char ne ralentit pas. Des prisonniers commencèrent à cogner sur la trappe de la tourelle pour alerter le chauffeur.

— *Achtung! Achtung!* hurlaient-ils.

Ils pensaient que j'avais perdu la tête.

Tandis que le monstre me fonçait dessus, je me contentai de lever la main plus haut. Un bruit assourdissant me remplit la tête. Pour finir, le char était si proche que je respirai les vapeurs du moteur diesel et perçus sa chaleur. Puis le grincement s'arrêta. Le blindé s'était arrêté à moins d'un mètre de moi. L'énorme canon de 75 mm passait juste au-dessus de ma tête.

La porte d'accès s'ouvrit et un Français apparut, qui me contempla d'un air ahuri.

— Il faut absolument que je parle à l'officier responsable, lui dis-je en français.

J'arrivai donc au QG français en blindé. J'en descendis avec une absence totale d'élégance qui provoqua l'hilarité de plusieurs officiers. Le QG avait été installé dans une belle demeure historique du centre ville, et on m'amena directement dans le bureau du commandant Petit du 2e régiment de zouaves.

Le commandant était un homme grand, élégant, qui n'avait pas quarante ans. Lui-même avait appartenu aux services de renseignement et pour commencer, il se montra extrêmement méfiant.

— Pourquoi est-ce que je vous croirais ? me dit-il d'un ton glacial quand je lui rapportai ce que j'avais appris. Cela peut tout aussi bien être un piège.

— Appelez ce numéro, dis-je en griffonnant quelques chiffres sur un calepin posé sur son bureau. C'est celui du QG de la 1re armée.

Le commandant obtempéra, le sourcil froncé.

— J'ai ici une certaine Martha Ulrich. Elle dit qu'elle a des informations qui peuvent m'être très utiles. Vous vous portez garant ?

Clairement impressionné par la réponse, il raccrocha et m'étudia un instant.

— C'est vrai cette histoire du Mur de l'ouest ? dit-il enfin. Pour nous, la ligne Siegfried est un vrai cauchemar. On a pris bien soin de l'éviter autour de Fribourg mais s'il s'avère que vous avez raison, alors ça change tout.

Je lui certifiai que j'avais vu de mes propres yeux l'armée décamper. Aussitôt, il envoya une patrouille vérifier mes déclarations et peu de temps après, un jeune officier lui confirma la nouvelle par radio :

— Le Mur de l'ouest est complètement désert, mon commandant. Les boches ont foutu le camp.

Petit se tourna vers moi avec un large sourire. Le plan d'attaque de toute la région allait être révisé et l'avancée dans le sud de l'Allemagne accélérée. Ce soir-là, au dîner, je fus son invitée et il me plaça à sa droite. La salle à manger était superbe, le service impeccable, le repas et le vin délicieux.

— Je suppose que maintenant, vous aimeriez rejoindre votre antenne ? me demanda le commandant Petit en remplissant nos verres. Ils sont quelque part en France. Je vais les appeler.

— Non, surtout pas, mon commandant. J'ai encore beaucoup de choses à faire. Ma mission est loin d'être terminée.

Il me regarda d'un air sincèrement inquiet.

— Dites-moi, jeune fille, vous ne trouvez pas que vous en avez déjà assez fait ? La guerre n'est pas finie, les Allemands vont encore nous donner du fil à retordre. Si j'étais vous, je ne tenterais pas le diable.

Mais je m'obstinai.

— Très bien, concéda-t-il avec un soupir. Dans ce cas, qu'est-ce que je peux faire pour vous ?

— Trouvez-moi une bicyclette, lui dis-je aussitôt.

Après le dîner, le commandant Petit m'annonça qu'il avait un message pour moi.

— Quelqu'un est venu jusqu'ici pour vous parler. Un certain Dr Schaeffer. Il vous connaît sous le nom de Martha Ulrich et affirme que vous l'aiderez à rentrer en France avec sa famille.

Je m'empourprai sous l'effet de la colère.

— Pas question. Cet homme a refusé de m'aider quand j'avais besoin de lui. Je refuse de le voir et je vous prierai de ne lui apporter aucun soutien. Qu'il se débrouille en Allemagne occupée !

Je passai la nuit au QG et le lendemain matin, avant de quitter Fribourg, je me rendis chez Gertrud Schroëder.

— Oh, Martha ! s'écria-t-elle en ouvrant la porte. Où étiez-vous passée ? J'étais inquiète.

— Excusez-moi, *Frau* Schröder.

Je refermai soigneusement la porte derrière moi.

— J'aurais dû vous envoyer un message. Je suis restée chez des amis.

Avant qu'elle ait eu le temps de répondre, je lui tendis une enveloppe.

— Je m'en vais aujourd'hui mais avant de partir, je voulais vous remettre ceci.

— Qu'est-ce que c'est ?

Elle ouvrit l'enveloppe et en tira une lettre écrite en français qu'elle fixa d'un air abasourdi.

— Une lettre de protection de l'armée française, signée du commandant Petit, l'officier responsable de ce secteur. Cela vous sera très utile si jamais vous avez des ennuis avec l'occupant.

Gertrud n'en revenait pas.

— Je ne comprends pas. Comment avez-vous obtenu ce papier ?

— Disons que j'ai des amis qui sont en mesure de m'aider.

Elle me suivit en silence jusqu'à ma chambre où je rassemblai mes affaires.

— Mais Martha...

— Merci pour votre hospitalité, Gertrud.

Je lui tendis la main avec un grand sourire et elle la serra dans la sienne.

— *Auf Wiedersehen*, me dit-elle, encore sous le choc.

— Au revoir.

Je tournai les talons et m'éclipsai.

Ce matin-là, avec mon nouveau moyen de transport à deux roues, je traversai une nouvelle fois les lignes ennemies tandis que la bataille faisait rage tout autour de moi. Des centaines d'avions alliés bombardaient les dernières poches de résistance. Des soldats de la Wehrmacht, qui avaient rejoint leur pays des quatre coins de l'Europe, se battaient avec l'énergie du désespoir pour sauver les leurs de l'invasion alliée. Maintenant, on lisait la peur sur le visage de l'homme de la rue.

En quittant Fribourg, je tombai sur un groupe de soldats allemands armés jusqu'aux dents, au sud de la ville. Je m'arrêtai, hors d'haleine, et leur dis combien j'étais heureuse de les trouver ici.

— Surtout ne partez pas, il faut nous défendre. Fribourg est tombée. Il y a une énorme colonne de chars français et tout un tas de soldats arabes et africains. Un grand nombre de femmes ont été violées, je me suis sauvée juste à temps.

Les hommes exprimèrent leur admiration pour mon patriotisme mais alors que je me préparais à partir, ils commençaient déjà à se demander s'ils devaient affronter la machine de guerre française ou se disperser. Je les laissai à leur discussion animée mais quand je me retournai un peu plus loin, ils pliaient bagages.

J'ai bien dû faire des centaines de kilomètres en Allemagne du Sud, rassemblant des informations et semant le doute partout où je passais. J'étais devenue une espionne accomplie, un as du subterfuge. Je mentais comme un arracheur de dents avec un complet naturel et sans éprouver le moindre sentiment de culpabilité. Je souffrais d'un genre de dédoublement et quand je me glissais dans la peau de Martha Ulrich, j'en arrivais presque à croire à mes inventions.

La bicyclette était vraiment providentielle, mais parfois, dans la montagne, j'avais du mal à grimper les côtes et je devais mettre pied à terre. Heureusement pour moi, il y avait toujours de jeunes soldats allemands dans les parages pour pousser mon vélo. Nous marchions tranquillement de conserve tandis que je leurs racontais mes histoires, maintenant très élaborées, de forces françaises invincibles et de soldats à la peau sombre. Des kyrielles de jeunes gens se rassemblaient autour de moi, muets d'horreur devant les scènes apocalyptiques, sensées se dérouler à Fribourg, que je leur décrivais.

La plupart de ces jeunes gens étaient complètement perdus. Une bonne partie des officiers et des meilleurs soldats avaient été faits prisonniers par les Alliés ou rappelés à Berlin pour former un « cercle d'acier » autour de la ville afin de la protéger des assauts qui s'annonçaient. Ce qui restait de la 19e armée allemande et du 18e corps d'armée SS était concentré dans la partie sud de la Forêt-Noire. Ils avaient l'intention d'enfoncer le front pour se réfugier en Suisse, ou rejoindre les Alpes bavaroises ou autrichiennes. Pour ceux qu'ils avaient laissés derrière eux, c'était la débandade. On leur avait ordonné de rester pour défendre l'Allemagne jusqu'à la mort mais la grande majorité d'entre eux fuyait vers la Suisse. Privés de véhicules et d'essence, ils avaient parcouru à pied de grandes distances pour arriver jusqu'ici.

Alors que je descendais à vélo une route très en pente à l'extrémité sud de la Forêt-Noire, je tombai sur un important convoi d'ambulances allemandes garées sur le bas-côté de la route. Naturellement, autant de véhicules disposant d'essence dans un groupe aussi bien organisé éveilla ma curiosité. Je racontai mes mensonges habituels et me plaignis du manque de volonté des soldats de lutter pour la mère patrie.

Un officier supérieur en charge des ambulances me prit en pitié.

— Et où allez-vous, *Fräulein* ?

— Me réfugier dans la vallée, lui expliquai-je d'un air accablé, chez les meilleurs amis de mes chers parents morts dans les bombardements de l'aviation américaine à Metz.

— Pauvre enfant, soupira-t-il. La guerre ne vous a pas épargnée mais ne vous inquiétez pas, elle n'est pas encore terminée.

Je mourais d'envie de lui demander ce qu'il faisait là. Pour le pousser aux confidences, je continuai de gémir sur Hans et brodai sur des scènes d'apocalypse sensées se dérouler à Fribourg.

Pour finir, incapable de garder plus longtemps le silence, il jeta un coup d'œil autour de lui et me confia à mi-voix d'un air de conspirateur :

— Nous nous dirigeons vers la Suisse. Les Suisses nous ont autorisés à traverser leur territoire et de là, nous nous rendrons en Autriche. Mais une petite surprise attend les Français dans la Forêt-Noire.

Il m'adressa un clin d'œil complice.

— Ah bon ? m'écriai-je avec un petit rire ravi. J'espère qu'ils vont l'apprécier.

Devant mon air émerveillé, il ajouta :

— En réalité, il s'agit d'une très grosse surprise. Ils n'en reviendront pas.

— Mais c'est magnifique ! De quoi s'agit-il ?

Il commençait à me faire peur car je craignais qu'il ne fasse allusion à la fameuse *Wunderwaffe* d'Hitler, et je me demandais combien de temps il me faudrait pour avertir qui de droit.

Le colonel, que la présence d'une jeune femme pendue à ses lèvres avait ragaillardi, me chuchota sur un ton triomphal :

— Toute une division blindée, appuyée par de l'infanterie en grand nombre, attend le moment d'intervenir en Forêt-Noire.

Et poursuivant sur sa lancée, il m'en donna la localisation exacte. Je songeai à l'énorme camp militaire que j'avais vu quelques jours auparavant et me demandai s'il s'agissait du même. Puis je le remerciai, lui serrai la main avec une gratitude non feinte et remontai sur mon vélo. Je me trouvais à environ cent quarante kilomètres de l'unité française la plus proche, et soixante-quinze kilomètres de la ferme de Greta où je pourrais entrer en contact avec mon antenne. Nous étions en début d'après-midi. Dès que cela me fut possible, j'obliquai vers le sud-est et pédalai de toutes mes forces dans l'intention de rejoindre la ferme avant le lendemain soir.

Cinq heures plus tard, j'étais épuisée. Je m'étais tout juste arrêtée pour boire un verre d'eau et me reposer un instant mais je n'avais rien mangé depuis mon petit déjeuner en compagnie du commandant Petit et de ses hommes. Je décidai de tenter ma chance dans un restaurant que je découvris dans un coin de montagne perdu. Je laissai ma bicyclette près de l'entrée, poussai la porte et jetai un coup d'œil à l'intérieur. Ce n'était pas très prudent mais j'étais si affamée que je décidai de courir ce risque. En dehors du propriétaire et de sa famille qui dînaient à une table au fond de la salle, l'endroit était désert.

Le mari, un grand costaud à moustache qui devait bien faire un mètre quatre-vingt-dix, se leva pour m'accueillir. Il portait au revers de sa veste un insigne du parti nazi bien astiqué.

— Heil Hitler, dit-il en levant le bras.

— Heil Hitler.

— D'où venez-vous ? me demanda-t-il d'un air suspicieux.

— Fribourg. J'ai très faim. Vous avez de la soupe ?

— Oui, grommela-t-il en se dirigeant vers la cuisine.

Je remarquai alors qu'il boitait bas, sa jambe droite traînait sur le sol et cette infirmité l'avait probablement sauvé du front. Il s'arrêta près de la table où se tenait sa famille et murmura suffisamment fort pour que je l'entende :

— Tout ce que tu veux mais cette jeune personne ne me semble pas nette. C'est peut-être une travailleuse étrangère qui s'est échappée et qui essaye de passer en Suisse. Je vais essayer de lui tirer les vers du nez.

Son épouse, une grande blonde massive avec des tresses enroulées autour de la tête, me regarda fixement d'un air hostile pendant que son mari s'affairait aux fourneaux. Ses trois beaux enfants potelés l'imitèrent. De temps en temps, son mari passait la tête par la porte de la cuisine et m'observait avec attention.

Claquant des dents, la mâchoire douloureuse, je maudissais mon choix. Si je me levais et sortais en courant pour sauter sur mon vélo, ils auraient tôt fait de donner l'alerte et on me rattraperait à coup sûr. Mieux valait ne pas bouger.

J'entendis le pas traînant de l'homme et le regardai s'approcher de moi avec l'impression d'être le spectateur impuissant des événements.

La soupe d'orge et de légumes dégageait un parfum délicieux et le morceau de pain frais que l'homme avait posé près de mon assiette me mit l'eau à la bouche. Mon estomac vide faisait des gargouillis et j'attaquai mon repas sans attendre.

Le restaurateur se tenait près de moi mais je décidai de l'ignorer et mangeai avec appétit. Sans prévenir, il tira à lui une lourde chaise en bois et s'assit en face de moi.

— Et maintenant, *Fräulein*, expliquez-moi un peu ce que vous faites ici. Qui êtes-vous ?

En prévision de son intervention et pour me donner du temps, je venais de mettre un gros morceau de pain dans ma bouche. Je le mâchai soigneusement, l'avalai, et dis très vite en le regardant droit dans les yeux :

— Je m'appelle Martha Ulrich, je suis infirmière et je viens de Lorraine. Je me trouvais chez des amis à Fribourg quand l'armée française est arrivée. Je me suis échappée le lendemain matin mais j'ai vraiment eu très peur.

— Pourquoi ? me demanda l'homme en scrutant mon visage.

— Tous ces soldats, ces chars et ces canons...

J'avalai une cuillerée de soupe.

— Si vous voyiez tous ces soldats noirs avec leurs lèvres épaisses. On raconte en ville qu'ils violent toutes les femmes qu'ils trouvent. Des sauvages dégénérés !

Je n'avais jamais mangé si vite de ma vie, mon ventre était tendu à craquer. Je sauçai un morceau de pain dans mon assiette, l'avalai et me rejetai en arrière.

— Vous savez, j'ai perdu mes parents dans un bombardement américain à Metz et maintenant je n'ai personne au monde à part Hans, mon fiancé, qui est soldat. Il a été porté disparu.

Je fouillai nerveusement dans une de mes poches et lui tendis la photo de Hans et ses lettres à l'écriture pâlie.

— Vous croyez que je le reverrai un jour ? lui demandai-je d'une voix enrouée.

Le fervent partisan des nazis me tapota le bras.

— Bien sûr, mon petit, que vous le reverrez, me dit-il avec une surprenante douceur. Le Führer et ses armées sont invincibles. Nous avons connu des revers mais Hitler va bientôt reprendre le dessus. Vous serez bientôt réunis, je vous le promets.

Il se leva, remit la chaise en place et retourna auprès de sa famille. Je sortis des tickets de nourriture et de l'argent. J'allais me lever quand je l'entendis qui disait à sa femme :

— Pauvre enfant, elle est tout ce qu'il y a de plus honnête. Et elle a traversé de terribles épreuves.

Quelques minutes plus tard, il revenait à ma table pour m'informer qu'un convoi de soldats allemands avec des charrettes et des carrioles tirées par des chevaux se dirigeait vers le sud. Il passait sur la route à l'ouest du restaurant.

— Je vais vous y emmener, me dit-il.

Il tint parole et m'escorta jusqu'à la route, interpella un officier et m'aida à monter avec ma bicyclette dans une carriole à cochons.

— *Auf Wiedersehen, Fräulein. Viel Glück*, me lança-t-il en me faisant au revoir avec la main.

Quand j'arrivai dans la ville suivante, la nuit était tombée et je me retrouvai seule sur une petite place. Je m'assis un instant sur un banc pour me reposer et je me dis brusquement que le mieux serait de rester ici pour la nuit. Il était environ dix heures. Quand j'entendis des pas, je voulus me cacher mais j'étais trop épuisée et ne bougeai pas. Un vieil homme sortit de l'ombre, s'approcha de moi et me demanda ce que je faisais ici.

— Je me suis sauvée de Fribourg, lui dis-je d'une voix lasse. Je me rendais chez des amis mais je crois qu'il vaudrait mieux que je m'arrête ici un moment.

— Sage décision, mon petit. Un barrage a été mis en place à la sortie de la ville, avec une police militaire qui ne trouve rien de mieux à faire que d'arrêter un vieil homme comme moi pour lui demander ses papiers et le retenir pendant des heures. Des incapables. Tenez-vous à distance.

Je pâlis et lui demandai s'il connaissait quelqu'un qui pourrait m'héberger pour la nuit.

Il désigna l'autre côté de la place d'un geste de la main.

— Vous voyez cette grande maison ? C'est celle des plus gentilles dames de la ville. Allez frapper à leur porte, elles vous offriront sûrement un lit.

Le vieil homme avait raison. Les deux sœurs qui vivaient là étaient la bonté même et elles m'invitèrent à dormir chez elles. Leurs maris, tous deux soldats, avaient disparu et avec leurs enfants, elles partageaient la maison. Mon histoire sur Hans avait touché une corde sensible.

Le lendemain matin, le barrage avait été levé et j'arrivai assez tard dans la journée à la petite ferme rustique, près de Laufenburg, qui était devenue mon foyer provisoire. Je frappai à la porte et cette famille à laquelle je m'étais beaucoup attachée me fit la fête. Greta sourit quand elle vit que je portais toujours la jupe verte en tissu grossier qu'elle m'avait donnée.

— J'ai un rapport très important à envoyer, lui annonçai-je aussitôt. Votre mari revient quand ?

— Pas avant deux jours, répondit Greta d'un air désolé. Il était ici ce matin.

Je l'avais manqué de quelques heures et il était vital que je transmette dans les plus brefs délais mes informations aux autorités françaises. Je me rappelai alors ce que m'avait dit le chef des services secrets suisses, le colonel Reinhart.

— Il faut que je me rende à la frontière demain à la première heure. Je remettrai mes informations à l'un des gardes-frontière suisses.

Mes hôtes étaient consternés. Ils essayèrent de me dissuader en m'expliquant les dangers d'une pareille entreprise. Les postes allemand et suisse étaient évidemment très proches et dans cette zone, les Allemands faisaient la chasse aux espions. Ils avaient ordre de tirer sur toute personne suspecte.

— Il faut tout de même que j'y aille, dis-je en songeant à l'embuscade mortelle qui attendait mes compatriotes dans la Forêt-Noire. Et maintenant, allez me chercher du papier et un stylo.

Je n'avais pas le temps de rédiger mon message en code. Il faudrait que je le remette en l'état, en espérant qu'il ne tomberait pas dans des mains ennemies. Je le glissai dans une enveloppe, puis dans la poche de ma veste. Le lendemain, je me coiffai d'un grand foulard et quittai la ferme à l'aube en compagnie de Greta et sa sœur.

Dans une faible lumière irréelle d'où le paysage commençait à émerger, on prit le petit sentier qui partait de la ferme et on se dirigea vers la frontière située à un kilomètre environ. Alors qu'on s'approchait des barbelés qui marquaient la zone franche, on s'allongea derrière un grand chêne et on écouta si on entendait des patrouilles allemandes. Rien. Greta pointa du doigt une petite colline.

— Vous allez grimper sur la colline, murmura Greta. Là vous trouverez une route. Le poste suisse est à gauche. De l'autre côté, ce sont les Allemands. Soyez très prudente.

Greta et sa sœur s'avancèrent avec moi jusqu'aux barbelés qu'elles soulevèrent pour que je puisse passer. De sa main libre, Greta se signa. Je me glissai sous la clôture, me redressai et me mis en marche, très concentrée sur ma destination. Je serrais ma lettre dans ma poche.

J'atteignis le bâtiment faiblement éclairé. Il faisait encore sombre et je n'entendis pas un bruit. Je frappai doucement à la porte en verre et reculai d'un pas tout en regardant autour de moi. J'attendis un moment mais personne ne répondit. Cela m'étonnait de la part des Suisses qui sont tellement diligents et bien organisés. Je m'approchai de la fenêtre, écrasai mon nez sur la vitre, vis une pièce éclairée par une ampoule nue qui pendait du plafond et reculai en retenant un cri.

Sur le mur du fond, une grande photographie d'Adolf Hitler me regardait d'un air menaçant. De chaque côté pendaient les drapeaux nazis noir et blanc avec leurs croix gammées. Je n'étais pas au poste suisse mais au poste allemand et dans ma poche, je serrais mon arrêt de mort.

Inutile de dire que je battis précipitamment en retraite. En courant vers la route, je vis à environ quatre cents mètres devant moi un homme immense surgir de derrière un arbre et me faire de grands signes. Le sang battant à mes tempes, je me précipitai vers lui et lui tombai littéralement dans les bras. Aussitôt, il m'attira derrière l'arbre.

— *Maidle !* s'écria le soldat en suisse-allemand. Qu'est-ce qui vous a pris ? Je vous ai vue passer sous la clôture et filer droit sur le poste allemand. Ils dormaient ?

Incapable de parler, je hochai la tête.

— Vous revenez de loin ! Mais qu'est-ce que vous avez fabriqué ?

Je murmurai d'une voix entrecoupée :

— Apparemment, la personne qui m'a indiqué mon chemin ne sait pas distinguer sa droite de sa gauche.

— Il manquait plus que ça. Et maintenant vous feriez bien de m'expliquer pourquoi vous avez pris un risque pareil.

J'avalai ma salive, tendis ma lettre à mon sauveur et suivant les recommandations du colonel Reinhart, je déclarai :

— Je suis un agent suisse. Il faut absolument remettre cette lettre ce matin avant onze heures au colonel Reinhart à Bâle. C'est une question de la plus haute importance. Je vous en prie, veillez à ce que ce message arrive à destination.

Il prit ma lettre et l'enfouit dans sa poche intérieure d'un geste profondément rassurant.

— Et maintenant où voulez-vous aller ? Je peux vous fournir une escorte.

Pour la première fois, je remarquai qu'il avait des yeux très bleus.

— Non, il faut que j'y retourne. Mon travail n'est pas terminé. Merci pour votre aide.

A ma grande surprise, ce gros ours bienveillant qui me dominait de deux têtes claqua les talons et me fit le salut militaire.

— Bonne chance, *Fräulein*.

Je le saluai à mon tour, tournai les talons la gorge serrée, retournai à la clôture de barbelés que je franchis sans encombre et retrouvai les deux sœurs.

Le commencement de la fin

De l'autre côté des barbelés, Greta fut horrifiée en apprenant son erreur.

— Elle confond sa droite et sa gauche, me dit Susanna. Quand elle était petite, on devait toujours vérifier ses chaussures car elle les mettait souvent à l'envers.

— L'important, c'est que tout se soit bien terminé, dis-je à une Greta effondrée, mais intérieurement j'étais glacée.

On retourna à la ferme d'où je m'apprêtais à reprendre mon exploration de la zone frontalière. J'étais là quand le frère aîné de Greta, Günther, revint du front russe et je pris part aux réjouissances de la famille. Ce jeune homme intelligent et bien informé me fournit des informations précieuses sur les soldats de son unité. Basés à quelques kilomètres de là, ils étaient tous brisés et désespérés par une retraite très éprouvante.

— Vous êtes un soldat allemand et votre famille est allemande, lui fis-je remarquer alors que nous regardions des cartes dans la cuisine, juste avant son départ. Pourquoi m'aidez-vous ?

Günther me désigna un grand crucifix accroché au mur.

— La voilà, votre explication. Ma famille est catholique et on nous empêche de pratiquer notre religion. Tant que ce pays ne sera pas débarrassé de Hitler, nous ne serons jamais libres. S'il demeure au pouvoir, les catholiques seront les prochaines victimes de ce cinglé.

Je hochai la tête et résistai à la tentation de lui raconter ce que je savais de la vie des juifs sous l'occupation allemande. Cela faisait tellement longtemps que je n'étais pas allée à la synagogue, tellement d'années que je n'avais pas récité les prières en hébreux que ma mère m'avait apprises... tout cela me semblait appartenir à une autre vie. Soudain, une terrible nostalgie m'envahit. Je me languissais de notre appartement à Metz. J'aurais voulu y retrouver ma famille et aller me promener le long de la Moselle, avec mes sœurs et mon amie Sophie coiffées des chapeaux de Cécile, rire avec elles et ma mère chérie. Je songeai à la boutique de mon père, à nos amis dispersés aux quatre vents. Mes yeux se remplirent de larmes. Je cherchais mes mots pour remercier Günther et sa famille de leur courage quand une voix stridente interrompit ma rêverie :

— Qui est cette fille ?

Je me retournai. Une femme de trente et quelques années me regardait fixement, les mains sur les hanches.

Günther fit un pas pour cacher les cartes que nous étions en train d'étudier et répondit d'un ton nonchalant :

— Une amie de Greta.

— Quel genre d'amie ? demanda la femme d'un air hostile.

Elle avait de longs cheveux roux qu'elle rejeta en arrière d'un geste brusque.

— Je ne vois pas en quoi cela te concerne, Monika, répliqua Günther.

Monika était la voisine. En apprenant le retour de Günther, cette mère de six enfants mariée à un soldat du front était entrée dans la maison sans s'annoncer. Apparemment, elle n'appréciait guère de le trouver en compagnie de cette étrange jeune femme penchée sur la table.

— Qu'est-ce que vous regardez ? demanda-t-elle en écartant Günther.

En voyant les cartes, elle fronça les sourcils et se tourna vers moi.

— Qui êtes-vous ?

Je lui racontai ma petite histoire mais elle ne sembla guère convaincue. C'est alors que Susanna et Greta firent irruption dans la pièce, très contrariées d'y trouver Monika. Greta mit tout en œuvre pour se débarrasser d'elle mais j'avais éveillé ses soupçons et Monika refusait tout bonnement de partir. Obligée de retarder mon départ, je m'attablai avec eux pour le repas tout en prétendant que j'étais ici pour un long séjour. Monika, qui rongeait son frein, finit par me lancer avec un regard noir :

— Il se passe ici des choses pas claires.

Puis elle s'enveloppa dans son châle et disparut dans un envol de jupe et de cheveux. Aussitôt, Greta sauta sur ses pieds.

— Partez vite, Martha. Monika est très dangereuse. Son frère est dans la police et elle va revenir d'un moment à l'autre.

— Mais... et vous ? Que va-t-il vous arriver ?

Ils me regardèrent, les yeux agrandis par l'angoisse.

— Rien, déclara Günther d'un ton brusque.

Il se leva à son tour et me poussa vers la porte.

— Ne vous inquiétez pas, on va se débrouiller. Sauvez-vous.

Je sautai sur ma bicyclette et pédalai avec énergie en direction de l'est, tout en jetant de fréquents coups d'œil autour de moi, de crainte de tomber sur une patrouille.

Je parcourus une dizaine de kilomètres d'une traite tout en m'inquiétant pour mes amis à la ferme. Si Monika débarquait avec la police, comment Günther expliquerait-il ma présence et le fait que nous étions en train d'étudier des cartes ? La pensée de la fête qu'ils s'apprêtaient à célébrer pour le retour de Günther tournant au drame avec son arrestation et son emprisonnement me rendait malade. Je décidai de retourner là-bas dès que possible pour savoir ce qui s'était passé.

Je finis par poser pied à terre aux alentours de la petite ville de Waldshut. Chemin faisant, je vis de magnifiques grilles en fer forgé et, à travers les grilles, une allée qui menait à une maison de maître avec dépendances. Un soldat allemand, tiré à quatre épingles, qui contrastait avec les soldats excités, échevelés et les yeux fous que j'avais rencontrés dernièrement, montait la garde. En m'approchant, je vis des véhicules qui manœuvraient dans l'enceinte de la propriété et un grand nombre de militaires qui s'affairaient. C'était bien le groupe de soldats le plus organisé que j'aie rencontré ces derniers temps.

L'air de rien, je m'avançai d'un pas lent vers la sentinelle tout en poussant ma bicyclette.

— *Guten Tag*, me dit la sentinelle.

— *Guten Tag*, répondis-je avec un sourire enjôleur. *Wie geht es ?*

Cela faisait sûrement un bout de temps qu'il n'avait pas vu une fille de mon âge.

— Mais d'où sortez-vous ? s'étonna-t-il, les yeux brillants.

— Je me suis échappée de Fribourg.

Avec une mine de circonstance, je lui racontai ma petite histoire, Hans, les bombardements, mes parents, les abominables français, etc. Puis je sortis la photo de Hans. L'aurait-il rencontré par hasard? Dieu merci, il ne l'avait jamais vu.

— Que faites-vous ici? lui demandai-je alors d'un air innocent. Vous allez attaquer les Alliés?

— Je crains que non. Nous appartenons à une division qui a été repoussée vers le sud par l'ennemi et ce soir, nous allons passer la frontière suisse pour nous rendre. Nos services de renseignement nous ont informés que les Français arrivaient en grand nombre. Ils se dirigent vers l'est et vont passer par cette route. Sur la route qui croise celle-ci, juste un peu plus loin, une autre colonne se dirige vers le sud.

Il me montra un croisement, à quelques centaines de mètres plus loin.

— Ils seront là demain. On ne peut pas se battre à trois contre un. Nous avons reçu l'ordre de ne pas laisser nos armes et nos véhicules tomber aux mains de l'ennemi. Et la perspective d'être faits prisonniers ne nous tente guère.

— Mais que va-t-on devenir? demandai-je d'un air apeuré.

— Ne vous inquiétez pas, *Fräulein*. Dieu et le Führer sont de notre côté.

— Dieu vous entende. *Auf Wiedersehen.*

Je remontai sur mon vélo et pédalai de toutes mes forces. Il fallait absolument que je transmette ces informations aux troupes françaises qui circulaient dans le coin. Une division allemande représentait une prise de choix. J'étais revenue en arrière en obliquant plus à l'ouest et tombai sur un village près d'un important axe routier qui reliait Fribourg à la Suisse. Des draps blancs pendaient aux fenêtres en signe de reddition.

Quand j'atteignis la place du village, je tombai sur un groupe d'Allemands complètement abattus.

— Que se passe-t-il ?

— Les Français sont là, dit l'un d'eux en me désignant une Jeep. Ne vous approchez pas, *Fräulein*.

Ils m'entourèrent, se serrant frileusement les uns contre les autres. Je n'avais d'yeux que pour la Jeep et le drapeau tricolore flottant gaiement sur son capot. Le véhicule était occupé par un officier et deux hommes armés.

Tentant le tout pour le tout, je sortis du groupe et pédalai jusqu'à la Jeep. Derrière moi, j'entendis la foule, qui avait brusquement compris à quel bord j'appartenais, hurler des insultes.

— Emmenez-moi immédiatement à votre QG, criai-je à l'officier. J'ai des informations de première importance pour votre commandant.

L'officier hocha la tête et un de ses hommes m'aida à monter dans la Jeep avec mon vélo. Les insultes s'arrêtèrent net. Tandis que nous traversions la place, les Allemands me fusillaient du regard mais ils n'osaient plus manifester leur haine.

Quant à moi, je poussai un soupir de soulagement en voyant les galons sur la manche de l'officier.

— Vous appartenez au 2e régiment de zouaves ?

— Exact. Que savez-vous exactement du 2e zouaves ? me demanda-t-il, surpris que j'aie reconnu son insigne.

— Plein de choses, répondis-je en souriant. Emmenez-moi chez le commandant Petit.

Quand je retrouvai Petit sur la route, il m'ouvrit les bras et m'embrassa affectueusement, tout comme le colonel Bouvet avant lui.

— Quoi de neuf, mon feu follet ? Je me demandais quand vous alliez réapparaître. Et maintenant, racontez-moi les dernières nouvelles.

Je lui décrivis la grande propriété avec les centaines d'hommes qui s'apprêtaient cette nuit même à plier bagages pour la Suisse.

— Je suis sûre que leurs équipements, leurs armes et leurs munitions vous seraient d'une grande utilité, mon commandant.

— Formidable ! répondit Petit. Attendez un peu que le général soit mis au courant.

Il ordonna à l'un de ses hommes d'utiliser le téléphone de campagne pour appeler le général, puis il changea d'avis.

— J'ai une meilleure idée ! Pourquoi n'allez-vous pas lui annoncer la nouvelle en personne ?

Accompagnée par un capitaine, je me rendis en voiture auprès du général René de Hesdin, qui se trouvait à plusieurs kilomètres de là, dans une petite clairière près d'une route où il donnait ses instructions à des officiers. Il appartenait à la vieille école militaire et avait perdu un bras au cours de la guerre.

Je dus attendre plusieurs minutes avant qu'il ne prenne acte de ma présence. Quand il se tourna vers moi, il m'examina de la tête aux pieds, il faut dire que je devais avoir une drôle d'allure dans mes vêtements civils « germanisés », et il me lança d'un ton glacial :

— Oui ?

— C'est le capitaine Petit qui l'envoie, mon général, dit le capitaine en se mettant au garde-à-vous. Elle est un de nos agents de renseignement et elle a des informations intéressantes à vous communiquer, mon général.

Hesdin poussa un soupir. Il arborait sur la poitrine une impressionnante collection de décorations.

— Très bien, dit-il d'un ton las. De quoi s'agit-il ?

Je lui racontai ce que j'avais appris.

— Il y a là une demi-division au moins.

Je lui montrai l'emplacement exact de la grande demeure sur la carte.

— Leurs services de renseignement leur ont signalé qu'une colonne française avançait sur une autre route en direction de Waldshut et qu'ils allaient se retrouver pris en étau.

Le général secoua la tête.

— Je n'ai pas été informé de l'existence de cette colonne.

Puis il poursuivit son briefing comme si nous n'existions pas. J'échangeai des regards interdits avec le capitaine. Le général avait été surnommé « Il n'y a pas de boches », une phrase qu'il répétait systématiquement avant d'envoyer ses troupes au combat.

En ce qui me concernait, il ne me restait plus qu'à m'en aller. Soit il ne me croyait pas, soit il s'en fichait. Je rapportai à Petit ce qui s'était passé.

— Il peut se montrer très difficile, soupira-t-il.

Et on en resta là. Plus tard dans l'après-midi, le général ordonna au 2e régiment de zouaves de déloger les Allemands de la propriété. Plusieurs de nos soldats furent tués ou sérieusement blessés et cette nuit-là, ils ne purent empêcher les Allemands de gagner la Suisse.

Le lendemain matin, le commandant Petit me fit appeler dans son bureau.

— Les Suisses sont entrés en contact avec nous, me dit-il avec un petit sourire. Ils ont accepté la reddition de la division allemande et veulent maintenant nous la restituer. Nous allons rejoindre la frontière pour superviser l'opération.

On s'y rendit en Jeep et on resta sur le bord de la route tandis que les soldats très abattus étaient reconduits en Allemagne pour y être faits prisonniers. Une file interminable d'hommes désarmés passa devant nous — des généraux et des seconde classe — tête basse et dans un profond silence.

Un prisonnier faisait exception à la règle. Je l'entendis avant de le voir et quand il apparut, je ne pus retenir un sourire. Il était le seul à avancer la tête haute et il lançait des flots d'imprécations à d'adresse des officiers :

— Cette armée est une honte pour la nation. Nous avons été victorieux pendant toute la guerre et maintenant nous nous rendons comme des gamins. Le Führer est déshonoré. Nos officiers l'ont laissé tomber, ainsi que nos concitoyens qui ont oublié qu'ils appartenaient à une nation orgueilleuse. On devrait tous les fusiller.

Je l'écoutais hurler des anathèmes et des malédictions tout en sachant qu'une grande partie de ce qu'il disait était vrai. L'armée allemande, en tant que force militaire, avait inspiré le respect partout où elle était passée. Ils semblaient invincibles. Des hommes de grande valeur avaient combattu en Europe et en Afrique du Nord. Cet homme était le premier Allemand que je rencontrais depuis la défaite de son pays qui avait le courage de ses convictions. Lui ne se serait jamais rendu volontairement.

Je m'avançai et arrêtai la file sinueuse d'un geste de la main. Le soldat vociférant se tenait à deux mètres de moi et s'était temporairement calmé. Ses camarades, ses officiers supérieurs, les gardes-frontière et Petit me regardèrent en se demandant où je voulais en venir. Je lui serrai la main.

— Je ne suis pas du tout de votre bord, lui dis-je en allemand, mais j'admire vos convictions. Vous êtes le premier Allemand que je rencontre qui reconnaît ouvertement son allégeance à Hitler. Aujourd'hui, tout le monde cache son passé nazi.

Et devant Petit médusé, la colonne se remit en marche à mon signal.

Sur le chemin du retour, le commandant m'apprit une nouvelle qui me remplit d'étonnement.

— Je vous ai proposée pour la croix de guerre pour votre action à Fribourg et dans le sud de l'Allemagne. Voici la citation.

Il m'en tendit une copie et quand je la lus, mes yeux se remplirent de larmes. Je n'étais pas devenue une espionne pour la gloire. Je voulais simplement marcher dans les pas de Jacques et Stéphanie et accomplir mon devoir. Je ne m'attendais pas à en être publiquement remerciée.

— Merci beaucoup, mon commandant. Je suis vraiment très touchée.

Mais il revenait au général manchot d'entériner ma nomination et quand elle lui parvint par le biais du bureau du commandant, il la refusa.

— Le sergent Lenôtre n'appartient pas au 2e régiment de zouaves. Elle ne remplit donc pas les conditions requises.

Heureusement, il me restait la copie d'une citation qui ne fut jamais entérinée. D'une certaine façon, elle représentait pour moi davantage que la médaille.

Puis le commandant Petit me demanda ce que j'avais l'intention de faire.

— Etes-vous prête à retourner à votre antenne ?

— Non, mon commandant, lui répondis-je avec fermeté. J'ai encore quelques affaires à régler.

Je demandai une Jeep et un chauffeur et me dépêchai de retourner à la ferme où vivaient Greta, Günther et leur famille. Je les retrouvai avec soulagement. La veille, les Français étaient arrivés dans leur zone et ils ne craignaient plus pour leur vie.

— Que s'est-il passé après mon départ ? demandai-je à Günther. Monika est-elle revenue ?

— Oh oui, accompagnée de la police quelques minutes seulement après votre départ. Ils nous ont tous interrogés, puis ils m'ont arrêté et jeté en prison. Quand les Français sont arrivés, ils m'ont relâché et Monika s'est enfuie.

— Et vous, Greta ? Avez-vous revu Pierre ?

Une Greta rayonnante me répondit :

— Oui, Martha, ou quel que soit votre vrai nom. Il est revenu hier et il a été nommé administrateur en chef de cette région par les Français. Maintenant, plus rien ne pourra nous séparer.

— J'en suis très heureuse.

Je leur serrai la main à tous et les remerciai pour leur courage et l'aide qu'ils m'avaient apportée.

— Cela a été un privilège de vous rencontrer, leur dis-je avant de remonter dans la Jeep et de rejoindre le QG temporaire du 2e régiment de zouaves à la frontière suisse.

Les événements qui se succédèrent aux cours des journées qui suivirent appartiennent à l'Histoire. Mussolini fut exécuté, puis Adolf Hitler se suicida. Le 8 mai 1945, quand on apprit la reddition allemande, je me trouvais avec le commandant Petit et ses hommes dans la partie sud du secteur français.

Je ne parvenais pas à croire que la guerre était terminée. Les gens autour de moi chantaient, dansaient et se tombaient dans les bras. Il y eut partout des feux d'artifice et des fêtes mais en ce qui me concernait, la paix arriva comme un choc. Au plus profond de moi, je ne sentais plus rien. Bien sûr, c'était merveilleux que les luttes et les tueries soient terminées. J'étais soulagée d'être encore en vie, heureuse d'avoir participé à la victoire, mais toujours poursuivie par le remords d'avoir survécu. Jacques avait été fusillé, ma famille, dont j'étais sans nouvelles, dispersée aux quatre vents, Stéphanie déportée trois ans auparavant et disparue avec mon oncle Léon et des dizaines d'autres.

Comme hébétée je me joignis aux célébrations du régiment, écoutai les beaux discours et les lectures des télégrammes de félicitations, mais ne participai pas vraiment aux événements. J'y assistai en tant que spectateur. Au cours de six longues années de guerre, la jeune fille naïve issue d'une famille juive pratiquante de Metz s'était métamorphosée en un officier des services de renseignement, indépendante et désabusée, fermement décidée à demeurer célibataire en souvenir du fiancé qu'elle avait perdu. J'avais vingt-cinq ans et j'étais sans âge. Maintenant que tout était terminé, je me sentais vulnérable, isolée, effrayée par la solitude et ce que j'apprendrais quand je rejoindrais ma famille.

Mais pour l'instant, je n'avais pas trop le temps de réfléchir. En Europe, les Alliés intriguaient pour établir des zones d'influence. L'Allemagne fut divisée en secteurs et ceux qui arrivaient les premiers étaient les premiers servis. Bien entendu, les Français voulaient eux aussi participer à l'action.

Le commandant Petit me fit appeler dans son bureau.

— Vous savez conduire ? me demanda-t-il.

— Non, mon commandant. Ma famille n'a jamais eu de voiture.

— Vous feriez bien de vous y mettre rapidement, me dit-il en me tendant des clés. Nous partons ce soir. Nous avons reçu l'ordre d'accélérer les opérations et d'empêcher les Anglais et les Américains d'occuper le secteur nord de la Rhénanie.

A l'extérieur de son bureau se trouvait une BMW beige flambant neuve, appartenant à un citoyen allemand et récemment réquisitionnée. Un chauffeur me donna une leçon d'une heure pour m'apprendre les bases de la conduite automobile et quelques heures plus tard, je prenais place au volant de la voiture dans un convoi de nuit en partance pour la Rhénanie. Tout se passa bien jusqu'à ce que le camion devant moi qui transportait un canon ralentisse brusquement et que je lui rentre dedans. La BMW cala et un des chauffeurs dut m'apprendre le démarrage en côte.

Je réussis l'exploit de parcourir 280 kilomètres en pleine nuit. Je songeai à mon père et aux quelques leçons de conduite qu'il avait prises à Metz, quand j'étais enfant. Pour finir, le moniteur d'auto-école exaspéré s'était écrié :

— Monsieur, vous êtes le père de sept enfants alors je vous en prie, oubliez tout ça et restons-en là.

Quand on arriva à destination, je n'avais pas encore précisément localisé mon antenne et je restai avec le commandant Petit et son unité. Pendant quelques semaines, je lui servis d'éclaireur, accomplissant toutes sortes de tâches dévolues aux services de renseignement comme les reconnaissances économiques. Je quadrillai la région en Jeep avec chauffeur, faisant des inventaires d'usines et d'entreprises et essayant de récupérer des objets volés à la France. C'était un travail très intéressant, qui me fit visiter tout le secteur nord occupé par les Français. Quelques jours après la fin de la guerre, je tombai sur d'étranges rassemblements, dans les villes et les villages, des hommes et des femmes réduits à l'état de squelette, vêtus de pyjamas rayés, pieds nus ou chaussés de sabots de bois. La plupart portaient de drôles de petits chapeaux ronds, dégageaient une odeur aigre et étaient couverts de plaies. Sales et pas rasés, leurs yeux aux cernes violets semblaient regarder dans le vide, incapables de se fixer sur quoi que ce soit. Ils se regroupaient sur les places, serrés les uns contre les autres. Les gens du coin ne ressentaient pas la moindre compassion pour eux. Soumis à un lavage de cerveau, ils avaient été amenés à considérer les déportés comme des sous-hommes. Ils les chassaient et leur jetaient des pierres.

Je demandai à mon chauffeur de s'arrêter sur la place d'une ville où la population se conduisait de façon particulièrement hostile. Je descendis de la Jeep et m'approchai d'eux.

— D'où venez-vous ? leur demandai-je en allemand tandis qu'ils tremblaient et se recroquevillaient sous les insultes des habitants.

— Des camps, dirent plusieurs d'entre eux d'une même voix tout en me regardant de leurs yeux profondément enfoncés dans leurs orbites.

— Quels camps ? Les camps de travail ?

Je songeai immédiatement à Stéphanie et, une fois de plus, je ne pus m'empêcher de la chercher parmi eux.

— Les camps de concentration, précisèrent-ils dans un souffle.

— Les usines de la mort, reprit un homme en français.

Il n'était sans doute pas beaucoup plus vieux que moi mais ressemblait à un vieillard.

— Là où on exterminait les juifs.

Un par un, ils entreprirent de me raconter ce qui se passait dans ces camps et je les écoutai, pétrifiée. Pour commencer, je ne pouvais simplement pas les croire. C'était inconcevable. Je pensais qu'ils divaguaient. Peut-être s'étaient-ils échappés d'un asile de fous et avaient-ils imaginé ces histoires abominables ? Mais ils étaient beaucoup trop nombreux pour que je puisse me raccrocher à cette théorie. Tandis qu'ils se rapprochaient lentement de moi en traînant les pieds, impatients d'apporter leur témoignage sur ce qu'ils avaient enduré, un gouffre s'ouvrit sous mes pieds.

Bien sûr, j'avais été informée de l'existence de ces camps. Je connaissais même leurs noms — Dachau, Belsen, Auschwitz-Birkenau, Treblinka, Ravensbruck, Buchenwald — mais pour moi, ainsi que pour la majorité des gens, ces mots ne signifiaient rien de bien précis. Dans notre esprit, ces camps étaient destinés à maintenir en « détention préventive » les Allemands considérés comme dangereux — les communistes, les juifs, les homosexuels, les catholiques. Loin de moi l'idée que les Allemands les avaient bien traités, mais je n'aurais jamais imaginé qu'ils les avaient privés du statut d'être humain. Les Allemands étaient nos plus proches voisins et nous avions beaucoup de choses en commun. Nous étions même un certain nombre à parler leur langue. Les chercheurs, les musiciens, les savants et les philosophes allemands avaient apporté une très importante contribution à notre civilisation. Je songeai à Beethoven, Mozart, Einstein, Freud, Heine, von Kleist, Schubert, Goethe et tant d'autres. Leur aristocratie s'était mêlée aux plus grandes maisons régnantes d'Europe. Ils n'avaient rien de barbares étrangers à la culture, à l'éducation et à la morale.

Des informations avaient commencé à filtrer sur ce qu'avaient découvert les soldats alliés en libérant ces camps mais en tant qu'agent secret privé de radio, la plus grande partie de ces révélations m'avait échappé. Au contact de ces survivants sur les routes d'Allemagne, je réalisai l'ampleur de ces déportations et j'affrontai pour la première fois l'éventualité de la mort de Stéphanie. J'arrêtais pratiquement tous les groupes que je rencontrais, dévisageant systématiquement les femmes.

Des civils allemands vinrent se plaindre au QG du comportement de ces malheureux. On me désigna pour leur servir d'interprète.

— Ces anciens détenus sont très agressifs à notre égard, expliqua le maire à un officier d'une cinquantaine d'années qui était commandant en second. Ils pénètrent chez nous et exigent qu'on les loge et les héberge. Ils affirment qu'on leur doit assistance. Il y a eu des scènes très désagréables et la tension monte. Si ça continue comme ça, il y aura de violentes bagarres dans les rues.

L'officier fut très contrarié par cette nouvelle.

— Venez avec moi, me dit-il.

On se rendit jusqu'au centre ville où des réfugiés s'étaient rassemblés. Leur aspect physique et leur regard triste et vide me rendaient malade.

Sautant de la Jeep, le commandant se planta devant eux.

— Dites-leur que s'ils continuent d'embêter les civils, ils seront fusillés, lança-t-il à mon intention par-dessus son épaule. Expliquez-leur bien que nous ne supporterons plus de trouble à l'ordre public dans notre secteur.

Je le fixai en silence.

— Qu'est-ce que vous attendez ? aboya-t-il d'un air exaspéré.

— Après tout ce que ces hommes ont enduré, vous n'avez rien d'autre à suggérer ?

— Je me fiche de ce qu'ils ont enduré, je ne veux pas de problèmes avec la population civile. Et maintenant traduisez.

Je leur parlai sur un ton et dans un esprit très différents de ceux du commandant.

— Cet officier dit qu'il faudrait essayer de ne pas troubler la population civile. Il va tenter de vous trouver un abri et de la nourriture mais il craint que vous ne soyez blessés si vous agressez les gens.

Les réfugiés m'entourèrent, certains parlaient le yiddish, d'autres l'allemand ou le français, d'autres encore des langues que je ne comprenais pas.

— Mais nous n'avons nulle part où aller, nous n'avons rien à manger, criaient-ils, les gens refusent de nous aider. Que devons-nous faire ?

Nous avions plein de nourriture et de rations au QG mais quand je suggérai au commandant d'en distribuer une partie, il refusa. Il fallut du temps pour s'organiser mais les Alliés finirent par créer des camps pour les déportés. Sans papiers d'identités et sans argent, ils furent à nouveau placés derrière des barbelés et parqués comme des indésirables dont on ne savait que faire. Je fus le témoin de ces événements et j'en ai atrocement souffert.

Le capitaine Zimmerman m'ayant donné l'ordre de rejoindre mon antenne, je quittai à regret le commandant Petit et son état-major pour me rendre à Constance, la ville que l'infirmière Martha Ulrich était supposée connaître comme sa poche. Le commandant Petit m'autorisa à garder la belle BMW en témoignage de son estime.

— Elle est à vous, me dit-il, très grand seigneur.

Il me donna même un papier officiel qui me permettait de réquisitionner de l'essence.

Quand j'arrivai au volant de ma BMW, mes collègues furent très impressionnés. Même auprès des civils de Constance, je ne passais pas inaperçue. Il y avait fort peu de monde sur les autoroutes et rouler en voiture était un plaisir.

Le capitaine Zimmerman, mon commandant, celui qui m'avait présenté les agents suisses à Bâle, me fit entrer dans son bureau.

— Félicitations, me dit-il. Vous allez être décorée de la croix de guerre avec étoile d'argent, le QG ne m'a pas autorisé à vous accorder l'étoile dorée. J'ai également le plaisir de vous remettre une somme de 25 000 francs pour les missions que vous avez effectuées en Allemagne.

— Je vous remercie pour la citation mais je refuse la récompense, mon commandant, dis-je en le regardant droit dans les yeux.

— Mais vous y avez droit ! s'écria-t-il, visiblement choqué.

— Sans doute, mais j'ai le sentiment que cela ferait de moi un mercenaire ou une espionne professionnelle, ce qui n'était pas le cas.

Il fit tout pour me faire changer d'avis mais sans résultat. Assise en face de lui, j'attendais la promotion de lieutenant qu'on m'avait promise mais elle n'arriva jamais et je n'y fis aucune allusion. J'appris beaucoup plus tard qu'au moment où je recevais la croix de guerre avec étoile d'argent, il était décoré de la même médaille avec étoile dorée pour le simple fait de m'avoir envoyée en Allemagne.

Constance est située au bord du lac auquel elle donne son nom, dans une partie de l'Allemagne entourée par la Suisse. Avant d'arriver en Allemagne, le Rhin traverse le lac d'est en ouest. C'est une belle ville, pleine de magnifiques propriétés, et je logeais dans l'une d'elles avec d'autres membres de mon unité. Le colonel Bouvet habitait au QG, non loin de là.

Quelques jours plus tard, je retrouvai les Commandos d'Afrique et le colonel Bouvet.

— Chichinette ! s'écria-t-il en me voyant. Enfin vous voilà !

Je me mis au garde-à-vous mais il secoua la tête.

— Laissez tomber le garde-à-vous, mon petit, votre sourire suffira.

Je découvris que le colonel m'avait lui aussi proposée pour la croix de guerre avec étoile d'argent, pour lui avoir communiqué des informations inestimables. La citation me félicitait pour mon courage et ma résistance hors du commun. Plus tard, au nom du général de Gaulle, je reçus une étoile supplémentaire à ma croix de guerre. La citation, signée par le général Juin, me décrivait comme « une jeune Française d'un courage exceptionnel qui en quelques jours s'est montrée capable de mettre sur pied un réseau d'informateurs. Ce réseau a apporté aux services de renseignement militaires des informations d'une extrême importance, qui ont grandement facilité le succès des dernières opérations de l'armée française dans la Forêt-Noire ».

Je rangeai mes médailles dans un tiroir mais le colonel Bouvet insista pour que je les épingle sur mon uniforme.

— Vous les avez bien gagnées, Chichinette, et vous devez les porter avec fierté.

J'étais loin de l'étoile jaune que je devais, elle aussi, « porter avec fierté ».

Pendant ce temps, le sort de Stéphanie continuait de me tourmenter. Sachant qu'elle pouvait très bien être retenue quelque part, attendant que l'on vienne la chercher, je demandai de l'aide à la Croix-Rouge et devinez la réponse ? « Ce n'est pas notre rôle de rechercher les juifs », me déclara une dame aussi désagréable et revêche que certaines de ses collègues auxquelles j'avais eu affaire auparavant dans le même organisme.

Le colonel Bouvet fut extrêmement sensible à ma demande et il demanda au capitaine Ligouzat de me prêter main-forte. En sa compagnie, je fis le tour des camps et des hôpitaux, m'entretenant avec les survivants et les mourants, au cas où l'un d'eux se souviendrait de ma petite sœur. Des centaines de fois je répétai :

— Stéphanie Hoffnung, environ vingt-trois ans, une belle jeune fille aux cheveux noirs...

Mais ils se contentaient de secouer la tête et de fermer les yeux.

Je traversai d'innombrables salles où régnait le silence. Ceux qui recherchaient leurs proches défilaient devant ces malheureux, qui n'avaient plus que la peau sur les os. Le visage ravagé, les yeux hagards, ils prenaient tout de même le temps de me consacrer quelques minutes de leur temps précieux. Certains me racontèrent quelques épisodes de ce qu'ils avaient vécu. Dans une clinique, un ancien déporté de Buchenwald en phase terminale nous confia que toute sa famille avait été exterminée. Je frissonnai en songeant au père de Jacques que je n'avais jamais rencontré, envoyé à Buchenwald.

— Ils sont tous morts, me dit cet homme, les yeux secs. Marie, Alain, Renée, Pierre et la petite Brigitte. Je les ai vus s'avancer dans le champ où ils ont été fusillés. Je faisais partie de l'équipe chargée du « nettoyage ». J'ai enterré de mes propres mains ma femme et mes quatre enfants sans verser une larme. Je me demande quel genre de monstre je suis.

Ligouzat, qui se tenait en retrait, éclata en sanglots et cacha son visage dans ses mains. Son corps était secoué de spasmes, il ne pouvait en entendre davantage.

Je me tournai vers lui et le poussai hors de la chambre.

— Remettez-vous, lui dis-je d'un ton agacé. Cet homme n'a que faire de votre sympathie.

Cette nuit-là, cela ne m'empêcha pas de sangloter dans mon lit, submergée par la pitié, l'effroi et le désarroi.

Je reçus une lettre de Fred, qui avait rejoint l'armée de De Lattre :

La famille a survécu et est en bonne santé. Mais j'ai découvert que Stéphanie, oncle Léon et Pavel ont tous été déportés à Auschwitz avec le rabbin Elie Bloch et de nombreuses personnes de notre connaissance.

Auschwitz. Je lus le mot et la tête me tourna. En janvier 1945, quand les Soviétiques avaient libéré le camp en enfonçant les grilles avec leurs tanks, ils découvrirent que la plupart des internés avaient été emmenés en direction de l'Allemagne. On n'avait retrouvé que cinq mille personnes mourant de faim, de maladie et de mauvais traitements, ainsi que des monceaux de cadavres. La nouvelle était tellement abominable que pour commencer, on ne parvint pas en transmettre toute l'horreur. Mais dans les mois qui suivirent, le nom d'Auschwitz devint progressivement synonyme d'enfer sur terre.

Pourrais-tu te rendre à Auschwitz et dans les hôpitaux alliés des environs ? me demandait Fred. *Maman est au désespoir. Marthe, je t'en supplie, fais tout ce que tu peux pour notre sœur.*

Je repliai soigneusement la lettre et me jurai de tout essayer.

La vérité et ses conséquences

Dans ma tête, les craintes pour Stéphanie se mêlaient à une colère aveugle. Tout en m'interrogeant sur la meilleure façon de m'acquitter de ma mission, j'étudiai une carte de notre secteur et découvris le nom que je cherchais. Celui d'une ville en Rhénanie où vivait Wilhelm Hipp, le SS qui s'était baptisé « Le roi des juifs » à Poitiers. Un jour qu'il était venu à la maison pour « faire l'appel », il avait parlé de sa ville natale pour en vanter les beautés. Je savais également par le rabbin Elie Bloch qu'il était marié et père de deux enfants en bas âge.

Le colonel Bouvet écouta ma requête en silence.

— Il me faut deux hommes armés. J'ai l'adresse d'un officier SS, coupable de crimes de guerre en France.

Le colonel releva la tête.

— Vous le connaissez? demanda-t-il d'une voix douce.

— Oui, mon colonel. Je le tiens pour responsable de la déportation de ma sœur et de centaines d'autres personnes.

— Et une fois que vous l'aurez trouvé, qu'en ferez-vous? poursuivit-il en me regardant droit dans les yeux.

— Je le ferai arrêter, je le remettrai aux autorités et la garde de ses enfants lui sera retirée.

A la mention des enfants, Bouvet tressaillit.

— Pourquoi vous intéressez-vous aux enfants ?

— Il a arraché tant d'enfants à leurs mères que je tiens à ce qu'il soit séparé des siens.

Le colonel étudia mon visage en silence.

— Très bien, dit-il enfin. Je vais signer vos permis de voyage. Le capitaine Ligouzat vous accompagnera.

En arrivant dans la ville de Hipp, je me sentais très nerveuse. Pour moi, cet individu symbolisait tellement de choses que je n'étais pas certaine de pouvoir garder mon sang-froid.

Il vivait au second dans un immeuble de trois étages. Quand on s'approcha de l'entrée, je vis bouger des rideaux de dentelle aux fenêtres des appartements voisins. On nous observait. Prenant une profonde inspiration, je grimpai les marches et allai frapper à la porte de Hipp, encadrée par le capitaine Ligouzat et un soldat. Un deuxième soldat gardait la porte de service à l'arrière du bâtiment.

Je frappai une seconde fois, imitant Hipp quand il se présentait chez nous à Poitiers. Pour agir plus efficacement, j'essayai de me calmer, d'effacer momentanément de mon esprit toute pensée de vengeance. Malgré la haine que je lui vouais, je ne voulais pas de mal à ses enfants, simplement les emmener d'ici. Je m'étais arrangée avec les services sociaux français pour qu'ils soient élevés quelque part en France, comme des citoyens français.

Malheureusement, il n'y avait personne. Je frappai à la porte des voisins qui ouvrirent, visiblement méfiants. Je leur souris et demandai en allemand :

— *Herr* Hipp habite bien ici ? Il a été si serviable avec moi en France que je tenais à le remercier. Je me suis déplacée spécialement.

— *Nein*, répondirent-ils, le visage fermé. Lui et sa famille ont rejoint le secteur russe.

Je me mordis la lèvre, les remerciai et m'en allai. Trop tard, Hipp m'avait échappé. La pilule était difficile à avaler. Ironie du sort, si Stéphanie était encore vivante, elle aussi se trouvait chez les Soviétiques.

Quand le colonel Bouvet m'apprit qu'il se rendait à Paris pour la parade du 14 juillet et me demanda si je voulais l'accompagner, je sautai sur l'occasion. A Paris, je pourrais me rendre à l'ambassade soviétique et demander un laissez-passer pour le secteur russe.

— Cela m'étonnerait que les Soviétiques coopèrent avec vous, me dit Bouvet. Ils ne font confiance à personne.

Malgré son avertissement, j'entretenais l'espoir de parvenir à les convaincre mais quand j'arrivai revêtue de mon uniforme, on m'apprit que le consul ne parlait que le russe. Je ne pourrais le rencontrer qu'accompagnée d'un interprète. Par chance, dans la salle d'attente je trouvai un homme bilingue qui accepta de m'aider.

On nous introduisit dans un bureau à la décoration flamboyante. Ma première impression fut que cet homme était juif. Mince, de taille moyenne, il nous regarda arriver d'un air ennuyé. Je lui expliquai par le biais de mon interprète que j'appartenais à l'armée française. Je voulais un laissez-passer pour le secteur soviétique afin de tenter de savoir ce qui était arrivé à ma sœur, mon oncle et mes cousins déportés par les Allemands à Auschwitz.

— Je vous en prie, j'ai besoin de votre aide. Il y a de bonnes chances que ma sœur soit encore en vie.

Quelle que soit la façon dont je formulais mes requêtes, elles recevaient toujours la même réponse : « Niet ». Après quelques minutes de ce régime, je me tournai vers l'interprète et jouai le tout pour le tout :

— Je suis certaine qu'il me comprend.

Je menaçai le consul du doigt :

— La plupart des Russes de la bonne société parlent français.

Le consul ne broncha pas. Son visage ne trahit pas la moindre réaction. Il demeurait assis là, aussi expressif qu'un robot. Ce que je lui racontais ne l'intéressait pas le moins du monde et il se fichait éperdument que je retrouve ma famille et mes parents. Je lui laissai cependant le nom de Wilhelm Hipp, lui résumai les crimes contre l'humanité qu'il avait commis à Poitiers et quittai l'ambassade russe, furieuse et frustrée.

A Paris, je retrouvai Cécile. On passa une longue soirée d'été dans son appartement à s'interroger sur l'avenir.

— Marthe... crois-tu que Steph soit encore en vie ? me demanda ma sœur.

— Je l'ignore.

J'évitai son regard.

— A ton avis, il y a encore une chance ? insista-t-elle en me prenant la main.

— Oui, bien sûr, dis-je en relevant la tête.

Après nos brèves retrouvailles, je décidai de me rendre à Vic-sur-Cère. Le colonel Bouvet me prêta une Jeep et un chauffeur. En route, je décidai de faire un détour par Poitiers.

En marchant dans la rue Gambetta, je m'étonnai du peu de changements qu'avait connus cette ville depuis notre fuite. Quand je vivais ici, j'étais une jeune fille fiancée à Jacques et aujourd'hui, un officier expérimenté des services de renseignement, mais on m'avait volé mon bonheur, j'avais plongé dans le monde de la guerre où m'attendaient des aventures que je n'aurais jamais pu imaginer.

Alors que j'étais perdue dans mes pensées, quelqu'un m'interpella, me ramenant à la réalité :

— Mademoiselle Hoffnung !

Je levai la tête et quelle ne fut pas ma surprise de reconnaître M. Charpentier, accompagné d'une femme séduisante et d'un jeune garçon. Je me précipitai vers lui.

— Monsieur Charpentier !

Je lui pris les mains et lui souris avec gratitude.

— Justement, je voulais vous voir et je vous rencontre dans la rue. C'est merveilleux !

Charpentier rougit et me présenta son épouse.

— Savez-vous qui je suis ? lui dis-je en lui serrant la main avec enthousiasme.

Elle secoua la tête.

— Une des nombreuses personnes que votre mari a sauvées d'une mort certaine en prenant des risques considérables. Il m'a procuré des faux papiers à moi et à ma famille pour nous permettre de passer en zone sud. Nous lui devons beaucoup.

Au comble de la confusion, mon sauveur protesta :

— J'ai fait ce que j'estimais être mon devoir. C'était tout naturel.

— Pas pour tout le monde ! Sans ces documents, nous étions perdus. Ils nous ont sauvé la vie un nombre incalculable de fois. Je ne vous remercierai jamais assez.

Sa femme hocha la tête avec un sourire de fierté. Elle avait à l'évidence toujours été au courant des activités de son mari qui avait agi avec son approbation pleine et entière. J'étais tellement heureuse de pouvoir lui exprimer ma reconnaissance et lui dire que nous avions survécu.

— Si jamais, un jour, je peux faire quelque chose pour vous, n'hésitez pas à me contacter, lui dis-je avant de le quitter.

Et maintenant, la visite que je m'apprêtais à faire promettait d'être encore plus bouleversante que cette rencontre. Mme Delaunay, la mère de Jacques, avait réintégré son domicile et son mari, Georges, que je n'avais jamais rencontré, était rentré de Buchenwald. Il avait survécu grâce à ses amis du camp qui, apprenant que Jacques et Marc avaient été fusillés, étaient parvenus à lui cacher l'horrible nouvelle. Il ne découvrit la vérité qu'en retrouvant sa femme à Paris, après la Libération.

Après tous les malheurs qui les avaient frappés, les Delaunay étaient très entourés et soutenus par les gens de Poitiers. Mme Delaunay avait été élue maire et son mari nommé délégué à la Libération à Poitiers, où il jouait un rôle de premier plan. Leur rue fut rebaptisée rue Georges-Delaunay. Depuis son retour de Buchenwald, nous avions correspondu et j'avais trouvé le ton de ses lettres chaleureux et réconfortant. Sachant combien Jacques lui était attaché, j'étais impatiente de faire sa connaissance.

Après des retrouvailles très émouvantes avec la mère de Jacques, je me rendis au bureau de son mari à la préfecture.

— J'aimerais voir M. Delaunay, dis-je à la réceptionniste.

— Je suis désolée mais il est en réunion.

— Il faut que je lui parle. Je m'appelle Marthe Hoffnung.

Je vis sa fragile silhouette s'avancer vers moi et quand il s'approcha, sa ressemblance avec Jacques me déstabilisa complètement. Ces yeux bruns, ce sourire en coin — qui apparaissait si souvent sur le visage de Jacques, surtout quand il plaisantait — étaient pratiquement identiques.

— Marthe, murmura-t-il, les yeux brillants de larmes.

Le visage contre sa poitrine, je m'accrochai désespérément à lui. Il ressemblait tellement à Jacques que je n'arrivais plus à m'en séparer.

Les parents de Jacques étaient très contents de me voir. On se raconta tout ce que nous avions traversé. Mme Delaunay avait dit à son mari que son séjour chez moi et Cécile à Paris, à une époque où elle allait si mal, l'avait beaucoup aidée. Elle m'apprit aussi qu'elle avait trouvé un paquet de lettres cachées sur une poutre du grenier. La moitié des centaines de lettres que Jacques et moi avions échangées du jour où je m'étais enfuie de Poitiers. Je refusai de les voir, incapable d'affronter la douleur qu'elles auraient réveillée.

Je passai quelques heures avec les Delaunay.

— Irez-vous sur les tombes de Jacques et Marc ? me demanda Mme Delaunay en me raccompagnant à la porte.

Elle avait fait transférer leurs dépouilles à Poitiers, où ils avaient été enterrés avec tous les honneurs.

— Oui, dis-je en hochant la tête.

J'embrassai cet homme et cette femme qui auraient dû être mes beaux-parents et me rendis au cimetière.

Cela faisait presque un an que je n'avais pas apporté de fleurs sur la tombe de Jacques. J'allai en acheter et traversai le cimetière à pas lents, réfléchissant à tout ce qui s'était passé depuis lors. Jacques n'était plus enterré anonymement dans un coin sinistre d'un cimetière de banlieue. Maintenant, son nom et celui de son frère étaient gravés dans la pierre et il y avait partout des fleurs.

Les yeux secs car je n'avais plus de larmes à verser, je m'assis près de Jacques et lui racontai tout ce qui s'était passé dans ma vie depuis ma dernière visite. Je lui fis également part de mes plans d'avenir. Plus d'une heure s'écoula et je parlais toujours.

— Et maintenant je vais m'en aller. Je pars retrouver maman, papa et le reste de la famille à Vic-sur-Cère. La dernière fois que j'y suis allée, tu étais avec moi. Je te retrouverai là-bas. Au revoir, mon chéri.

Je quittai Poitiers le cœur gros. Cela faisait deux ans que je n'avais pas revu ma famille. Tous étaient plus minces, plus vieux, plus lucides et bien vivants. Ils avaient vécu des fruits et des légumes cultivés par Fred et Arnold, troquant une partie de leur récolte contre du lait, du beurre et du fromage. Privés de viande casher, ils avaient mangé la viande disponible, à l'exception de mes parents et de ma grand-mère. Un jour, mon père se résigna à y goûter, à la suite de quoi il fut malade comme un chien.

— Papa a sans doute cru que le ciel allait lui tomber sur la tête, ironisa Rosy.

Si la famille avait survécu, c'était grâce à Fred. Il avait organisé tout un réseau de réfugiés juifs et de résistants pour duper les Allemands. Des sentinelles surveillaient les routes nuit et jour. Dès que des voitures et des camions allemands étaient repérés, tout le monde s'enfuyait. A l'époque, mon neveu Maurice avait tout juste dix-huit mois. Il ne comprenait pas tout. Juste l'essentiel.

— Je déteste les Allemands, disait-il à sa mère avec colère. Ils ne me laissent jamais dormir tranquille dans mon petit lit.

Mais comme les incursions des Allemands se multipliaient, Fred déménagea tout le monde à Narnhac, un village situé plus haut dans la montagne.

Jusqu'à mon arrivée, ma famille n'avait aucune idée de ce que j'avais entrepris pendant mon séjour à l'armée. Quand ils me virent avec mon uniforme et mes décorations, ils comprirent que je ne leur avais pas dit toute la vérité.

— Moi qui croyais que tu étais infirmière et assistante sociale! s'écria ma mère et se tordant les mains.

— C'est ce que j'ai fait... pendant trois semaines, lui répondis-je en souriant. Et puis je suis devenue espionne.

— Je remercie le ciel de ne l'avoir jamais su, soupira-t-elle en s'effondrant sur une chaise.

Mon père admira mon uniforme, écouta mes histoires et me gratifia d'un sourire qui en disait long. Il rayonnait de fierté.

Ma famille m'avait, elle aussi, réservé quelques surprises. Fred et Arnold avaient tous les deux réintégré l'armée après s'être battus jusqu'à l'Armistice — Fred dans l'école d'officiers d'Aurillac tout en étant rattaché à 1re armée, et Arnold dans la 2e division blindée du général Leclerc. Rosette avait empêché les Allemands de brûler leur village de montagne et d'exécuter ses habitants grâce à une plaidoirie passionnée auprès de l'officier de la Wehrmacht chargé de l'opération. Jusqu'à la Libération, Cécile avait vécu à Paris tout en envoyant de l'argent à mes parents. Hélène avait continué à transporter des armes et à imprimer de la propagande anti-allemande. Quant à Rosy, qui servait de messager pour le Maquis, elle risqua plusieurs fois sa vie.

Mais nos conversations en revenaient toujours à Stéphanie. Quand je racontai ce que j'avais vu et entendu, ma mère s'effondra. Quant à mon père, il s'accrochait à une théorie des plus hasardeuses.

— Peut-être qu'elle est quelque part dans un camp et qu'elle a perdu la mémoire? Il faut vite la retrouver et la ramener ici pour la guérir.

— Peut-être qu'elle est prisonnière des Russes? suggéra Rosy. Cela expliquerait qu'elle n'ait pas pu nous prévenir.

— Elle ne reviendra jamais, dit ma mère en pleurant tandis que je lui caressais la main. Je l'ai su dès l'instant où elle est sortie de la maison, à Poitiers, avec Hipp.

Le silence se fit. Je choisis cet instant pour leur remettre la dernière lettre de Stéphanie, celle que Dédé m'avait donnée à Paris, un jour qui me semblait remonter à une éternité. Ma mère refusa de la lire et je ne suis pas certaine qu'elle en ait jamais pris connaissance. Mon père la lut de la première à la dernière ligne. Les larmes roulaient sur ses joues.

Quelque temps plus tard, on la donna à Fred qui la lut, la replia, ouvrit son portefeuille et la plaça à l'intérieur.

— Cette lettre ne me quittera plus jusqu'au jour de ma mort, déclara-t-il avec un regard brûlant. Et il en fut ainsi.

Plus tard, on apprit que plus de trente membres de ma famille proche avaient péri pendant l'Holocauste — oncle Léon, des oncles, des tantes, des neveux, des nièces, ainsi que le père de Rosette, Kalman, le rabbin Bloch, sa femme et la petite Myriam, Pavel et ses parents polonais. Pavel fut envoyé à Auschwitz moins de trois mois après que nous l'avions laissé derrière nous, au cours de cette nuit terrible à Poitiers. Si nous avions refusé d'obéir au rabbin, au moins un de ces pauvres enfants aurait été arraché à l'enfer.

Léon, qui avait sauvé son frère Max mais avait lui-même été déporté, survécut à Auschwitz presque jusqu'à la fin de la guerre. On l'avait vu dans le camp juste avant sa libération. Mais il appartenait au groupe de malheureux que les gardiens emmenèrent à pied jusqu'en Allemagne, dans la neige et le froid. Ceux qui tombaient ou aidaient les autres étaient abattus sur-le-champ. Oncle Léon périt lors de cette abominable marche forcée.

Quand la guerre éclata, j'étais une jeune idéaliste de dix-neuf ans. Maintenant, j'avais une vision du monde beaucoup plus terre à terre. Malgré l'éternel optimisme de Fred, mon instinct me disait que ma sœur chérie n'avait pas survécu. Ma mère était la seule à partager ma conviction. Du jour de l'arrestation de Stéphanie, elle avait profondément changé. Sa vitalité s'était enfuie à jamais.

Fred et Arnold entreprirent des recherches intensives pour tenter de retrouver notre sœur. Ils envoyèrent des centaines de lettres — Fred les dictait et Arnold les tapait — à la Croix-Rouge, aux Russes, à tous les survivants d'Auschwitz qu'ils pouvaient trouver. Mais les survivants répugnaient à s'exprimer sur le sujet et, dans les camps, les dossiers allemands ne comprenaient que la liste de ceux qui avaient été tatoués avec un numéro de matricule. Les autres, tués dès leur arrivée, n'étaient pas comptabilisés. Il s'écoula des années avant qu'on ne sache la vérité.

Suivant les instructions des services anti-juifs de la Gestapo à Berlin, le convoi numéro 35 avait quitté le camp de Pithiviers avec Stéphanie et un millier de juifs français. Stéphanie faisait partie des quatre-vingt mille juifs déportés de France à Auschwitz en un peu plus de deux ans. Avec la minutie qui les caractérise, les Allemands avaient établi une liste détaillée de toutes les personnes du convoi 35. Ma sœur était sur cette liste, mais c'est la seule trace d'elle que nous ayons trouvée.

Le convoi transportait 532 hommes, 462 femmes et 163 enfants de moins de dix-huit ans, dont des enfants en bas âge. Le convoi arriva à Auschwitz le 23 septembre 1942, trois jours après le départ. 150 hommes furent immédiatement sélectionnés pour travailler dans d'autres camps, et 65 à Auschwitz même où on leur tatoua un numéro sur le bras.

Même chose pour 144 des femmes. Les autres furent aussitôt gazés. Ils faisaient partie des deux millions de personnes tuées à Auschwitz.

Parmi ceux qui survécurent, la plupart furent traités avec la plus grande cruauté. Les femmes enceintes furent battues à mort, les nouveau-nés assassinés, les jeunes femmes saignées par l'armée qui avait besoin de transfusions pour ses soldats du front. De ce convoi, seuls 23 hommes, femmes et enfants survécurent. Au total, 2 500 juifs déportés depuis la France revinrent des camps.

Depuis, j'ai beaucoup lu sur Auschwitz. Pendant des années, je ne supportais pas d'en entendre parler. La première fois que je vis aux actualités un film sur la libération des camps, je sortis en courant du cinéma pour aller vomir. Maintenant, je connais tout des baraquements, des clôtures électrifiées, des miradors, de la soupe inconsistante, du pain plein d'asticots et de l'appel deux fois par jour dans la fumée des crématoires. A la fin de la guerre, dans une tentative de détruire la preuve des éliminations de masse, Himmler ordonna que des millions de cadavres soient déterrés, brûlés, et les cendres dispersées. La dépouille de Stéphanie a-t-elle été brûlée ? Nous ne le saurons jamais et en ce qui me concerne, je n'ai pas eu le courage de visiter l'endroit où elle est morte.

Nous connaissons plusieurs personnes de Metz qui sont revenues, mais aucune d'entre elles n'a pu nous dire ce qu'il était advenu de Stéphanie. D'ailleurs, la plupart étaient incapables de parler de ce qu'ils avaient vécu. Alors qu'on harcelait de questions l'un d'entre eux, un cousin de Rosette, il nous dit simplement :

— Elle est morte, vous n'avez pas besoin d'en savoir plus.

Nous ne pouvions qu'imaginer le pire.

Nous n'avions pas de corps à enterrer, pas de service à célébrer et ce rituel nous manquait cruellement. Difficile de ne pas se torturer en essayant de savoir ce que Stéphanie avait traversé au cours des derniers mois de son existence. Finalement, on décida de faire comme si elle était morte le jour du Grand Pardon. Avec sa cheville brisée, on pense qu'elle a été emmenée directement à la chambre à gaz.

Selon le désir de ma mère, pour Yom Kippour chacun d'entre nous allume une bougie et récite le Yiskor et le Kaddish en mémoire de notre sœur.

Des années plus tard, alors que mes parents étaient morts et enterrés dans le cimetière de Metz, on fit inscrire sur leur tombe :

En mémoire de Stéphanie, née le 10 juillet 1921, internée du 17 juin au 19 septembre 1942, déportée le 20 septembre 1942.

Non loin de là se dresse un mémorial dédié aux 1 500 personnes de Metz mortes à Auschwitz. Sous la pierre du mémorial, une poignée de terre prise dans ce camp de concentration trop célèbre, en Pologne.

Ce fut une maigre consolation d'apprendre que les Français de la SAP à Poitiers qui avaient arrêté, interrogé et torturé Jacques et ses compagnons de la Résistance en 1942 avaient été condamnés à mort pour leurs crimes. Il y eut beaucoup d'exécutions, la tuerie n'était pas encore terminée.

Cependant, la guerre avait pris fin et nous occupions l'Allemagne. A l'image de beaucoup d'autres, le capitaine Zimmerman s'employait à tirer le meilleur parti de la situation.

— Ce soir, je donne un dîner, nous annonça-t-il le premier samedi de mon retour à Constance. Vous êtes priés d'y assister. Parmi les invités, il y aura trois Allemands. Vous êtes priés de vous montrer aimables avec eux.

J'avais envie de lui taper dessus. Il était alors formellement interdit de fréquenter des Allemands. Or non seulement il contrevenait aux règlements de l'armée mais il nous ordonnait de nous faire les complices de cette violation. Les terribles tourments de Jacques et Stéphanie étaient encore bien trop brûlants dans ma mémoire pour que je me plie à cette décision.

— Cela est contraire à mes convictions, mon capitaine, répliquai-je aussitôt. Je ne pense pas qu'il me soit possible de m'asseoir à la même table que des Allemands.

— Vous avez intérêt à être là, sinon vous entendrez parler de moi, siffla-t-il entre ses dents.

Je me retirai dans ma chambre et appelai le colonel Bouvet pour le mettre au courant de la situation.

— Ne bougez pas, j'envoie Yaya vous chercher avec une voiture, me dit Bouvet.

Le Marocain filiforme arriva une heure plus tard et il m'emmena directement chez le colonel.

— Vous allez rester ici pour la nuit, m'annonça-t-il. Je ne tolérerai pas que Zimmerman vous parle sur ce ton.

Le lendemain, quand je retournai à la villa, Zimmerman était sur le pied de guerre.

— Où étiez-vous passée hier soir ?

Les veines de son cou saillaient sous l'effet de la colère.

— Le colonel Bouvet m'a invitée à dîner et à passer la nuit au QG, lui répondis-je en souriant. Je ne pouvais pas décemment refuser d'obéir aux ordres d'un officier supérieur.

— Allez immédiatement dans votre chambre, vous êtes aux arrêts ! hurla Zimmerman, pâle de colère. D'ailleurs je vais vous renvoyer en France, vous êtes virée !

Il me congédiait comme si tout ce que j'avais fait ne comptait pour rien et me traitait comme une domestique. Blessée et furieuse, je me précipitai dans ma chambre, composai le numéro du colonel et quelques instants plus tard, Yaya se présentait à l'entrée de la maison.

Le colonel était encore plus en colère que moi. Il m'envoya chez le commandant en charge de plusieurs antennes, dont la nôtre.

— Je l'ai prévenu de votre arrivée. Vous allez lui raconter très exactement ce qui s'est passé. Absolument tout, vous m'entendez ?

Le commandant fut lui aussi très contrarié. Zimmerman avait beau être un ami à lui, il était obligé de prendre des mesures.

— Cette fois il est allé trop loin, reconnut-il avec tristesse.

Alors qu'il feuilletait mon dossier, quelque chose l'arrêta.

— On vous a offert une grosse somme d'argent pour votre excellent travail pendant la guerre et vous l'avez refusée. Pourquoi donc ? Je n'avais encore jamais vu ça.

— Accomplir mon devoir ne faisait pas de moi un mercenaire, mon commandant.

Le commandant me transféra, avec une bonne partie de l'équipe de Zimmerman, à une autre unité des services secrets, à Lindau. Il appela le capitaine et lui annonça que j'étais en face de lui. Je m'étais plainte qu'il avait invité des Allemands à dîner, ce qui était contraire aux règlements. Il le convoquait dans son bureau pour le lendemain matin. La punition fut sévère. Zimmerman, qui devait être nommé à la tête des services de renseignement d'une grande ville allemande, fut envoyé dans un petit village de montagne, avec un état-major se réduisant au seul lieutenant Vérin.

A Lindau, située sur la rive nord du lac de Constance en Bavière, notre QG était installé dans une magnifique demeure, autrefois propriété de Martin Bormann, le secrétaire personnel d'Hitler et un de ses collaborateurs les plus proches. Notre antenne était placée sous le commandement du capitaine Millot, qui avait suivi de Gaulle en Angleterre. On s'entendit très bien. Je lui avais été adressée par les autorités françaises de Lindau ; mon travail consistait à recruter des personnes du cru pour un travail de renseignement et à activer la renaissance économique. Chaque pays intriguait pour établir des zones d'influence et convaincre les plus grands scientifiques allemands de rejoindre son camp.

Mon intégration à l'équipe du colonel Bavois, un homme charmant, ne posa aucun problème. Il me connaissait sous le nom de Marthe Lenôtre et n'apprit jamais ma véritable identité. Ma position officielle dans la délégation militaire consistait à délivrer des laissez-passer à ceux qui voulaient se rendre dans d'autres régions. Je disposais d'un grand bureau, d'une secrétaire allemande plutôt revêche et d'un téléphone directement connecté à mon antenne. Aucun Allemand en Bavière ne pouvait se déplacer ou recevoir des amis et de la famille sans mon accord. On me laissa m'organiser à ma guise, ce qui me convenait parfaitement. J'avais eu le temps d'étudier les méthodes germaniques à Poitiers et j'appliquai exactement les mêmes, avec empreintes digitales, photographie et carte d'identité. Plus de 50 000 personnes se présentèrent pour être fichées.

Officieusement, j'étais chargée de recruter des Allemands qui, en échange de laissez-passer, nous communiquaient des informations sur les autres secteurs. Entre les Anglais, les Français, les Américains et les Russes, je me retrouvais au beau milieu d'un nid d'espions. Un jour, la police militaire française vint arrêter ma secrétaire. Apparemment, elle espionnait pour le compte des Américains. Avec moi, elle n'avait pas dû récolter grand-chose. Elle ne m'inspirait aucune sympathie et je m'en méfiais comme de la peste. Je prenais toujours bien soin de lui dissimuler les papiers importants et de la tenir à l'écart de mes conversations téléphoniques.

Quand je recevais un Allemand désirant se déplacer, je me concentrais sur sa façon de se présenter et de se comporter. Ce que j'avais appris en interrogeant des prisonniers de guerre me fut d'une grande utilité. Je me fiais beaucoup à mon instinct. L'intuition féminine, sans doute. Si j'avais l'impression qu'un de ces Allemands serait un bon candidat pour nous, je lui donnais rendez-vous pour le lendemain. A l'heure convenue, un de nos officiers s'installait dans un bureau voisin du mien, j'y faisais entrer la personne et je les laissais négocier. La plupart acceptaient. Certains d'entre eux étaient sans doute des agents doubles mais nous prenions le risque.

Le colonel Bavois me tendit une liste d'adresses et me dit de me chercher un logement. Je réquisitionnai une belle demeure qui dominait un lac, à l'ouest de Lindau. Elle appartenait à un homme d'affaires prospère et à son épouse, un couple d'une cinquantaine d'années sans enfants. Tout d'abord, ils furent indignés par mon intrusion. Je leur déclarai :

— Je prendrai le rez-de-chaussée et vous pourrez vivre à l'étage. Je vous laisserai l'usage de la cuisine si vous vous comportez correctement.

Le mari commença à protester mais je le coupai aussitôt.

— Savez-vous ce qui s'est passé en France ? Combien de maisons et d'entreprises ont été confisquées par vos compatriotes ? Si vous refusez de coopérer, les autorités saisiront cette propriété et vous ne pourrez plus jamais la récupérer.

Aussitôt, sa femme le calma et le persuada d'accepter ma proposition. Je disposais d'une grande salle à manger, d'un beau salon et d'un bureau. Je travaillais beaucoup chez moi. J'avais une domestique pour la cuisine et le ménage, et je recevais régulièrement des amis à dîner dans un cadre qui s'y prêtait tout à fait. Le colonel Bouvet y venait souvent. Il m'avait donné un insigne des Commandos d'Afrique dont il me fit membre honoraire. J'avais l'impression d'être sa fille adoptive. J'étais très occupée et n'avais pas beaucoup le temps de penser à moi mais ma famille me manquait.

Pratiquement tous les soirs, j'allais dîner avec le capitaine Millot, sa femme et d'autres officiers de notre antenne. Au club des officiers de Lindau, on fréquentait également les Anglais, les Américains et les Russes, et je ne manquais jamais de partenaires pour danser. Je les ai cependant toujours soupçonnés de m'inviter par curiosité plutôt que par simple attirance. Ils ignoraient mon rôle exact et s'interrogeaient sur l'importance à m'accorder. Depuis la mort de Jacques, je respectais mon vœu. Je rencontrai plusieurs officiers qui me plaisaient et semblaient m'apprécier, mais je repoussai toutes les avances.

Avec le temps, mes rapports avec les propriétaires de la maison s'adoucirent. Ils comprirent rapidement que je ne leur étais pas foncièrement hostile. On entretenait des relations courtoises. Les domiciles de certains de leurs amis avaient été ravagés par leurs occupants. Quant à moi, je n'étais pas une vandale et je respectais leurs possessions. Pour le premier Noël que je passai chez eux, ils mirent un petit arbre dans mon appartement — bien sûr ils ignoraient que j'étais juive — avec des gâteaux et des confiseries. Moi-même, quand je donnais un dîner, je demandais à la domestique de leur laisser ce qui restait dans la cuisine. J'avais accès à des produits de luxe qu'ils ne pouvaient pas se procurer facilement. A certains moments, j'eus envie de leur expliquer ce qui était arrivé à ma famille, mais jamais je ne cédai à la tentation. Comment en vouloir à des personnes qui ne m'avaient rien fait personnellement ? Tout en refusant de sympathiser avec eux, j'aurais été ennuyée qu'ils me détestent. J'éprouvais des sentiments contradictoires.

Quand la dame fut hospitalisée pour subir une hystérectomie, j'allai la voir à l'hôpital avec des fruits. Quand j'entrai dans sa chambre, elle fut très surprise.

— *Dankeschön, Fräulein*, me dit-elle d'une voix faible du fond de son lit.

En la quittant, je me dis qu'il fallait rapidement que je m'éloigne de ce pays, sous peine d'oublier ce que les Allemands nous avaient infligé.

Un jour, je reçus un message de Fred. Eddie Seinfeld, un vieil ami à lui, un Américain d'origine tchèque, lui avait envoyé une lettre. Ses deux sœurs se trouvaient dans un camp de transit en Allemagne, dans le secteur anglais.

Je me porte caution pour elles, écrivait Eddie. *Si toi ou ta sœur pouvait les rencontrer et leur remettre ma déclaration, elles seraient libérées.*

Pendant la guerre, les deux femmes avaient été envoyées dans des camps de travail. Maintenant, sans domicile, loin de chez elles et ignorant ce qu'il était advenu de leur famille, elles étaient retenues par les Alliés.

Je pris cette lettre et la portai au QG des services secrets britanniques, non loin de mon domicile. Le capitaine Millot m'avait demandé de profiter de ma démarche pour espionner les Anglais.

— Peut-être pourriez-vous subtiliser quelques documents sur un bureau ? suggéra-t-il, plein d'espoir.

J'en doutais beaucoup.

Quand j'arrivai au QG anglais, une grande demeure au bord du lac, on m'introduisit dans une immense pièce où j'attendis une demi-heure. En face de moi, je voyais des fenêtres, à l'étage supérieur, d'où j'étais convaincue qu'on m'observait. Je me rapprochai d'un bureau et essayai de lire les documents posés dessus sans y parvenir, car j'avais trop peur qu'on me surprenne.

Pour finir, quelqu'un entra et prit ma lettre. Si j'échouai à rapporter des informations pour mon antenne, grâce à ma visite, les sœurs Seinfeld purent enfin s'envoler pour les Etats-Unis et recommencer une nouvelle existence.

Mon travail m'occupait chaque jour davantage, essentiellement à cause du changement de commandement. Mon nouveau patron, le lieutenant-colonel Goiset, me prit tout de suite en grippe. Je n'étais que sergent mais on m'avait accordé le privilège, en tant que chef de service, de prendre mes repas dans le mess des officiers. Ma présence irritait Goiset qui tentait sans arrêt de m'humilier. Mon absence de réactions le rendait fou. Un jour, il raconta d'un air extasié que la fille d'un général qu'il admirait s'était retrouvée dans un tank au cours d'une attaque.

— Moi aussi je me suis un jour retrouvée dans un véhicule blindé, derrière un tank qui a explosé sous les obus, dis-je sans lever le nez de mon assiette. Tous ses occupants ont été tués.

Goiset me jeta un regard noir. Comme mon travail de renseignement était tenu secret, il ignorait mes fonctions exactes. Il m'écrivait des notes pour critiquer la façon dont je dirigeais mon service, puis il rédigeait des rapports m'ordonnant d'accomplir un certain nombre de tâches déjà en train. Ainsi, il pouvait prétendre que les idées venaient de lui. Il ne supportait pas que j'aie autant de pouvoir et, surtout, que j'échappe à son autorité.

Un jour, je fus contactée par le capitaine Millot qui me demanda d'accompagner, en tant qu'interprète, deux officiers français pour une mission secrète dans le secteur américain. D'une manière générale, on ne se rendait jamais dans les autres secteurs et cette requête était inhabituelle. Une voiture vint nous chercher. Nous étions tous les trois en uniforme et les officiers multiplièrent les recommandations.

— Les Américains ne doivent surtout pas savoir où nous allons ni pour quelles raisons, me répétèrent-ils à plusieurs reprises. Cette mission doit être conduite dans la plus grande discrétion.

On nous avait donné les adresses de deux scientifiques de très haut niveau spécialisés dans le nucléaire qui avaient participé à l'élaboration des bombes V1 et V2. Ils vivaient près de Francfort, dans une petite ville des bords du Rhin. Les deux officiers français leur firent des offres très intéressantes afin de les décider à travailler pour le gouvernement français. Les scientifiques reconnurent que les Américains, les Anglais et les Russes les avaient déjà approchés.

Tous les deux déclarèrent qu'ils préféraient rester près de leurs familles et de leurs amis, et qu'ils se sentaient davantage d'affinités avec les Français.

Les tractations — extrêmement délicates — se prolongèrent pendant trois jours. Nous couchions à l'hôtel mais prenions nos repas chez eux. Cela aurait été trop risqué d'aller manger à l'extérieur en leur compagnie. Une fois l'accord conclu, ils furent transférés dans le secteur français, après avoir contacté plusieurs scientifiques allemands qui furent eux aussi escamotés au nez et à la barbe des Américains. En quelques semaines, tout était terminé.

A mon retour, Goiset était d'une humeur massacrante. Un homme qui voulait un laissez-passer pour lui et sa famille m'avait offert une montre et je l'avais aussitôt fait arrêter. Les pots-de-vin étaient monnaie courante mais je m'opposais fermement à ces pratiques. A la demande du colonel Goiset, le commandant Renard entreprit de m'interroger sur cette tentative de corruption. Juge militaire au cours de la Première Guerre mondiale, Renard avait condamné à mort des soldats qui s'étaient révoltés dans les tranchées. Cela lui avait même valu une médaille alors qu'il n'avait jamais été lui-même sur le terrain, ce qui me le rendait particulièrement antipathique. Comment quelqu'un qui ne s'était jamais battu pouvait-il comprendre les jeunes gens des tranchées ? En ce qui concerne la lutte armée, j'avais appris par expérience à ne pas juger les gens sur leurs échecs ou leurs réussites. Eux seuls connaissaient la vérité. Le jour où, paralysée par la peur dans ce champ à la frontière allemande, j'avais failli rebrousser chemin, on aurait très bien pu m'accuser de lâcheté. Si je m'étais décidée à agir, c'est que la crainte d'être traitée de lâche avait été plus forte que la peur de mourir.

Je passai deux heures avec une lampe braquée sur mon visage tandis que Renard aboyait des questions et que sa secrétaire transcrivait la moindre de mes paroles. Puis le téléphone sonna. C'était le lieutenant Tallichet, prévenu par mes soins, qui ordonnait qu'on me relâche sur-le-champ. Nous étions en novembre 1945.

Goiset mit tout en œuvre pour se débarrasser de moi. Un mois plus tard, il rédigeait un ordre écrit pour me renvoyer à mon unité et devant moi, au déjeuner, il annonça triomphalement mon départ. Une plainte du capitaine Millot au

QG de l'armée eut pour effet d'annuler ma réaffectation. Le lendemain, à table, « nous aurons finalement le plaisir de garder Mlle Lenôtre dans nos climats brumeux » déclarait Goiset. Réprimant mon envie de rire, je le remerciai poliment.

Avant son arrivée, j'aimais mon travail. J'appréciais l'existence que m'offrait l'armée et je savais que la vie civile serait bien terne en comparaison. Après tant de moments exaltants, j'aurais des difficultés à reprendre le cours d'une vie normale.

Pourtant, dans l'armée, ce n'étaient pas les propositions qui manquaient. Le colonel Bouvet m'avait déjà proposé de le rejoindre. Dans l'Europe de l'après-guerre, le renseignement avait pris une énorme importance et j'aurais certainement pu y trouver ma place.

— Venez travailler avec moi, Chichinette, me disait-il, je vous promets que vous n'aurez pas à le regretter.

Tout me poussait à accepter et néanmoins je refusai, allez savoir pourquoi.

Frustré que son plan n'ait pas marché, Goiset s'obstinait à m'empoisonner l'existence. De mon côté, estimant que cela suffisait comme ça, je décidai qu'il était temps d'aller voir ailleurs. En vérité, j'ai quitté l'Allemagne parce que je craignais de perdre le sens des réalités. Le pouvoir vous apporte un confort dangereux et je n'étais pas sûre de l'exercer correctement. Je trouvais maintenant tout naturel que les gens m'obéissent au doigt et à l'œil et me craignent comme la peste. C'est alors que je me rappelai mes racines et ma famille. Ce milieu du renseignement devenait malsain pour moi. Je voulais reprendre contact avec la vie et les gens ordinaires.

Le 14 juillet 1946, je demandai à quitter Lindau. Ainsi se termina ma vie d'espionne peu orthodoxe.

Epilogue

En 1998, alors âgée de soixante-dix-huit ans, je décidai, lors d'une visite à ma famille en France, de m'adresser aux autorités pour obtenir une copie de mon dossier militaire car de nouvelles lois m'autorisaient maintenant à avoir la double nationalité française et américaine.

Je crois que l'armée française fut surprise de me savoir encore en vie mais elle me fournit les documents dont j'avais besoin. Cela faisait des années que mon frère Fred me harcelait pour que je demande la Médaille militaire et, devant son insistance, je soulevai le problème au bureau des archives militaires à Pau, dans les Pyrénées. On me donna le formulaire à remplir et quelques semaines plus tard, je reçus un accusé de réception. On me conseillait, si je n'étais pas recontactée d'ici juillet 1999, de renouveler ma candidature.

N'ayant pas l'intention de le faire, j'oubliai la date. Et puis en décembre 1999, le ministre de la Défense me fit savoir qu'on me décernait cette décoration pour services rendus pendant la guerre. Même si j'en avais fait la demande, cela me causa un choc.

Ce fut une cérémonie très simple, le 14 juillet 2000, jour de la prise de la Bastille, à l'hôtel Sofitel de Beverly Hills, non loin de mon domicile. La Médaille militaire, créée en 1852 par Napoléon III et dont Winston Churchill fut décoré, me fut remise par M. Yves Yelda, le consul français à Los Angeles, pour mon « courage exceptionnel » lors de « missions spéciales » dans la Forêt-Noire en 1945. D'après la citation, mon action avait « facilité dans une large mesure le succès des dernières opérations de l'armée française ».

Mon mari Major, mes fils Stephan et Rémi, la femme de Stephan, Barbara, et leur petite fille Anna, ainsi que mes plus proches amis se tenaient là autour de moi tandis que l'on épinglait la médaille d'or au revers de mon tailleur bleu roi, que j'avais fait faire pour l'occasion. Malgré tous mes efforts pour les contenir, des larmes de fierté roulèrent sur mes joues.

J'ai accepté cette médaille pour Jacques et tous les membres de ma famille, morts ou vivants, qui ont tous été aussi courageux que moi sinon plus — Stéphanie, oncle Léon, mes parents et mes frères et sœurs. Je n'avais jamais parlé auparavant à mes enfants de cet épisode de ma vie. Même Major n'en savait que le minimum. Je pensais que les gens me prendraient pour une fabulatrice. Jusqu'à ce jour, la plupart des personnes de mon entourage ignoraient tout de mes activités pendant la guerre.

Et ma famille ? Et mes amis ? Comment s'en sont-ils sortis ? Qu'a donc été leur vie après de telles expériences ? Major et moi avons eu un second fils, Rémi Benjamin, né le 25 avril 1964. Pour nous, cela tenait du miracle. Mon père mourut un an plus tard et ma mère en 1983, après trois voyages aux États-Unis : un pour mon mariage et les deux autres à la naissance de mes fils.

Fred mourut en juin 2001, des suites d'une longue maladie. Son fils Maurice se suicida trois semaines plus tard. Michèle travaille à la direction financière de la Société de Construction Aéro-européenne à Paris et Daniel est médecin à Poitiers. Le plus jeune, Serge, travaille à Poitiers pour le journal local.

Cécile et Luigi n'ont jamais eu d'enfants. Luigi mourut en 1998 et Cécile vit toujours à Genève mais son état de santé est assez précaire. Arnold ne s'est jamais marié et il a travaillé toute sa vie avec Fred. Il vit à Poitiers. Rosy resta elle aussi célibataire, et travailla comme secrétaire de direction à Genève. En février 2002, elle mourut après une longue et courageuse bataille contre le cancer.

Hélène est devenue professeur de philosophie à Paris, où elle vit avec son mari Jean-Claude. Après les expériences de la guerre, Hélène estimait qu'elle n'avait pas le droit de mettre des enfants au monde. Tous les deux sont très attachés à leurs neveux et nièces.

Oncle Max, dont l'état de santé avait empiré après son incarcération, décéda au début des années 1970. Sa femme Fannie le suivit quelques années plus tard. Leur fille Ruth vit avec son fils à Jérusalem, où elle dirige la bibliothèque française. Oncle Benoît, sa femme Fannie et leur fils survécurent à la guerre mais plus tard, Benoît mourut d'un cancer. Sa femme et son fils ne tardèrent pas à le rejoindre.

Jacquie, qui a pris le nom hébreu de Gavan, est le père de trois enfants et le grand-père de deux petits-enfants. Il travaille comme ingénieur en Israël. Son frère Josie a été tué pendant la guerre du Sinaï en 1967. Il avait trente et un ans. Leurs parents sont morts en Israël il y a quelques années.

Mme Delaunay mourut en 1988. Elle demeura très liée à ma famille jusqu'à la fin de ses jours. J'ai encore une paire de chaussures en cuir blanc qu'elle m'avait offerte pour Stephan âgé alors de quelques mois.

Tout comme Cécile, mon amie Sophie Weyne avait survécu à Paris avec des papiers qui ne mentionnaient pas qu'elle était juive. Après la guerre, elle épousa Henri Nichols. Ils vivent à New York et ont un fils, Claude. Odile de Morin épousa Maurice de la Servé dont elle eut des enfants. Elle est morte il y a quelques années. Annette Boutin devint assistante sociale et resta à Poitiers. Je suis également restée en contact avec Jeanine Rieckert, dont le frère Eloi avait été fusillé avec Jacques. Elle s'est mariée, a eu quatre enfants et vit à La Rochelle.

Dédé, le fiancé de Stéphanie, se maria en 1945, puis il divorça et mourut assez jeune. La mère de Rosette, Mme Korn, survécut à la guerre dans un hospice de Poitiers et mourut dix ans plus tard. Quand les Allemands étaient venus l'arrêter parce qu'elle était juive, le médecin qui en avait la charge, le docteur le Blé, s'était opposé à ce qu'on l'emmène et ils étaient repartis sans elle. Son mari, Kalman, le père de Rosette, fut arrêté peu de temps après notre fuite et déporté à Auschwitz dont il ne revint jamais.

Quant à Serge Lenay, je l'avais perdu de vue, n'ayant jamais eu le courage de le recontacter. Et puis récemment, après avoir écrit ce livre qui m'avait replongée dans mes souvenirs, ma coauteur découvrit son nom dans l'annuaire d'une banlieue de Paris et elle me donna son numéro. Prise d'une impulsion subite, je décrochai le téléphone. Serge a maintenant une soixantaine d'années, il forme un couple uni avec sa femme et ils ont quatre enfants, deux filles et deux garçons. Il est professeur. Lui non plus ne m'a pas oubliée. Major et moi sommes allés lui rendre visite et maintenant que nous avons repris contact avec lui, nous ne le perdrons plus jamais de vue. J'ai retrouvé mon « fils » perdu.

Aujourd'hui, à quatre-vingt-deux ans, je souffre d'arthrite et ma surdité m'irrite profondément. Mais quand je considère ma vie et celle de tous les membres de ma famille, je peux marcher la tête haute. Nous avons eu plus de chance que la plupart — et nous avons bien mérité notre nom de Hoffnung Gutglück, espoir et bonne chance. Malgré ces années de terreur quotidienne que nous avons traversées, aucun de nous ne s'est laissé submerger par le désespoir.

Entre autres choses, la guerre m'a appris que l'on peut passer en un clin d'œil de la lâcheté au courage. Tout dépend des circonstances. On dit que la guerre fait ressortir le pire et le meilleur des hommes, eh bien je peux affirmer que j'ai été le témoin des deux. Quand je pense aux dizaines de personnes qui ont risqué leur vie pour nous, cela permet presque de compenser les horribles souvenirs de ceux qui se sont montrés si cruels. La guerre m'a aussi appris à accepter l'inévitable et à savourer les cadeaux de l'existence, par exemple mes deux fils et ma petite fille que j'ai bien failli ne jamais connaître.

Grâce au souvenir de ceux que nous avons perdus, à notre foi commune et à notre fierté légitime devant ce que nous avons accompli, je suis parvenue à garder l'espoir en dépit d'obstacles apparemment insurmontables.

Table des matières

Aubin Imprimeur
LIGUGÉ, POITIERS

Achevé d'imprimer en mai 2004
pour le compte de France Loisirs
123, bd de Grenelle, 75015 Paris
N° d'édition 40381 / N° d'impression L 66864
Dépôt légal, mai 2004
Imprimé en France